Urs Eigenmann
Dom Hélder Câmara

topos premium
Eine Produktion der Verlagsgemeinschaft topos plus
in Gemeinschaft mit der Edition Exodus, Luzern

Stadtbibliothek Osnabrück

615298962

Urs Eigenmann

Dom Hélder Câmara

Sein Weg zum prophetischen Anwalt der Armen

topos premium

Verlagsgemeinschaft topos plus
Butzon & Bercker, Kevelaer
Don Bosco, München
Echter, Würzburg
Lahn-Verlag, Kevelaer
Matthias Grünewald Verlag, Ostfildern
Paulusverlag, Freiburg (Schweiz)
Verlag Friedrich Pustet, Regensburg
Tyrolia, Innsbruck

**Eine Initiative der
Verlagsgruppe engagement**

www.toposplus.de

Bibliografische Information der Deutschen Nationalbibliothek
Die Deutsche Nationalbibliothek verzeichnet diese Publikation in der
Deutschen Nationalbibliografie; detaillierte bibliografische Daten
sind im Internet über http://dnb.d-nb.de abrufbar.

ISBN (topos premium): 978-3-8367-0015-3
ISBN (Edition Exodus): 978-3-905577-95-2
E-Book (PDF): ISBN 978-3-8367-5043-1
E-Pub: ISBN 987-3-8367-6043-0

2016 Verlagsgemeinschaft topos plus, Kevelaer
In Gemeinschaft mit Edition Exodus, Luzern
Das © und die inhaltliche Verantwortung liegen bei der
Verlagsgemeinschaft topos plus, Kevelaer.
Umschlagabbildung: © KNA Bild
Einband- und Reihengestaltung: Finken & Bumiller, Stuttgart
Satz: SATZstudio Josef Pieper, Bedburg-Hau
Herstellung: Friedrich Pustet, Regensburg
Printed in Germany

Inhalt

Vorwort 9

I. Vom Verteidiger des Status quo zum Befürworter einer strukturellen Revolution

Lebensphasen und Bekehrungen 17
Prägende Erfahrungen in der Kindheit 19

II. Unter dem Einfluss des brasilianischen Integrismus und Integralismus

Seminarausbildung im Geiste kirchlicher Restauration und
theologischer Apologetik 27
Kontakte mit der integristischen Bewegung und Aktivitäten
in faschistisch inspirierten Organisationen 31
Als Priester Funktionär der faschistischen integralistischen
Partei 35
Abschied vom Integrismus und Rückzug aus der aktiven
Politik 38

III. Entdeckung der sozialen Probleme und Zusammenarbeit mit dem Staat

Als Verantwortlicher der Katholischen Aktion in Kontakt
mit den Verhältnissen Brasiliens 45
  Ernennung zum Nationalen Vizekaplan der Katholischen Aktion 45
  Verfasser der ersten sozialkritischen Stellungnahme 47

Von der Reform der Katholischen Aktion zur Gründung der Brasilianischen Bischofskonferenz (CNBB) 49
Generalsekretär der Brasilianischen Bischofskonferenz 51

Bischof der Favelas und Zusammenarbeit mit dem Staat 55
Begegnung mit Kardinal Gerlier und die Option für die Armen 55
Der Kreuzzug des hl. Sebastian und die Entdeckung struktureller Ursachen des Elends 57
Höhepunkt der Zusammenarbeit von Kirche und Staat 61

Eine kritische Sicht der sozio-ökonomischen Verhältnisse und der Aufgabe der Kirche 70
Kritik am weltweiten Egoismus und die Forderung nach Gerechtigkeit 71
Anwalt einer armen Kirche im Dienste der Armen auf dem Konzil 88
Für grundlegende Reformen und gegen antikommunistische Propaganda 97

IV. Opposition zum Militärregime und weltweiter Einsatz für eine gewaltlose Revolution

Strukturelle Grundreformen von unten aufgrund der Option für die Armen 109
Rede zum Amtsantritt als Erzbischof von Olinda und Recife 109
Politische Kritik und Abwahl als Generalsekretär der CNBB 120
Ganzheitliche Entwicklung als wesentliche Dimension der Evangelisierung 126

Im Konflikt mit Militärbehörden, der Regierung und
konservativen Kreisen ... 138
   Auf der Seite der Arbeiter ... 138
   Verteidigung und Präzisierung der Position ... 143
   „Erklärung einiger Bischöfe der Dritten Welt" und
   weitere Stellungnahmen ... 147
   Subversiv und von Dom Sigaud zur Verhaftung
   empfohlen ... 152
   Bewegung der Gewaltlosigkeit zur Veränderung der
   Strukturen ... 156
   Gegen die Politik der Regierung und Angriffe von
   konservativer Seite ... 158
   Mordanschlag gegen Mitarbeiter und Todesdrohung ... 163

Anwalt der Armen der Dritten Welt in den Industrienationen ... 166
   Appelle an die Institutionen zwischen 1965 und 1970 ... 166
   Rede- und Reiseverbote des Vatikans ... 168
   Zwischen internationaler Anerkennung und nationaler
   Ablehnung ... 172
   Suche nach abrahamitischen Minderheiten seit 1970 ... 192

V. Die Bekehrungen eines Bischofs

Äußere Faktoren und innere Motive ... 197
Berufliche Tätigkeit – Vom konservativen Parteifunktionär
zum prophetischen Bischof ... 201
Sicht der Wirklichkeit – Von der Verteidigung des Status
quo zur strukturellen Revolution ... 205
Kirche und Theologie – Vom Bündnis mit der Macht zur
kritischen Funktion religiöser Rede ... 208
Die Option für die Armen und deren Implikationen ... 212

Gespräch mit Dom Helder Camara ... 219

Anmerkungen ... 231

Literatur ... 285

Vorwort

Dom Helder Camara[1] (1909–1999) ist im Laufe seines Lebens zwischen den 1920er- und den 1960er-Jahren einen langen Weg der Entwicklung in seinem Denken und Handeln zum prophetischen Anwalt der Armen gegangen, den er selbst als eine Folge von Bekehrungen bezeichnet hat. Dieser Weg wird im vorliegenden Band beschrieben und analysiert. Es handelt sich dabei um den vollständigen Nachdruck des zweiten Teils meiner Dissertation über das Leben und die Reden Dom Helder Camaras, die am 7. Februar 1984 an dessen 75. Geburtstag von der Theologischen Fakultät der Universität Freiburg/Schweiz angenommen worden ist.[2] Die Publikation des biografischen Teils der Dissertation wird durch die Erstveröffentlichung des Gesprächs erweitert, das ich mit Dom Helder am 15. März 1979 in Paris führen konnte. Ein Jahr nach Erscheinen der Dissertation wurde am 10. April 1985 dem altersbedingten Rücktrittsgesuch von Dom Helder Camara durch den Vatikan entsprochen. Er musste noch miterleben, dass nicht der von ihm gewünschte Weihbischof José Lamartine Soares, sondern der unbekannte und konservative Bischof von Minas Gerais, José Cardoso Sobrinho, sein Nachfolger wurde.[3] Unter diesem wurden 1989 das Regionalseminar des Nordostens und das Theologische Institut von Recife (ITER) geschlossen.[4] Im Alter von über neunzig Jahren ist Dom Helder Camara am 27. August 1999 gestorben.

Vor allem aus zwei Gründen wird der biografische Teil der vergriffenen Dissertation neu herausgegeben. Der erste Grund ist die Veröffentlichung der deutschen Übersetzung der Briefe von Dom Helder Camara aus dem Konzil.[5] Der vorliegende Band zeigt zum einen auf, welchen Weg Dom Helder bis zum Konzil gegangen ist und was er weswegen auf dem Konzil einbringen wollte. Zum andern wird über den Weg berichtet, den er nach dem Konzil als prophetischer Anwalt der Armen gegangen ist.[6] Der zweite Grund ist der am 3. Mai 2015 in der Erzdiözese Olinda und Recife offiziell eröffnete Seligsprechungsprozess von Dom Helder Camara.

Das ist Zeichen der Anerkennung seines Lebens und Wirkens auch vonseiten der Kirche.

Im Bereich von Wissenschaft und Universität wurde die Bedeutung von Dom Helder Camara schon früher erkannt und gewürdigt. Bereits 1971 verlieh ihm die Universität Freiburg/Schweiz das erste von insgesamt 32 Ehrendoktoraten. Die Rede des damaligen Dekans, Professor Dr. Alois Müller, bezeugt das und ist es wert, vollständig wiedergegeben zu werden:

„Herr Bischof, lieber Bruder in Christus, seit dem 27. Juni 1970 steht Ihr Name in den Akten der Theologischen Fakultät. Damals fasste der Fakultätsrat einen Beschluss über Ihre Person, doch war dieser abhängig von Ihrer Anwesenheit in Freiburg, mit der man für den Dies academicus 1970 rechnete. Da sich jener Plan nicht verwirklichen ließ, blieb auch unser Beschluss unwirksam, bis wir erfuhren, dass Sie zum 50-Jahr-Jubiläum von Pax Romana nach Freiburg kommen würden. Augenblicklich erneuerte die Fakultät ihren Entscheid, nämlich Ihnen den theologischen Doktorgrad honoris causa zu verleihen. In kürzester Zeit wurde unser Gesuch von der römischen Studienkongregation gutgeheißen, und besonders der Großkanzler unserer Fakultät, der Generalmagister des Predigerordens, begrüßte den Beschluss.

Dieser Akt, Herr Bischof, verlangt nach einer Interpretation. Die Fakultät ist sich klar, dass es eher ihre eigene Ehre ist, wenn sie Sie zu ihren Doktoren zählt. Indes gehen wir damit auch eine theologische Verpflichtung ein. Dieser Akt bedeutet, dass Sie durch Ihr Leben, durch Ihr pastorales Wirken, durch Ihr Zeugnis ein Lehrer des Glaubens sind, ein wirklicher Ausleger der Wahrheit des Evangeliums, vor welchem die Inhaber theologischer Lehrstühle sich erheben und verneigen. Die Verleihung des theologischen Doktorats an Sie bedeutet eine Ausrichtung der Theologie selber nach der gelebten Wahrheit Jesu Christi, des Propheten der Liebe Gottes, seines Vaters, des Dieners der Menschen, seiner Brüder, des Schlachtopfers für den Frieden und die Gerechtigkeit.

Ihre Ehre, Herr Bischof, ist das lautere Zeugnis für Christus, das Sie vor der ganzen Welt ablegen; wir aber sind glücklich, sie zu verbriefen und zu verkünden durch unser akademisches Diplom, dessen Wortlaut ich hiermit bekanntgebe:

Aus Liebe zu einem verstehenden Glauben bleibt er der Theologie zugetan, auch wenn die apostolische Liebe ihn drängt, sich ganz in Arbeit und Mühen aufzuopfern;

Er arbeitet unermüdlich daran, seine einfache Landbevölkerung zu schulen, ihr Arbeitstalent auszubilden, ihre Menschenwürde und ihren christlichen Adel zu fördern;

Im Verein mit dem ganzen lateinamerikanischen Bischofskollegium widmet er sich der Entwicklung besserer Seelsorgestrukturen durch Förderung der Mitverantwortung aller Gläubigen;

Kraftvoll nach Gerechtigkeit rufend, spricht er allerorts für die zum Schweigen Verurteilten, damit in den Herzen und den Sitten, aber auch in den Gesetzen und den Strukturen zwischen Völkern und Nationen brüderliche Freundschaft herrsche und die Rechte aller, besonders der Armen, geachtet werden;

Er hört nicht auf, mit der Kühnheit eines Propheten die Reichen und Mächtigen zu mahnen, begegnet aber auch seinen Widersachern mit Liebe und kämpft für den Frieden stets nur mit den Waffen des Friedens."[7]

Aus Anlass des 100. Geburts- und 10. Todestages von Dom Helder Camara erschien im Jahre 2009 ein Heft der Zeitschrift *Concilium* mit dem Titel „Kirchenväter Lateinamerikas". Darin wird neben den Bischöfen Leonidas Proaño, Méndez Arceo, Aloisio Lorscheider und Oscar Arnulfo Romero auch Dom Helder Camara als Kirchenvater Lateinamerikas gewürdigt. In der Einleitung des Heftes heißt es: „Manche Bischöfe der Generation des Konzils und der Versammlungen von Medellín und Puebla, oftmals von der eigenen Hierarchie geächtet und bekämpft, gewannen allgemein Anerkennung als ‚Glaubenslehrer' und in einigen Fällen als Märtyrer. Einige Bischöfe der Generation des Konzils, der Versammlungen von Medellín und Puebla sind für die Christen Lateinamerikas und nicht nur für diese tatsächlich zu Bezugspersonen von grundlegender Bedeutung geworden, und zwar durch das von ihnen hervorgebrachte Glaubensmilieu, durch die von ihnen angeregten Stil- und Praxisformen, durch die von ihnen geschaffene Solidarität, durch das Erbe, das sie für das kirchliche Leben und die Theologie der folgenden Zeit hinterlassen haben. Gelegentlich ist vorgeschlagen worden, diese Generation von Bischöfen den Vätern der Kirche des Ostens und des Westens an die Seite zu stellen, die im 4. und 5. Jahrhundert gewirkt haben und von der Alten Kirche als ‚Normen der Theologie' und ‚Autoritäten des Glaubens' betrachtet wurden. Mit diesem Heft von CONCILIUM wollten wir diesen Vorschlag aufgreifen, weil wir überzeugt sind, dass die Lehre und die *martyria* mancher dieser ‚Väter der Kirche' – nicht nur der lateinamerikanischen, sondern der universalen Kirche – nicht einer chronologisch abgeschlossenen Phase angehören. Vielmehr repräsentieren sie, auch wenn wir heute in einem zutiefst andersartigen historischen Kontext leben als vor einigen Jahrzehnten, in augustinischem Sinne ‚die Gegenwart der Vergangenheit', die immer noch Möglichkeiten einer Relektüre bietet, die es versteht, sich deren fortdauernde Fruchtbarkeit als inspirierende Quelle der Inspiration zur Erschließung neuer Wege der Nachfolge eines Lebens im Geist des Evangeliums zunutze zu machen – und dies nicht nur in Lateinamerika."[8]

Von den Kirchenvätern der lateinamerikanischen Kirche sagt José Comblin: „Sie hatten alle Eigenschaften von Kirchenvätern: 1. Sie zeichneten sich durch eine offensichtliche Heiligkeit aus. Um nur ein Beispiel zu nennen: Dom Hélder Câmara lebte wirklich arm. Er wohnte in der Sakristei einer alten Kapelle aus der Kolonialzeit. Er hatte kein Auto und keine Hausangestellte. Er aß im Imbiss an der Ecke, wo auch die Arbeiter dieser Gegend ihre Mahlzeit einnahmen. Er öffnete selbst die Tür und empfing alle Bettler, die vorbeikamen. Dom Hélder war ein Mystiker, der ständig in der Gegenwart Gottes lebte und Glaube und Hoffnung ausstrahlte. Er stand jede Nacht um zwei Uhr früh auf, um zu beten, und oftmals schrieb er seine Gebete nieder. Er hinterließ sechstausend Seiten mit Gebeten. [...]

2. Sie hingen dem Evangelium in größtmöglicher Treue an, widmeten alle Minuten ihres Lebens diesem Evangelium, ohne jemals Zeit für ihre persönlichen Bedürfnisse zu reservieren.

3. Sie verstanden die Zeichen der Zeit in tiefer Weise und richteten ihr gesamtes Leben daraufhin aus, den Herausforderungen ihres Volkes zu entsprechen.

4. Sie wurden und werden immer noch von all denen, die sie kannten, als Heilige verehrt. Alle wurden sie von der Zivilgesellschaft und den kirchlichen Amtsinhabern verfolgt. Alle machten sie Zeiten der Verlassenheit durch. Alle mussten das Unverständnis der Geschwister ertragen. Sie kannten die Einsamkeit."[9]

Luzern, am 7. Februar 2016,
dem 107. Jahrestag der Geburt von Dom Helder Camara

Urs Eigenmann

I.
Vom Verteidiger des Status quo zum Befürworter einer strukturellen Revolution

Lebensphasen und Bekehrungen

Unter dem Titel *Die Bekehrungen eines Bischofs* hat José de Broucker in einem Buch Aufzeichnungen seiner Gespräche mit Dom Helder Camara veröffentlicht. Der Titel des Buches ist nicht zufällig gewählt; denn Dom Helder selbst bezeichnet sein Leben als eine Folge von Bekehrungen und gesteht, auf seinem Weg von einem Irrtum in den andern geraten zu sein, bevor er zu seiner heutigen Sicht der ökonomischen und politischen Wirklichkeit sowie der Verantwortung der Christen und der Kirche angesichts dieser Wirklichkeit gefunden habe. Im Laufe einer fast dreißig Jahre dauernden Entwicklung in Bezug auf seine politische Option und sein theologisches Denken bekehrte er sich vom integralistischen Verteidiger des Status quo im Interesse der Herrschenden zum Befürworter einer strukturellen Revolution im Dienste der Unterdrückten und versteht sich heute als Stimme jener ohne Stimme und ohne Zukunft. Deshalb wird er von den einen als roter Erzbischof und Verbündeter der Kommunisten verketzert oder als utopischer Fantast belächelt, von andern dagegen als Anwalt der Armen und Vertreter der Gewaltlosigkeit geachtet und ist mehrmals für den Friedensnobelpreis vorgeschlagen worden.

In der persönlichen Lebensgeschichte und Entwicklung Dom Helders spiegelt sich jener Weg der brasilianischen Kirche wider, den diese zunächst als Stütze der bestehenden Ordnung, dann als Partnerin des Staates im Rahmen einer technokratischen Entwicklungskonzeption und schließlich als Verbündete des unterdrückten Volkes gegangen ist. Einerseits hat Dom Helder diesen Weg durch seine Initiativen und Stellungnahmen vorbereitet und beeinflusst, andersseits hat ihn dieser Weg, wie er 1968 in Medellín und 1979 in Puebla von den Versammlungen des lateinamerikanischen Episkopats für den ganzen Kontinent eingeschlagen bzw. bestätigt worden ist, seinerseits geprägt.

Dom Helder selbst teilt sein Leben in drei Phasen ein, die sowohl in geografischer als auch zeitlicher Hinsicht je eine Einheit bilden. In einer ersten Phase lebte er von seiner Geburt im Jahre

1909 an bis Ende 1935 in Fortaleza im brasilianischen Nordosten, in einer zweiten von Anfang 1936 bis zum Frühjahr 1964 in Rio de Janeiro und schließlich in einer dritten wiederum im Nordosten, diesmal in dessen Metropole Olinda und Recife.

Diese in geografisch-zeitlicher Hinsicht klar voneinander abgrenzbaren Phasen decken sich in etwa mit den verschiedenen Etappen im Leben Helder Camaras in Bezug auf seine berufliche Tätigkeit und sein Selbstverständnis, seine Analyse der sozio-ökonomischen und politischen Wirklichkeit, seine sozial- und entwicklungspolitischen Konzeptionen, seine Sicht der Verantwortung der Christen und der Kirche sowie der Beziehungen zwischen Kirche und Staat und sein theologisches Denken.

In diesem Kapitel wird auf die prägenden Erfahrungen Helder Camaras in der Kindheit hingewiesen. In einem zweiten wird es um die im Wesentlichen durch den Integralismus bestimmte Phase seines Lebens gehen. Ein drittes ist der Entwicklung des Denkens und des politischen Engagements im Rahmen des Modells der „Neuen Christenheit", d. h. der Partnerschaft von Kirche und Staat ohne Einbezug des Volkes, gewidmet, im vierten soll über jenen Lebensabschnitt Dom Helders berichtet werden, der mit dem Übergang vom Modell der „Neuen Christenheit" zur „Kirche des Volkes" zusammenfällt, und im fünften werden die Aspekte und Etappen seines Weges zusammengefasst.[10]

Ohne den Anspruch zu erheben, eine umfassende Biografie Dom Helder Camaras vorzulegen, werden die Hauptetappen in seinem Leben dargestellt, wobei auf die Geschichte Brasiliens und der brasilianischen Kirche so weit eingegangen wird, als es für das Verständnis seines Weges hilfreich ist. Dieser Weg bildet seinerseits den hermeneutischen Schlüssel für das Verständnis des weltweiten Engagements Dom Helders als Anwalt der Armen und seiner Reden in den Industrienationen.

Prägende Erfahrungen in der Kindheit

Helder Pessoa Camara[11] wurde am 7. Februar 1909 als zweitjüngstes von dreizehn Kindern in Fortaleza, der Hauptstadt des Staates Ceará, im Nordosten Brasiliens geboren. Sein Vater João Câmara Filho war zunächst als Journalist bei der Lokalzeitung *A República* tätig, die dessen Vater gehörte und von diesem geleitet wurde. Nachdem das Blatt in andere Hände übergegangen war, arbeitete Helders Vater in der Importfirma der jüdischen Gebrüder Boris als Buchhalter, war aber nebenbei weiterhin journalistisch tätig und schrieb vor allem Theaterkritiken. Die Mutter Adelaida Pessoa Câmara unterrichtete als Volksschullehrerin an einer öffentlichen Schule, die sich in einem Teil des Wohnhauses der Familie Camara befand, da der Staat damals nicht über genügend eigene Gebäude verfügte und sich deshalb in Privathäusern einmietete. So lag es nahe, dass Helder in den ersten Jahren zu seiner eigenen Mutter in die Schule ging. Der Schulbesuch stellte zu jener Zeit im Nordosten Brasiliens ein Privileg dar, da ihn der Staat nicht allen Kindern ermöglichen konnte, obwohl er gesetzlich vorgeschrieben war.[12] Die Familie Camara gehörte in finanziell-wirtschaftlicher und kulturell-gesellschaftlicher Hinsicht der Mittelschicht an. Sie verfügte über ein bescheidenes, aber regelmäßiges Einkommen und bewohnte in der Stadt ein Haus, das ihr die Firma der Gebrüder Boris zuerst vermietet und nach 35-jähriger Tätigkeit des Vaters im Unternehmen geschenkt hatte.[13] Helders Familie nahm am kulturellen Leben regen Anteil. Der Vater war leidenschaftlich am Theater interessiert, Helders Patenonkel Carlos schrieb Theaterstücke, die bis zu zweihundert Aufführungen erlebten, und Helders ältester Bruder Gilbert war Literaturkritiker und kannte sich sowohl in der brasilianischen als auch in der französischen Literatur aus.[14] Die wirtschaftlichen Verhältnisse und die soziale Stellung der Familie Camara unterschieden sich so einerseits von jenen der reichen Oberschicht der Großgrundbesitzer[15] und Handelsunternehmer,[16] aber andererseits auch von jenen der grundbesitzlosen Landbevölkerung[17] oder der Bewohner in den Elendsvierteln am Rande der Städte.[18] Helders Familie blieb zudem vom Schicksal derer verschont, die ihre Heimat verlassen mussten, weil weite Gebiete des brasilianischen Nordostens – zum einen wegen der starken Bevölkerungszunahme bei gleichzeitig abnehmender landwirtschaftlicher Anbaufläche und zum andern wegen der immer wiederkehrenden Dürreperioden – zeitweise nicht mehr alle Bewohner ernähren konnte.[19]

Obwohl die Familie Camara finanziell besser gestellt war als die Mehrheit der Bevölkerung des brasilianischen Nordostens, reichte es ihr doch nur zum Lebensnotwendigsten. Helder Camara erinnert sich, dass in der Familie öfters nicht nur auf die Butter oder den Nachtisch verzichtet werden musste, sondern zuweilen das Brot nicht mehr ausreichte, um unter die Kinder verteilt zu werden, manchmal überhaupt nichts mehr zu essen vorhanden war, seine Mutter dann weinte und sein Vater nur mehr stumm dasaß.[20] Aber nicht nur in Bezug auf die Ernährung erfuhr Helder in seiner Kindheit am eigenen Leib die Armut und die Not in jenem Nordosten Brasiliens, der einst im 16. und 17. Jahrhundert wirtschaftlich blühendes Zentrum der portugiesischen Kolonie gewesen war, nach der einsetzenden Industrialisierung des brasilianischen Südens aber immer mehr zu einem abhängigen Randgebiet absank und heute eines der unterentwickeltsten Gebiete der westlichen Halbkugel ist,[21] sondern auch in Bezug auf die Kindersterblichkeit; denn von seinen zwölf Geschwistern starben sechs bereits als Kinder, davon fünf innerhalb eines Monats an Diphtherie, weil das Serum für sie nicht rechtzeitig zur Verfügung stand.[22]

Neben der Armut, die Helder Camara als Kind in- und außerhalb seiner Familie erlebt und gesehen hatte, haben ihn vor allem seine Eltern entscheidend geprägt. Die Mutter beeindruckte ihn wegen ihrer Offenheit, ihres Sinnes für Gerechtigkeit und ihrer Fähigkeit, Menschen zu verstehen und menschliche Schwächen zu begreifen.[23] Sie war nicht nur insofern seine erste Lehrerin, als sie ihm Lesen und Schreiben beibrachte, sondern sie war ihm durch ihr gelebtes Beispiel vor allem auch Lehrerin des Lebens.

Helder Camara erinnert sich daran, dass sie ihm als Fünfjährigem eine für die damalige Zeit keineswegs selbstverständliche positive Sicht von Körperlichkeit und Sexualität vermittelte, die ihn prägen sollte. Die Mutter beeindruckte ihn, als sie nicht zögerte, ihn um Verzeihung zu bitten, nachdem sie ihn in der Schule intellektuell überfordert hatte, als sie zu ihm stand, nachdem er sich einmal entgegen der Aufforderung seiner Lehrerin Salome Cisne, die ihn in den Jahren 1920–1923 in einer Privatschule unterrichtete und die nicht ohne Prügelstrafe auskam, geweigert hatte, einen Kameraden zu schlagen, weil dieser eine Frage nicht beantworten konnte, und als sie nach der Ermordung eines beliebten Dichters in Fortaleza angesichts des großen und verständlichen Mitleids der ganzen Stadt neben der Mutter des Ermordeten jene des Mörders nicht vergaß und sagte, sie wisse nicht, welche Mutter sie mehr bedauern solle.[24] Das positive Verhältnis seiner Mutter zur menschlichen Leiblichkeit, ihre Bereitschaft, eigene Fehler selbst den Kindern gegenüber einzugestehen, ihre Überzeugung, in der Erziehung hätten körperliche Strafen keinen Platz – Helder Camara kann sich nicht erinnern, von seinen Eltern je geschlagen worden zu sein –[25], und ihre Sensibilität für Menschen, an die kaum jemand denkt, haben Helder Camara stark beeinflusst.

Mit der Erinnerung an seinen Vater verbinden sich für Helder Camara wichtige Erfahrungen in Bezug auf weltanschauliche Toleranz und in Bezug auf sein Priesterbild. Während die Mutter wohl katholisch war, jedoch nur einmal jährlich zur Kommunion ging und im Übrigen kirchlich nicht praktizierte, war der Vater Freimaurer und ohne jegliche kirchliche Bindung. Dies hinderte ihn allerdings nicht daran, seine Kinder taufen zu lassen sowie eine Tradition seines eigenen Vaters weiterzuführen und im Monat Mai mit der ganzen Familie vor dem Hausaltar den Rosenkranz zu beten und Marienlieder zu singen.[26] Helder Camaras Vater war wie dessen Vater, Brüder und die ganze Familie nicht aus antireligiösen, antikirchlichen oder antichristlichen Gründen, sondern eher aus antiklerikalen Motiven Freimaurer.[27] Auf die Bitte einer seiner Töchter, die Nonne werden wollte, er solle der Freimaurerei abschwören, gab er zur Antwort, dies sei ihm unmöglich, da er damit das Gedächtnis an seinen Vater und seine Familie verraten würde. Im Übrigen habe er keine Schwierigkeiten, das Glaubensbekenntnis zu beten, und in der Freimaurerei habe ihn niemand etwas gegen Gott oder die Kirche gelehrt. Ein verständnisvoller Priester gestand Helder Camaras Vater entgegen der 1864 in der Enzyklika *Quanta cura* und im Syllabus erfolgten kirchlichen Verurteilung der Freimaurerei zu, kein Bekenntnis gegen diese – so, wie er sie verstehe und lebe – ablegen zu müssen.[28] Nachdem Helder Camara bereits seit seinem dritten oder vierten Altersjahr den Wunsch geäußert hatte, Priester werden zu wollen, fragte ihn sein Vater eines Tages, ob er auch wisse, was das bedeute und worauf er sich dabei einlasse. Der Vater entwarf seinem damals 7-jährigen Sohn das ideale Bild eines selbstlosen und gottverbundenen Priesters. Helder war begeistert davon und versprach, ein solcher Priester werden zu wollen, worauf ihm sein freimaurerischer Vater Gottes Segen wünschte und seinerseits versprach, alles unternehmen zu wollen, um ihm den Eintritt ins Seminar zu ermöglichen.[29] Die Haltung und das Denken seines Vaters ließen Helder Camara nach seinen eigenen Aussagen immer an der Berechtigung der von der Kirche gegen die Freimaurerei erhobenen schweren Anschuldigungen zweifeln.[30] So sagt er von seinem Vater, er habe ihm geholfen zu erkennen, dass es möglich ist, gut zu sein, ohne kirchlich zu praktizieren; später habe er dann entdeckt, dass es auch möglich ist, praktizierender Katholik und zugleich Egoist zu sein.[31]

Die schwache oder kaum vorhandene kirchliche Bindung, die das Leben der Familie Helder Camaras neben den bescheidenen wirtschaftlichen Verhältnissen, der menschlichen Wärme der Mutter und der weltanschaulichen Toleranz des Vaters charakterisierte, war typisch für weite Kreise des Katholizismus Brasiliens zu Beginn des 20. Jahrhunderts.[32]

Helder Camara sollte aber während seines Theologiestudiums im Priesterseminar von Fortaleza schon bald von der in den 1920er-

Jahren durch die Initiativen Dom Sebastião Leme de Silveira Cintras in Gang gebrachten Erneuerung der brasilianischen Kirche erfasst und später, als er in Rio de Janeiro Kardinal Leme persönlich begegnete, von diesem in Bezug auf sein parteipolitisches Engagement entscheidend beeinflusst werden.

II.
Unter dem Einfluss des brasilianischen Integrismus und Integralismus

Seminarausbildung im Geiste kirchlicher Restauration und theologischer Apologetik

Am 2. September 1923 trat Helder Camara ins Diözesanseminar São José in Fortaleza ein, besuchte zunächst zwei Jahre das Kleine Seminar, begann dann 1925 mit dem Studium der Philosophie sowie der Theologie und wurde am 15. August 1931 zum Priester geweiht.[33] Seine Studienjahre fielen in eine Zeit kultureller Neuorientierung, politischen Umbruchs und kirchlicher Erneuerung in Brasilien; denn die 1920er- und beginnenden 1930er-Jahre waren von einer dreifachen Revolution gekennzeichnet: einer kulturellen, einer politischen und einer religiösen.[34]

Die kulturelle Entwicklung des „movimento modernista" begann im Februar 1922 mit einer von jungen Schriftstellern und Künstlern organisierten Woche der modernen Kunst in São Paulo anlässlich der Hundertjahrfeier der Unabhängigkeit Brasiliens von Portugal. Diese Bewegung sollte nicht nur für die Kunst, sondern auch für die Politik, die Wirtschaft und die Gesellschaft von großer Bedeutung werden, da sie sowohl eine positive Einschätzung der Gegenwart und des Neuen gegenüber der Vergangenheit brachte als auch eine eigenständige Entwicklung Brasiliens bewirkte und der geistigen Nachahmung Europas ein Ende bereitete.[35]

Der politische Umbruch begann ebenfalls im Jahr 1922, als junge und idealistisch gesinnte Offiziere, die hauptsächlich den unteren und mittleren gesellschaftlichen Schichten entstammten, gegen die Oligarchie der Großgrundbesitzer in den Staaten São Paulo und Minas Gerais rebellierten, das korrupte und unrepräsentative politische System kritisierten, den Staat der Vertretung von Klasseninteressen bezichtigten, für dessen moralische, verwaltungstechnische und politische Erneuerung eintraten und geheime Wahlen forderten.[36]

Die kirchliche Erneuerung, die zu Beginn der 1920er-Jahre in Brasilien einsetzte, verdankte wichtige Impulse Dom Sebastião Leme de Silveira Cintra, der 1921 von Olinda und Recife nach Rio de Janeiro als Koadjutor von Kardinal Arcoverde versetzt worden war, und wurde entscheidend geprägt durch den jungen Journalisten Jackson de Figueiredo, der 1921 im Alter von dreißig Jahren zum Katholizismus konvertiert war. Mit ihm erhielten erstmals Laien bedeutenden Einfluss in der brasilianischen Kirche, und erst seit seiner Konversion kann in Brasilien von einer eigentlichen katholischen Intelligenz gesprochen werden.[37] Dom Leme, der bereits in seinem Hirtenbrief von 1916 eine Erneuerung der Kirche gefordert hatte, vereinigte 1922 in der „Confederação das Associações Católicas" verschiedene Laienbewegungen, Jackson de Figueiredo gab von 1921 an eine Zeitschrift mit dem Titel *A Ordem* (Die Ordnung) heraus und begründete im folgenden Jahr in Rio de Janeiro das „Centro Dom Vital", das bald zum Mittelpunkt der katholischen Restauration wurde.[38]

Sowohl der Titel „A Ordem" für die Zeitschrift als auch der Name „Dom Vital" für das Zentrum weisen auf charakteristische Züge der kirchlichen Erneuerung in Brasilien zu Beginn der 1920er-Jahre hin. Beeinflusst von den Exponenten der integralistischen – d. h. alle Kultursachgebiete der Autorität der Kirche unterstellenden – Action française, Charles Maurras und Léon Daudet, galt Ordnung für Jackson de Figueiredo als oberste Norm. In jeder politischen, gesellschaftlichen oder kirchlichen Veränderung sah er den Keim einer beginnenden Revolution und war davon überzeugt, dass die schlimmste Legalität besser sei als die beste Revolution. Für den Ursprung der Revolution machte er die Verkündigung der Freiheit des Einzelnen in der Reformation und die Aufklärung verantwortlich. Die sich abzeichnende Erneuerung der brasilianischen Gesellschaft war ihm verdächtig, da sie seines Erachtens unter englischem und amerikanischem Einfluss stand und viele traditionelle Werte ablehnte, dagegen protestantische und aufklärerische Ideen bejahte, hinter denen er die Macht der Freimaurerei vermutete.[39] Der Name „Centro Dom Vital" sollte an jenen Bischof von Olinda und Recife erinnern, der in den Jahren 1872–1875 für die Unabhängigkeit der Kirche gegenüber dem Staat eingetreten war, womit in Brasilien in der Gestalt des Ultramontanismus die Zeit des Integralismus begonnen hatte.[40]

Nachdem Helder Camara in seinem Elternhaus ein Klima distanzierter Kirchlichkeit und großer weltanschaulicher Toleranz erlebt hatte, wurde er mit dem Eintritt ins Seminar von jener Erneuerungsbewegung in der brasilianischen Kirche erfasst, die in Opposition sowohl zu den kulturellen Impulsen des „movimento modernista" als auch zu den politischen Intentionen des „tenentismo" stand, einer Zeit nachtrauerte, in der die Kirche in Brasilien mächtig und noch nicht von Protestantismus und Freimaurerei bedroht gewesen war,[41] sich am europäischen Katholizismus und dessen Kampf gegen Liberalismus, Modernismus, Freimaurerei und die in der Aufklärung wurzelnden Geistesströmungen orientierte[42] und insgesamt beabsichtigte, die katholische Kirche wieder zu einer gesellschaftlich mächtigen Größe werden zu lassen.[43]

Während seines Studiums lernte Helder Camara eine dem Geist der Gegenreformation verpflichtete Theologie kennen, die in apologetischer Verteidigungs- und Abwehrhaltung gefangen und hauptsächlich an der Widerlegung alter und neuer Häresien interessiert war. Vor allem Pater Leonel Franca übte mit seinen theologischen Schriften gegen den Protestantismus, den Modernismus und die Ehescheidung einen großen Einfluss auf die führenden Leute der brasilianischen Kirche aus, und diese Schriften wurden von den Seminaristen mit Begeisterung gelesen.[44] Das Studium solcher Theologie entfremdete die künftigen Priester umso mehr der Lebenswirklichkeit ihrer Landsleute, als sie im Rahmen der Seminarausbildung mit sozialen Fragen überhaupt nicht konfrontiert wurden.[45] Helder Camara sagt dazu: „Im Seminar habe ich tatsächlich nur eine sehr naive, sehr dürftige Vorstellung von der Welt erhalten. Das hat mich dazu geführt, später die schlimmsten Positionen einzunehmen. Ich ging aus dem Seminar mit Ideen hervor, die uns heute [...] schockieren."[46] Er präzisiert seine damalige Weltanschauung: „Als ich das Seminar verließ, hatte ich hinsichtlich des Sozialen nur eine, und zwar sehr einfache Ansicht. Ich meinte nämlich, die Welt werde sich immer mehr in zwei entgegengesetzte Lager spalten: den Kapitalismus und den

Kommunismus. [...] Der Kommunismus war das Böse, das Böseste vom Bösen."[47] War einerseits der Kommunismus Inbegriff alles Verwerflichen, so wurde anderseits der Kapitalismus als Verteidiger der christlichen Ordnung hingestellt.[48]

In der Rückschau beurteilt Helder Camara seine Seminarausbildung wegen der defensiv-apologetischen Tendenz der damaligen Theologie und wegen des völligen Ausblendens der sozialen Probleme der Menschheit kritisch, anerkennt aber positiv, dass er dem Seminar in menschlicher Hinsicht viel verdanke und von einigen seiner Lehrer und Rektoren entscheidend geprägt worden sei. Unter diesen beeinflusste ihn, der sich nicht ohne Widerstände in die Seminarordnung einfügte, vor allem der französische Lazaristenpater und Rektor des Großen Seminars, Tobie Dequidt, da er ihn mit der französischen Literatur vertraut machte, in einem damals keineswegs selbstverständlichen, partnerschaftlichen Verhältnis zu den Seminaristen stand, bereit war, diesen gegenüber begangene Fehler einzugestehen und sie um Verzeihung zu bitten, und als einziger die allgemeine Antimodernistenkampagne im Seminar nicht mitmachte.[49]

Die Seminarzeit sollte vor allem für das religiös-spirituelle Leben Helder Camaras wichtig werden, weil er damals begann, gegen zwei Uhr in der Nacht aufzustehen, um in der Stille zu meditieren und so nach den vielfältigen Eindrücken des Tages die Einheit mit Christus in sich wiederherzustellen.[50]

Entscheidende Weichen wurden für ihn in jenen Jahren vor allem in Bezug auf seine politische Einstellung und im Hinblick auf sein späteres, vorübergehendes parteipolitisches Engagement gestellt.

Kontakte mit der integristischen Bewegung und Aktivitäten in faschistisch inspirierten Organisationen

Im Priesterseminar gehörte Helder Camara einer kleinen Gruppe von Studenten an, die sich, fasziniert von der Persönlichkeit Jackson de Figueiredos und begeistert von dessen Ideen, „Jacksonianer" nannten. Sie bewunderten den jungen Konvertiten, weil er in aller Öffentlichkeit mutig zu seinem katholischen Glauben stand, für ein militant engagiertes Christentum plädierte und Protestantismus, Freimaurerei und Sozialismus als Irrtümer und Feinde des Katholizismus bekämpfte. Jackson de Figueiredo sah in Brasilien weder soziale noch wirtschaftliche Probleme, da er auch größte Unterschiede in der Gesellschaft in Bezug auf Armut und Reichtum lediglich als notwendige Aspekte des Dramas des Lebens interpretierte und so rechtfertigte. Er dachte nicht in politisch-strukturellen Kategorien, sondern war der Ansicht, alle Probleme ließen sich letztlich auf moralisch-individuelle zurückführen. Da diese aber seines Erachtens vor zwanzig Jahrhunderten gelöst worden seien, gehe es jetzt einzig und allein darum, wirklich Christ zu sein. So wie Maurras ein großes und katholisches Frankreich forderte, trat de Figueiredo für ein großes und katholisches Brasilien ein.[51] Er wurde in seinen Bestrebungen, mit der Zeitschrift *A Ordem* und den Aktivitäten des „Centro Dom Vital" die Kirche Brasiliens zu erneuern, von Dom Leme unterstützt, stieß allerdings auf dessen Widerstand, als er eine eigene katholische Partei gründen wollte, da Dom Leme die Interessen der Kirche nicht an die Interessen und das Schicksal einer politischen Partei binden, sondern die Kirche aus parteipolitischen Verstrickungen heraushalten wollte.[52] Diese Position Dom Lemes sollte später zum Ende der parteipolitischen Aktivitäten Helder Camaras führen.

Jackson de Figueiredo, von dem Helder Camara sagt, er sei eine außerordentliche Persönlichkeit gewesen und habe in seinem Leben eine große Rolle gespielt, ertrank am 4. November 1928 in der Bucht von Rio de Janeiro. Zu seinem Nachfolger als Leiter des „Centro Dom Vital" ernannte Dom Leme den Intellektuellen Alceu Amoroso Lima, der Jackson de Figueiredo 1918 kennengelernt, mit ihm seit 1924 einen intensiven Briefwechsel über philosophische und religiöse Fragen geführt hatte und am 15. August 1928 zum Katholizismus konvertiert war.[53] Alceu Amoroso Lima war ursprünglich im Unterschied zu Jackson de Figueiredo für soziale Fragen aufgeschlossen und eher an der Freiheit des Einzelnen interessiert gewesen als an einer autoritären Ordnung, begann dann aber unter dem Eindruck seiner eigenen Bekehrung und des Todes seines Freundes Jackson autoritäre und konservative Positionen zu vertreten, da er das Erbe seines Vorgängers weiterführen wollte. Er war der Meinung, es brauche vor allem Katholiken, die wahre Christen seien, Männer der Doktrin und des Glaubens, disziplinierte, rechtgläubige Katholiken, die ihren Syllabus kennen.[54]

Helder Camara teilte nach dem Tod von Jackson de Figueiredo dessen Nachfolger Amoroso Lima in einem Brief sein Beileid mit und begrüßte ihn als neuen Führer der Katholiken. In seiner Antwort empfahl ihm Amoroso Lima, mit einem jungen und kürzlich zum Katholizismus konvertierten Leutnant namens Severino Sombra, der eben in Fortaleza angekommen sei, Kontakt aufzunehmen.[55] Helder Camara folgte diesem Rat und arbeitete von da an eng mit Severino Sombra zusammen, der von Salazar inspiriert und ein begeisterter Anhänger Mussolinis war. Damit begann der knapp zwanzigjährige Seminarist mit seinen Aktivitäten in integralistisch-faschistisch orientierten Organisationen. Zusammen mit Leutnant Sombra gründete er die „Legião Cearense do Trabalho", eine Vereinigung, die bald fast alle Arbeiter von Fortaleza umfasste und auch im Innern des Staates Ceará Zellen gründete. Sie orientierte sich am Ständestaat Salazars, kämpfte mit Streiks für die Besserstellung der Arbeiter, um dem kommunistischen Einfluss entgegenzutreten, förderte zwar das Klassenbewusstsein der Arbeiter, ohne aber dabei den Klassenkampf zu propagieren. Helder Camara war als Seminarist einer der Propagandisten der Liga und trug deren Abzeichen am Ärmel seiner Soutane.[56]

Im Januar 1930 gründeten er und Severino Sombra zusammen mit Leutnant Jeova Mota, der unter dem Eindruck der Konversion seines Freundes Severino ebenfalls katholisch geworden war und sich den beiden angeschlossen hatte, entsprechend dem „Centro Dom Vital" in Rio de Janeiro das „Centro Jackson de Figueiredo" in Fortaleza. Die drei gaben zudem eine Zeitschrift mit dem Titel *O Bandeirante* heraus, die allerdings nicht über zwei Nummern hinauskam, und veröffentlichten gemeinsam verfasste Artikel unter dem Pseudonym Agathon in der katholischen Tageszeitung *O Nordeste*.[57] Helder Camara, der seine eigenen Artikel damals zuerst mit dem Pseudonym Athanasius und später mit Alceu da Silveira zeichnete, beurteilt diese im Nachhinein recht kritisch, wenn er sagt: „Es waren ziemlich schwache Artikel, die ich seinerzeit schrieb, und extrem rechts."[58]

Getreu dem von Jackson de Figueiredo vertretenen Grundsatz, den er sich – wie er selbst gesteht – ganz zu eigen gemacht hatte, dass die schlimmste Legalität besser sei als die beste Revolution, und unter dem Einfluss von Amoroso Lima lehnte Helder Camara wie schon die Intentionen der „tenentes" so auch die Revolution von 1930 ab, durch die Getúlio Vargas am 4. November an die Macht kam.[59] Diese Revolution, mit der die erste Republik (1889–1930) in Brasilien zu Ende ging und die oligarchische durch die populistische Phase abgelöst wurde, war „... eine Bewegung unter der Führung der großen, dissidenten Oligarchie, einem Flügel aus der Spitze des Militärs, mit einer aktiven Beteiligung der Mittelschichten […] gegen die wirtschaftliche und politische Herrschaft einer Minderheit, deren Macht auf regionaler Ebene lag"[60].

In dem auf die Revolution folgenden Jahr wurde Helder Camara am 15. August 1931 in der Kathedrale von Fortaleza zum Priester geweiht. Bei seiner ersten Messe dienten ihm die beiden Leutnants Severino Sombra und Jeova Mota in Uniform, was selbst für damalige Verhältnisse keineswegs selbstverständlich war.[61]

Zu dieser Zeit dachte Helder Camara politisch in solchen Ordnungskategorien, dass er irgendwelche strukturelle Änderungen grundsätzlich ablehnte und die Verteidigung des Status quo befürwortete.[62] Er sagt dazu: „... noch nach meiner Priesterweihe habe ich die allgemeine Blindheit geteilt. [...] Die Sorge um die Erhaltung von Autorität und sozialer Ordnung [...] hinderte [uns daran], die Ungerechtigkeiten zu entdecken und bloßzustellen. [...] Wir arbeiteten unter diesen Umständen den Beherrschern in die Hände."[63] Die Welt schien sich ihm immer mehr in zwei feindliche Lager zu spalten, in ein kommunistisches und ein kapitalistisches, wobei er die antikommunistischen Kräfte Kapitalismus und Faschismus als Verbündete der Kirche betrachtete.[64]

Als Priester Funktionär der faschistischen integralistischen Partei

Nach seiner Priesterweihe wurde Helder Camara in Fortaleza mit der seelsorglichen Betreuung von Arbeitern, Lehrern und Jugendlichen beauftragt. Für die Arbeiter bestand bereits die „Legião Cearense do Trabalho", für die Lehrer wurde am 2. Januar 1932 die Vereinigung katholischer Lehrer gegründet, deren Präsident Helder Camara und deren Vizepräsident Severino Sombra waren und in deren Rahmen Helder Camara Vorträge über Psychologie hielt, und für die Jugend entstand, angeregt durch die Aktivitäten Joseph Cardijns in Europa, eine Organisation für die Arbeiterjugend.[65]

Schon bald sollte Helder Camara in die aktive Politik eintreten. Am 24. Mai 1932 hatte Plinio Salgado in São Paulo die „Ação Integralista Brasileira" (AIB)[66] gegründet, eine brasilianische Version des europäischen Faschismus. Salgado entdeckte in der „Legião Cearense do Trabalho" Gemeinsamkeiten mit seinen eigenen Ideen und lud deshalb deren Präsidenten Severino Sombra ein, die Führung der integralistischen Partei im Staate Ceará zu übernehmen, und Helder Camara, deren Sekretär für das Erziehungswesen zu werden. Nachdem er sich mit seinem Bischof Manuel da Silva Gomes besprochen und dessen Einverständnis erhalten hatte, nahm Helder Camara das Angebot Plinio Salgados an und wurde so im Alter von 23 Jahren integralistischer Parteifunktionär.[67] In dieser Eigenschaft verurteilte er damals in zahlreichen Reden und Zeitungsartikeln den Trend zum Liberalismus und zur Freiheit im Geist der Französischen Revolution und vertrat die Ansicht, der Nationalismus der totalitären Staaten verleihe dem Zeitalter eine neue Bedeutung.[68]

Im Zusammenhang mit dem Kampf der Kirche um größeren Einfluss in Staat und Gesellschaft sollte Helder Camara schon bald gegen seinen Willen ein politisches Amt in der Regierung des Staates Ceará übernehmen müssen. Nachdem Kardinal Leme bereits im Jahr 1931 mit zwei Massenkundgebungen von Katholiken zu

Ehren der brasilianischen Landesheiligen, Unserer lieben Frau von Aparecida, und Christus des Erlösers der Regierung Vargas zeigen wollte, in welchem Ausmaß religiöser Geist im Volk lebendig sei und welch politischer Faktor die Kirche darstelle, und er zusammen mit fünfzig Bischöfen Getúlio Vargas einige Wünsche der Kirche an die Adresse des neuen Regimes gerichtet hatte, gründete er 1932 im Hinblick auf die Wahlen in die verfassunggebende Versammlung vom Mai 1933 die „Liga Eleitoral Católica" (LEC). Dieser katholische Wahlbund war keine eigentliche politische Partei, sondern eine Art Pressure-Group der katholischen Kirche mit der doppelten Zielsetzung, einerseits die katholische Wählerschaft zu informieren und zu organisieren und anderseits dafür zu sorgen, dass nur jene Kandidaten die Stimme der Katholiken erhalten, die sich auf ein Programm der Kirche verpflichtet und bereit erklärt hatten, dieses in der verfassunggebenden Versammlung auch zu vertreten.[69] Kardinal Leme nahm mit allen Bischöfen Kontakt auf und legte ihnen nahe, die Liga, deren Präsident Amoroso Lima war, in ihren Diözesen zu fördern, wobei die Priester aber im Hintergrund bleiben sollten. Dom Manuel von Fortaleza hielt Dom Lemes Plan, die Kandidaten bloß aufgrund eines abgegebenen Versprechens zu unterstützen, für zu unsicher und war auch mit Dom Lemes Sicht in Bezug auf die Rolle der Priester nicht einverstanden. Er gab deshalb in seiner Diözese eine Liste der Kandidaten der Kirche heraus und beauftragte Helder Camara, im Staate Ceará für die Wahl dieser Kandidaten zu werben. So zog Helder Camara von Dorf zu Dorf und von Stadt zu Stadt, empfahl die in den Augen der Kirche unterstützungswürdigen Kandidaten zur Wahl und diffamierte jene der oppositionellen Partei als kommunistisch, sozialistisch, freimaurerisch und allgemein als häretisch.[70] Der Erfolg der Kampagne, in deren Verlauf Helder Camara sich den Ruf eines flammenden Redners erwarb, war durchschlagend; denn im Staate Ceará wurden alle von der Kirche empfohlenen und unterstützten Kandidaten gewählt, und die verfassunggebende Versammlung nahm die von der Kirche aufgestellten Forderungen in die Verfassung von 1934 auf. Zwar blieben Staat und Kirche weiterhin rechtlich getrennt, doch konnte der Staat die Kirche finanziell unterstützen, und die Kirche erhielt jene öffentliche Anerkennung, die ihres Erachtens ihrer gesellschaftlichen Stellung angemessen war.[71]

Der Erfolg der Wahlliga sollte für Helder Camara Folgen haben. Der mit der Unterstützung der LEC gewählte Gouverneur des Staates Ceará, Menzes Pimentel, wollte seinen Wahlhelfer Helder Camara zum Leiter des Erziehungsressorts, das dem Innen- und Justizministerium unterstand, berufen. Gegen seinen Willen übernahm Helder Camara, der während der ganzen Wahlkampagne immer wieder erklärt hatte, er verfolge keine persönlichen Ziele und strebe kein öffentliches Amt an, auf ausdrücklichen Wunsch seines Bischofs die Leitung des Erziehungsdepartementes, allerdings erst, nachdem ihm der Gouverneur versprochen hatte, parteipolitische Rücksichten würden in der Arbeit und bei der Besetzung von Lehrstellen keine Rolle spielen. So trat Helder Camara mit 24 Jahren in den Dienst des Staates Ceará.[72]

Der Gouverneur hielt während einiger Monate die mit Helder Camara vereinbarten Bedingungen ein, begann dann aber, aus parteipolitischen Gründen die Versetzung des einen oder andern Lehrers zu fordern, wodurch die Situation für Helder Camara unhaltbar wurde, da dem Gouverneur die letzte Entscheidungskompetenz zukam. Deshalb unterrichtete Helder Camara seinen Vorgänger in der Leitung des Erziehungsressorts des Staates Ceará, Laurenço Filho, der nun im Bundesministerium für Erziehung in Rio de Janeiro arbeitete und mit dem er schon kurz nach seinem Amtsantritt Kontakt aufgenommen hatte, von seinen Schwierigkeiten mit dem Gouverneur. Laurenço Filho lud Helder Camara ein, als technischer Assistent im Sekretariat für Erziehung des Bundesdistrikts Rio de Janeiro zu arbeiten. Im Einverständnis mit seinem Bischof nahm Helder Camara die Einladung an, verließ im Januar 1936 seine Heimatsstadt Fortaleza im Nordosten Brasiliens und zog nach Rio de Janeiro in den Süden des Landes.[73]

Abschied vom Integrismus und Rückzug aus der aktiven Politik

Mit dem Ortswechsel von Fortaleza nach Rio de Janeiro sollte sich für Helder Camara in beruflicher Hinsicht vorerst wenig ändern, da er aufgrund eines bestandenen Examens den Titel „Erziehungsfachmann" erwarb und weiterhin mit Erziehungs- und Schulfragen beschäftigt war, zunächst als Assistent von Laurenço Filho im Erziehungsinstitut und später als Chef der Abteilung für Prüfungsmethoden im Institut für Erziehungsforschung unter der Leitung von Everardo Backhauser.[74] Kardinal Leme bat ihn, neben seiner Tätigkeit als staatlicher Beamter das Amt eines technischen Direktors für religiöse Unterweisung in der Diözese Rio zu übernehmen und sich um die Erneuerung des Religionsunterrichts zu bemühen. In diesem Zusammenhang führte Helder Camara in den Schulen von Rio u. a. eine Untersuchung durch und verlangte 1937 in einer Schrift mit dem Titel „Vocabulário Catequético" auf allen Stufen eine Vereinfachung der Sprache im Katechismusunterricht.[75]

Änderte sich für ihn so in beruflicher Hinsicht vorerst nur wenig, so verhielt es sich in Bezug auf seine politischen Aktivitäten und seine Parteizugehörigkeit anders; denn Kardinal Leme lehnte im Unterschied zu Erzbischof Manuel von Fortaleza die Mitgliedschaft von Priestern in politischen Parteien grundsätzlich ab. Helder Camara wurde deshalb gleich zu Beginn seines Aufenthaltes in Rio von Kardinal Leme aufgefordert, aus der integralistischen Partei auszutreten.[76]

Mit dem juristischen Austritt aus der Partei Plinio Salgados distanzierte sich Helder Camara aber nicht auch schon innerlich vom integristischen und faschistischen Denken, wie zwei Buchbesprechungen zeigen, die er 1936 in der Januar/Februar- bzw. Mai/Juni-Nummer der von ihm redigierten Zeitschrift *Revista Brasileira de Pedagogia* unter dem Pseudonym Alceu da Silveira veröffentlichte. In der ersten besprach er das Buch *Geographia de Dona Bente* von Monteiro Lobato und kritisierte, auf welch schockierende Art darin Russland gelobt, die Ausbreitung des Sozialismus nicht nur vorausgesagt, sondern sogar gewünscht werde, dagegen der Faschismus im Kapitel über Italien und der Hitlerismus in jenem über Deutschland nicht einmal erwähnt würden, was nur mit Vorurteilen diesen Bewegungen gegenüber erklärt werden könne.

In der Besprechung des Bandes *Da Tribuna e da Imprensa* seines von ihm bewunderten Freundes Alceu Amorosa Lima wurde er noch deutlicher, wenn er zum Schluss den Autor kritisierte, weil dieser sich die Gelegenheit nicht habe entgehen lassen, auf ungehemmte und ungerechte Weise totalitäre Staaten anzugreifen, ohne den totalitären integralistischen Staat Brasilien in Betracht zu ziehen, der von den gegenwärtigen nationalistischen Bewegungen nicht unterschieden werden könne und der in der doktrinalen Reinheit seiner Prinzipien doch unangreifbar sei.[77] Neben diesen deutlich faschistenfreundlichen Äußerungen weist eine weitere Tatsache darauf hin, dass Helder Camara mit seinem Austritt aus der integralistischen Partei nicht auch schon alle Bindungen an seine politische Vergangenheit aufgegeben hatte; denn im Jahr 1937 erklärte er sich auf Anfrage von Plinio Salgado bereit, die Kirche im zwölfköpfigen Obersten Rat der integralistischen Partei zu vertreten, nachdem Kardinal Leme dazu unter den beiden Bedingungen sein Einverständnis gegeben hatte, dass die Mitgliedschaft Helder Camaras geheim bleibe und die Versammlungen des Rates nur in nichtintegralistischen Lokalen stattfinden.[78]

Im selben Jahr 1937 begann sich Helder Camara aber auch innerlich vom Integrismus zu lösen. Er distanzierte sich von der integristischen Konzeption, wonach die Kirche autoritär Einfluss auf Staat und Gesellschaft zu nehmen habe, als er seinen früheren Erzbischof Manuel von Fortaleza öffentlich kritisierte, weil dieser noch einmal versucht hatte, die „Liga Eleitoral Católica" als katholische, politische Organisation einzusetzen. Helder Camara verstand diesen öffentlichen Protest als ebenso öffentliches Bekenntnis seines Irrtums der vergangenen Jahre und wollte damit eine Wiederholung jener Situation vermeiden helfen, in der er 1932/33 eine aktive Rolle gespielt hatte.[79]

Endgültig verabschiedete sich Helder Camara vom integristischen Denken mit dem von Getúlio Vargas am 2. Dezember 1937 erlassenen Verbot aller politischen Parteien, also auch der integralistischen, nachdem Vargas bereits zwei Jahre zuvor mithilfe der Integralisten und der bürgerlichen Parteien die Kommunisten ausgeschaltet und am 10. November 1937 ein angebliches kommunistisches Komplott zum Anlass genommen hatte, die für 1938 vorgesehenen Wahlen abzusagen, den Kongress aufzulösen, die Verfassung von 1934 außer Kraft zu setzen und den Estado Novo (den „neuen Staat") auszurufen.[80]

Der Staatsstreich von Vargas und der Schock des Verbots der integralistischen Partei veranlassten Helder Camara, seine bisherigen politischen Ansichten zu überdenken und jene Vorstellung aufzugeben, die er später selbst als naiv bezeichnen sollte und derzufolge die Welt durch den Gegensatz von Kommunismus und Kapitalismus in eine rechte und eine linke Hälfte geschieden sei.[81]

So ging im Laufe der ersten beiden Jahre seines Aufenthaltes in Rio de Janeiro für Helder Camara jene Phase seines Lebens zu Ende, die mit dem Theologiestudium im Priesterseminar von Fortaleza begonnen hatte und während der er unter dem Einfluss bedeutender Persönlichkeiten dem Integrismus angehangen hatte und aktiv im Dienst der integralistischen Partei gestanden war. Dieser Integralismus ordnete die geistliche Macht der Kirche der zeitlichen des Staates über, gestand den Kultursachgebieten weder eine relative und schon gar nicht eine absolute Eigenständigkeit zu, reduzierte soziale Probleme im Wesentlichen auf moralische, ordnete das Individuum den Institutionen unter, schätzte die Theorie höher ein als die Praxis, betrachtete Kapitalismus und Faschismus wegen ihres Antikommunismus als Verbündete der Kirche, privatisierte das Christentum so, dass Christsein nichts mit sozialen Ungerechtigkeiten zu tun zu haben schien, propagierte Ordnung als oberste Norm, sodass die Kirche auf der Seite der Herrschenden stand und sowohl von ihrem eigenen Selbstverständnis her als auch in den Augen Getúlio Vargas' ebenso eine Stütze des Staates war wie etwa die Armee.[82]

Helder Camara urteilt einerseits insofern kritisch über die integralistisch-faschistische Phase seines Lebens, als er gesteht, damals blind gewesen zu sein für die soziale Wirklichkeit, bedauert aber andererseits seine damaligen Erfahrungen insofern nicht, als sie ihm später das Verständnis für Irrtümer anderer erleichtert haben.[83]

Der durch Kardinal Lemes Verbot, sich als Priester parteipolitisch zu betätigen und durch Getúlio Vargas' Erlass, alle politischen Parteien zu verbieten, von außen aufgedrängte Austritt Helder Camaras aus der integralistischen Partei und sein Abschied vom Integrismus wurde für ihn um so leichter möglich, als er bereits während der ersten Jahre seines Aufenthalts in Rio die neue Konzeption eines sozial engagierten Katholizismus des Franzosen Jacques Maritain kennenlernte. Maritain kam 1936 zum ersten Mal nach Brasilien und sprach im „Centro Dom Vital" von Rio. Helder Camara las die Werke Maritains – dessen *L'Humanisme intégral* 1937 erschienen war – entweder im französischen Original oder in der Übersetzung von Amoroso Lima, der selbst stark von Maritain beeinflusst war und der dessen Gedanken in Brasilien verbreitete.[84] Zum andern dürfte die Tatsache, dass nicht nur der von ihm bewunderte Amoroso Lima eine neue Sicht des Christentums in der Gesellschaft vertrat, sondern auch sein Freund Jeova Mota, mit dem er in der integralistischen Partei des Staates Ceará in Fortaleza zusammengearbeitet hatte, sich politisch neu orientierte und eine Zeitlang der kommunistischen Partei angehörte, seinen Abschied vom Integralismus erleichtert haben.

Nicht nur in politischer Hinsicht hatte sich Helder Camara in der zweiten Hälfte der 1930er-Jahre von jenem restaurativen und apologetischen Denken befreit, von dem er seit seiner Seminarzeit bestimmt gewesen war, sondern auch in Bezug auf die Beurteilung des Protestantismus, dessen religionspädagogische Bemühungen er in einem Anfang 1938 am Nationalen Kongress für katholische Erziehung gehaltenen Vortrag lobte, in dem er zudem den Kongress einlud, die Katholische Presse zu bitten, Attacken gegen den Protestantismus zu unterlassen.[85]

Neben der Arbeit als Beamter im Erziehungsministerium, der er auf Wunsch von Kardinal Leme nachgegangen war, obwohl seines Erachtens für diese Tätigkeit kein Priester erforderlich gewesen wäre, und den Aufgaben im Rahmen der diözesanen Katechese war Helder Camara Krankenhausseelsorger[86] sowie Spiritual der Schwestern der Escola Ana Neri[87] und hielt an der von den Ursulinerinnen gegründeten literarischen Fakultät Vorlesungen über Psychologie und seit 1941 an der von Kardinal Leme errichteten neuen katholischen Fakultät solche über Didaktik.[88]

Als Kardinal Sebastião Leme de Silveira Cintra 1942 im Alter von sechzig Jahren starb und Dom Jaime de Barros Câmara von Belém im Juli 1943 sein Nachfolger als Erzbischof von Rio de Janeiro wurde, konnte Helder Camara seine Tätigkeit als Beamter im staatlichen Dienst aufgeben und das Amt eines Vizedirektors für Katechese in der Erzdiözese Rio übernehmen.[89]

III.
Entdeckung der sozialen Probleme und Zusammenarbeit mit dem Staat

Als Verantwortlicher der Katholischen Aktion in Kontakt mit den Verhältnissen Brasiliens

Ernennung zum Nationalen Vizekaplan der Katholischen Aktion

Im September 1947 trat Helder Camara das Amt des Nationalen Vizekaplans der Katholischen Aktion Brasiliens (Ação Católica Brasileira, ACB) an, womit in seinem Leben ein neuer Abschnitt beginnen sollte, da er nun nach über zehnjähriger, eher zurückgezogener Arbeit im Bundesministerium für Erziehung und in der Diözese Rio de Janeiro ein größeres Wirkungsfeld betrat, das sich über ganz Brasilien erstreckte. Seine Ernennung zum Nationalen Vizekaplan, durch die er praktisch die Leitung der Katholischen Aktion übernahm, erfolgte kurz nach der Reform der ACB, die 1946 von der bischöflichen Kommission unter dem Vorsitz von Dom Jaime Câmara beschlossen worden war und die im Wesentlichen vorsah, die ursprüngliche und am italienischen Modell der allgemeinen Katholischen Aktion orientierte Gliederung in die vier Zweige Mädchen und Frauen, Burschen und Männer zwar beizubehalten, die konkreten Aktivitäten aber in acht Departemente (Berufungen, religiöse Unterweisung, soziale Aktion, Film und Theater, Kommunikation, Erziehung und Kultur, Verteidigung von Glaube und Moral und Politik) aufzuteilen. Zu jener Zeit war die ACB eine wohl auf dem Papier beeindruckende Organisation, die aber in Wirklichkeit kaum existierte, da sie im Laufe der 1940er-Jahre erlahmte und ihr Zerfall nach dem Tod von Kardinal Leme im Jahre 1942 kaum mehr zu übersehen war.[90]

In dieser Situation trat Helder Camara sein neues Amt an und ergriff Maßnahmen zur Belebung der ACB. Im Oktober 1947 gab er die erste Nummer der Monatszeitschrift *Revista do Assistente Ecclesiástico* heraus, um mit den verschiedenen Zweigen der Katholischen Aktion in Kontakt zu treten, Initiativen zu koordinieren und Informationen unter den Diözesankaplänen auszutauschen, die wie er unter schwierigen Bedingungen arbeiten mussten, aber über noch weniger Zeit und Ausbildung verfügten als er. Zudem gab er die *Revista Catequética* heraus. Durch diese Herausgebertätigkeit war er gezwungen, sich mit theologischer Literatur auseinanderzusetzen. So lernte er die Schriften von Congar, Chenu, de Lubac, Marcel, Guitton, Sartre, Sertillange u. a. kennen.[91] Im November half er den ersten Nationalen Kongress der Katholischen Aktion in Belo Horizonte organisieren, auf dem er beauftragt wurde, ein nationales Sekretariat der ACB einzurichten.[92] Wichtig wurden in der Folge vor allem die alljährlich durchgeführten einwöchigen Kongresse, die er vorzubereiten hatte und auf denen sich jeweils Hunderte von Kaplänen und Leitern der Katholischen Aktion trafen.[93]

Durch seine Tätigkeit als Verantwortlicher der ACB lernte Helder Camara die sozialen, kulturellen, wirtschaftlichen, politischen und religiösen Verhältnisse Brasiliens kennen und kam mit vielen Priestern in Kontakt, von denen einige später zu den fortschrittlichen Mitgliedern der Brasilianischen Bischofskonferenz zählen sollten.[94] In dieser Zeit wurde sein Interesse für soziale Probleme geweckt. Es waren Ordensleute und Laien aus der Katholischen Aktion, die 1949 mithalfen, den „Serviço de Assistencia Rural" (SAR) zu gründen, der mobile Teams von Fachleuten zusammenstellte, die in der Diözese Natal und darüber hinaus von Pfarrei zu Pfarrei zogen, um die Landbewohner in landwirtschaftlichen und medizinischen Fragen zu beraten, und die ein Netz von Radioschulen einrichteten, um die Erwachsenen aus- und weiterzubilden. Bereits ein Jahr zuvor hatten sich sechs Priester, unter denen sich auch der spätere Kardinal von Rio, Eugênio Sales, befand, in Natal zusammengefunden, um die Probleme der Landbewohner zu diskutieren, womit begann, was später die Natal-Bewegung genannt werden sollte.[95] In jenen Jahren fing die brasilianische Kirche an, sich mit sozialen Fragen zu beschäftigen, und Helder Camara wurde sich der traurigen Lage der Landarbeiter bewusst, die er in der von ihm herausgegebenen *Revista do Assistente Ecclesiástico* im November 1948 als arme und vernachlässigte Kinder der Kirche bezeichnete.[96] Sein Problembewusstsein in Bezug auf soziale Fragen begann sich langsam zu entwickeln.

Verfasser der ersten sozialkritischen Stellungnahme

Im Juli 1949 organisierte Helder Camara an der staatlichen Agrarhochschule in der Nähe von Rio de Janeiro den ersten einer Reihe von Kursen für Priester auf dem Lande aus 37 Diözesen. Die Kurse wurden von der ACB zusammen mit dem Landwirtschaftsministerium getragen. Der Beitrag Helder Camaras beschränkte sich neben dem Organisatorischen auf einen Vortrag über die Katholische Aktion in Landpfarreien.[97]

Im folgenden Jahr arbeitete er an der Planung und Durchführung einer Studienwoche über Probleme der Landbevölkerung mit, zu der im Juli 1950 die Katholische Aktion in Verbindung mit den Ministerien für Landwirtschaft und Erziehung nach Campanha im Staate Minas Gerais einlud und an der neben 270 Lehrerinnen, dreißig Ordensleuten, die an Gymnasien oder landwirtschaftlichen Schulen unterrichteten, sowie sechzig Pfarrern zwar 250 Landbesitzer teilnahmen, dagegen die grundbesitzlosen Landarbeiter nicht vertreten waren. Zusammen mit Landwirtschaftsexperten und Tierärzten wurden Probleme der Region besprochen, und es wurde beschlossen, mobile Teams bestehend aus einem Priester, einem Arzt, einem Agronomen, einem Tierarzt, einem Familienberater und einem Sozialarbeiter in die Pfarreien zu entsenden, um jeweils am Ort Verantwortliche auszubilden und Gruppen ins Leben zu rufen, die die sozialen, wirtschaftlichen und religiösen Probleme in den Pfarreien in Angriff nehmen sollten.

Zum Abschluss dieser Woche veröffentlichte der Bischof von Campanha, Dom Innocéncio Engelke OFM, ein Pastoralschreiben mit dem Titel *Connosco, sem nós ou contra nós se fará a Reforma Rural* („Mit uns, ohne uns oder gegen uns wird die Landreform durchgeführt"). Dieses Schreiben war mit Ausnahme des Schlussabschnittes von Helder Camara verfasst worden[98] und dokumentiert so seine Beurteilung der sozialen Verhältnisse und seine Sicht der Aufgabe der Kirche. Im Hirtenbrief wurde auf die Gefahr hingewiesen, dass die Kirche nach den städtischen Arbeitern im 19. Jahrhundert nun auch die Landarbeiter verlieren könnte, weshalb für diese der gleiche Schutz durch die Sozialgesetzgebung gefordert wurde wie er bereits für Arbeiter in den Städten bestand. Das Schreiben bezeichnete die Situation der Landarbeiter als untermenschlich[99] und fragte rhetorisch, ob deren Hütten den Namen Häuser verdienten, ob das, was sie zu essen hätten, Nahrung sei, ob die Lumpen, die sie trügen, als Kleider bezeichnet werden dürften und ob ihr Zustand ohne Gesundheit, ohne Hoffnung und ohne Zukunft überhaupt Leben genannt werden könne. Das Pastoralschreiben erinnerte an die Gefahr des Kommunismus, da die Massen der Proletarier den kühnen und revolutionären Ideen von Agitatoren ausgesetzt seien, die ihrerseits nichts zu erfinden brauchten, sondern lediglich auf die elende Situation der Landarbeiter hinweisen könnten, um sie aufzustacheln. Die Großgrundbesitzer wurden aufgefordert, den Landarbeitern nicht bloß Almosen zu geben, sondern gemäß dem göttlichen Recht und entsprechend der Sozialdoktrin der Päpste für Gerechtigkeit zu sorgen. Das Schreiben plädierte für eine Agrarreform, die jedem zu Grundbesitz verhelfen und die die landlosen Arbeiter mit den riesigen Flächen unbearbeiteten Bodens zusammenbringen würde. Das Engagement der Kirche in diesen sozialen und wenig spirituellen Fragen wurde mit dem Hinweis gerechtfertigt, dass die menschliche Person eine unteilbare Einheit sei und das Sittengesetz verletzt werde, wenn grundlegende Menschenrechte bedroht oder missachtet würden.[100]

Dieses von Dom Engelke veröffentlichte Pastoralschreiben stellte im Jahre 1950 trotz seiner eher paternalistischen Sicht einen Fortschritt dar; denn es war das erste kirchliche Dokument in Brasilien in neuerer Zeit, das soziale Probleme aufgriff und nicht im traditionell spirituellen Stil bischöflicher Verlautbarungen abgefasst war.[101] Es muss im Zusammenhang mit der für die Kirche nach dem Zweiten Weltkrieg und nach dem Sturz Getúlio Vargas' im Jahr 1945 veränderten Stellung in der Gesellschaft und gegenüber dem Staat gesehen werden. Angesichts eines unter der Regierung General Dutras (1946–1951) wiedererstandenen Parteienpluralismus – Vargas hatte lediglich zwei von ihm selbst gegründete

Parteien zugelassen – musste sich die Kirche öffentlich zu politischen Fragen äußern, da sie sich nun nicht mehr auf die Politik verlassen konnte, aufgrund persönlicher Freundschaften Einfluss auf höchster Ebene auszuüben, wie dies noch zwischen Kardinal Leme und Präsident Vargas der Fall gewesen war. Die Kirche musste nun wie die bürgerlichen Parteien volksnah werden und sich einige Forderungen der untersten Schichten zu eigen machen. Sie stieg in die politische Diskussion über die Frage einer Neuordnung des Grundbesitzes ein. Dies war für sie umso leichter möglich, als die Forderung nach einer gemäßigten Agrarreform angesichts bestehender Schwierigkeiten in der Landwirtschaft damals nicht von vornherein als Angriff auf die Interessen der herrschenden Schicht erscheinen musste und weil selbst die konservative Regierung Dutra eine Kommission zur Ausarbeitung eines Reformplanes eingesetzt hatte.[102]

Von der Reform der Katholischen Aktion zur Gründung der Brasilianischen Bischofskonferenz (CNBB)

Die Reform der Katholischen Aktion von 1950, in deren Verlauf das italienische Modell der allgemeinen durch das belgisch-französische der spezialisierten Katholischen Aktion ersetzt wurde, brachte die Kirche und Helder Camara vermehrt mit der konkreten sozialen Wirklichkeit Brasiliens in Kontakt; denn jetzt gliederte sich die Katholische Aktion nicht mehr nach Alter und Geschlecht, sondern nun entstanden neben der bereits 1948 gegründeten Organisation für die Arbeiterjugend „Juventude Operária Católica" (JOC) auch je eine für die Schüler, „Juventude Estudantil Católica" (JEC), die Studenten, „Juventude Universitária Católica" (JUC), für die Landjugend, „Juventude Agrária Católica" (JAC) und für die Unabhängigen, „Juventude Independente Católica" (JIC), die allerdings nie eine eigene Identität finden sollte.[103] Durch diese neue Einteilung musste sich die Katholische Aktion mit den spezifischen Problemen der verschiedenen beruflichen bzw. gesellschaftlichen Gruppen auseinandersetzen. Damals begann mit Joseph Cardijns Strategie „sehen – urteilen – handeln" etwas von dem, was später Bewusstseinsbildung genannt werden sollte.[104]

Die Auseinandersetzung der Kirche mit sozialen Problemen machte schon bald die Notwendigkeit größerer interner Zusammenarbeit deutlich. Nachdem in Campanha 1950 und in Natal ein Jahr darauf jeweils nach Studienwochen über ländliche Probleme bischöfliche Schreiben veröffentlicht worden waren, trafen sich im Mai 1952 die Bischöfe des Amazonas und im August jene des São-Francisco-Tales. Diese Zusammenkünfte wurden vom Nuntius einberufen, gingen auf die Initiative des Sekretariats der Katholischen Aktion zurück und wurden von diesem unter der Leitung von Helder Camara organisiert.[105] Diese regionalen Bischofstreffen standen jeweils im Zusammenhang mit staatlichen Entwicklungsplänen, die um die menschliche und spirituelle Dimension ergänzt werden sollten, da sie rein ökonomisch ausgerichtet waren. Kirche und Staat waren zwar aufgrund der Verfassung nach wie vor rechtlich getrennt, doch arbeiteten sie selbstverständlich zusammen, und die Kirche konnte für die Studienwochen der Bischöfe die Mitarbeit qualifizierter Techniker und Spezialisten der verschiedenen staatlichen Ministerien in Anspruch nehmen.[106]

Diese regionalen Versammlungen der Bischöfe bildeten Vorstufen zur Brasilianischen Bischofskonferenz, deren Errichtung Helder Camara für immer dringlicher hielt, nachdem er als Verantwortlicher der Katholischen Aktion nicht nur die sozialen Probleme Brasiliens kennengelernt, sondern auch Einblick in die kircheninternen Verhältnisse erhalten hatte und dabei feststellen musste, wie sehr der brasilianischen Kirche seit dem Tod Kardinal Lemes im Jahr 1942 eine nationale Koordination fehlte, wie notwendig eine Zusammenarbeit unter den Bischöfen für eine aktive Rolle der Kirche in sozialen Fragen wäre und wie hilfreich ein nationales Sekretariat für die einzelnen Bischöfe sein könnte, deren Zahl nach dem Zweiten Weltkrieg durch die Errichtung vieler neuer Diözesen zunahm und die angesichts der kontinentalen

Ausmaße Brasiliens und angesichts der anstehenden komplexen Probleme zu sehr auf sich allein gestellt waren.[107]

Im Einverständnis mit Nuntius Carlo Chiarlo und unterstützt von diesem, der Helder Camara seit seinem Amtsantritt in Rio de Janeiro im Jahre 1946 jeden Samstag zum Mittagessen eingeladen und ihn als Berater bei der Lösung kirchlicher Probleme in Brasilien sowie bei Bischofsernennungen hinzugezogen hatte,[108] unterbreitete Helder Camara die Idee einer Brasilianischen Bischofskonferenz anlässlich einer Reise nach Rom zur Zusammenkunft aller nationalen Sekretäre des Heiligen Jahres im Vatikan am 21. Dezember 1950 Mgr. Giovanni Montini vom Staatssekretariat. Montini begrüßte die Idee und versprach, sie zu unterstützen. Der künftige Papst Paul VI. und Helder Camara verstanden sich bereits bei dieser ersten Begegnung sehr gut und blieben einander von da an freundschaftlich verbunden.[109] Obwohl Giovanni Montini eine Brasilianische Bischofskonferenz befürwortete, ließ deren Errichtung auf sich warten, weshalb Helder Camara anlässlich des Weltkongresses für das Laienapostolat im Oktober 1951 Mgr. Montini nochmals aufsuchte, der seinerseits versprach, die Brasilianische Bischofskonferenz werde in nächster Zeit gegründet, was denn auch geschah: Die Konferenz wurde zwischen dem 14. und 17. Oktober 1952 in Rio de Janeiro offiziell errichtet.[110] Vorerst gehörten der „Conferência Nacional dos Bispos do Brasil" (CNBB) lediglich die beiden Kardinäle Carlo Carmelo Motta von São Paulo, der zum ersten Präsidenten gewählt wurde, und Dom Jaime Câmara von Rio de Janeiro sowie die 18 Erzbischöfe an. Sie wählten eine ständige Zentralkommission, die aus den beiden Kardinälen und drei Erzbischöfen bestand.[111]

Generalsekretär der Brasilianischen Bischofskonferenz

Anlässlich der konstituierenden Sitzung der CNBB wurde Helder Camara zum ersten Generalsekretär berufen und sollte dieses Amt bis 1964 innehaben. Bereits am 3. März 1952 war er zum Weihbischof von Rio ernannt und am 20. April zum Bischof geweiht worden.[112]

Die erste ordentliche Versammlung der CNBB wurde im August 1953 nach Belém einberufen. Bereits ab November 1952 gab Dom Helder Camara das monatliche Informationsbulletin *Comunicado Mensal* heraus.[113] Mithilfe dieses Organs und durch die Auswahl der Themen für die jährlichen Versammlungen der CNBB weckte Dom Helder in den folgenden Jahren das Interesse seiner bischöflichen Kollegen für die sozialen Probleme Brasiliens.

So war für die erste ordentliche Versammlung vom August 1953 in Belém eine Diskussion über Fragen der Landreform vorgesehen, die dann allerdings wegen Zeitmangel auf die zweite Versammlung vom 9. bis 12. September 1954 in Aparecida do Norte verschoben wurde. In den vorbereitenden Texten für die Versammlung in Belém erschien die Kirche in Bezug auf die Frage der Landreform einerseits als gemäßigte Befürworterin, weil sie die Grundeigentümer ermutigte, ihre großen Besitzungen zu reduzieren, und anderseits als gemäßigte Gegnerin, weil sie die landlosen Armen und die volksverbundenen Politiker davor warnte, extreme Maßnahmen zu ergreifen. Die Kirche strebte so eine Reform innerhalb der bestehenden Strukturen an, ohne diese aber grundsätzlich infrage zu stellen.

Im Hinblick auf die zweite Versammlung der CNBB in Aparecida do Norte versandte Dom Helder den Mitgliedern der brasilianischen Bischofskonferenz einen Brief von Mgr. Montini, in dem dieser die Bischöfe aufforderte, in der Frage der Landreform Stellung zu beziehen und eine eindeutige Erklärung dafür oder dagegen abzugeben. Dom Helder unterstützte den Aufruf Montinis auch in seinem eigenen Namen, wobei er u. a. auf die Tatsache hinwies, dass in Brasilien 149.000 Personen über 75 % der landwirtschaftlich genutzten Bodenfläche verfügen, dagegen 9,5 Millionen Landarbeiter überhaupt kein Land besitzen.[114] Die Opposition in der CNBB gegen die geplante Landreform war beträchtlich. So wurde der Landwirtschaftsminister in einer stürmisch verlaufenden Versammlung von den Bischöfen als „Linksradikaler" und „Kommunist" beschimpft, als er diesen am 8. September den gemäßigten Gesetzesentwurf für eine Landreform erläuterte. Dom Helder rief seine Kollegen im Bischofsamt auf, den Mut zu haben, die ganze Katholische Soziallehre zu verkünden, statt sie zu verstümmeln, um die Reichen zu schonen, und verglich die Notwendigkeit einer Landreform mit der Dringlichkeit der Gesetze gegen die Sklavenhaltung im Jahr 1888. Trotz seines engagierten Appells gaben die 23 Kardinäle und Erzbischöfe eine eher zurückhaltende Erklärung ab, weil sie z. T. selbst über größeren Grundbesitz verfügten und weil die innenpolitische Lage unsicher geworden war, nachdem Präsident Vargas am 24. August 1954 Suizid begangen hatte.[115]

Helder Camaras Denken und Problembewusstsein hatte sich nach seiner Ernennung zum verantwortlichen Koordinator der Katholischen Aktion bis gegen die Mitte der 1950er-Jahre im Vergleich zu seiner integralistischen Position in dreifacher Hinsicht verändert:

Einmal wurde er im Laufe dieser Jahre auf die soziale Wirklichkeit Brasiliens aufmerksam, insbesondere auf die Situation der Landarbeiter, in denen er arme und vernachlässigte Kinder der Kirche sah, deren Lebensbedingungen er als untermenschlich bezeichnete und für die er besseren Rechtsschutz forderte, und auf die Grundbesitzverhältnisse in Brasilien, die er kritisierte und für deren Reform er eintrat.

Zum andern lernte er in dieser Zeit die brasilianische Kirche kennen und stellte fest, dass ihr jene organisatorischen und strukturellen Voraussetzungen fehlten, die es ihr ermöglicht hätten, ihre Verantwortung im Rahmen der von der Regierung zumindest in Ansätzen angestrebten Sozialreformen wahrzunehmen, weshalb er die Initiative zur Gründung der Brasilianischen Bischofskonferenz ergriff, nachdem er bereits für die Katholische Aktion ein nationales Sekretariat aufgebaut hatte.

Zum Dritten veränderte sich seine Sicht des Verhältnisses der Kirche zu Staat und Gesellschaft. Er vertrat nicht mehr eine integralistische Bevormundung des Staates und der Gesellschaft durch die Autoritäten der Kirche, sondern gelangte durch die im Rahmen der Katholischen Aktion durchgeführten Kurse über Probleme der Landbevölkerung und durch die regionalen Bischofsversammlungen, die sich u. a. mit staatlichen Entwicklungsplänen befassten, zu einer partnerschaftlichen Zusammenarbeit mit Fachleuten und Ministern der Regierung. Er sagt dazu: „Ich kam von der integralistischen Konzeption, die vorgab, die zeitliche Macht der geistlichen unterzuordnen, zu der Idee, dass die beiden Mächte [...] sich ergänzten und beide für die Verwaltung der Erde verantwortlich seien."[116]

Mit dieser Position hatte sich Dom Helder Camara zwar eindeutig von der integralistischen Konzeption der 1930er-Jahre abgesetzt, die er selbst als Irrtum bezeichnet hatte, geriet aber – wie er später urteilen wird – in einen neuen Irrtum, insofern er die partnerschaftliche Zusammenarbeit zwischen Kirche und Staat unter Ausschluss des Volkes im Rahmen der „Neuen Christenheit" als ideales Modell betrachtete, ohne zu realisieren, welche Allianz dabei zwischen multinationalen Firmen des Auslands und privilegierten Gruppen in Brasilien entstand, die zur Stabilisierung der etablierten Ordnung mit ihren für das Volk erdrückenden Ungerechtigkeiten beitrug. Bevor Dom Helder allerdings zu dieser Einsicht gelangen sollte, arbeiteten die Kirche und der Staat ab Mitte der 1950er-Jahre immer intensiver zusammen. Als Generalsekretär der CNBB und Exponent der Kirche sowie als persönlicher Vertrauter verschiedener Staatspräsidenten sollte er in dieser Kooperation eine Schlüsselfigur sein.

Bischof der Favelas und Zusammenarbeit mit dem Staat

Begegnung mit Kardinal Gerlier und die Option für die Armen

Das Jahr 1955 stellte im Leben Dom Helder Camaras eine Zäsur dar. Nach dem 36. Internationalen Eucharistischen Kongress vom Juli in Rio de Janeiro, für dessen Vorbereitung, Organisation und Durchführung er zusammen mit Dom Távora verantwortlich gewesen war und der in Bezug auf den feierlich-triumphalistischen Rahmen ein voller Erfolg wurde, ersuchte Kardinal Pierre Gerlier von Lyon Dom Helder, der mitten in den Vorbereitungsarbeiten für die erste Lateinamerikanische Bischofskonferenz stand, um ein Gespräch. Kardinal Gerlier, der stark an sozialen Fragen interessiert war und deshalb die französischen Arbeiterpriester in Rom bis zuletzt verteidigt hatte, sagte in jenem Gespräch zu Dom Helder, nachdem er dessen organisatorische Leistung im Zusammenhang mit dem Eucharistischen Kongress gewürdigt hatte: „Erlauben Sie mir, wie ein Bruder zu Ihnen zu sprechen [...]: Weshalb setzen Sie Ihr Ihnen vom Herrn verliehenes Organisationstalent nicht im Dienst für die Armen ein? Sie müssen wissen, dass Rio de Janeiro zwar eine der schönsten Städte der Welt ist, aber auch eine der grauenvollsten, denn die in diesem herrlichen Rahmen existierenden Favelas sind eine Beleidigung für den Schöpfer ..."[117] Dom Helder berichtet, wie diese Anfrage auf ihn gewirkt und was sie in ihm ausgelöst hatte: „Durch Kardinal Gerlier wurde mir die Gnade des Herrn zuteil. Nicht nur durch die Worte, die er sprach: Hinter den Worten stand ein ganzes Leben, eine ganze Überzeugung. Und die Gnade des Herrn erschütterte mich. Ich wurde vom Pferd geschleudert wie Saul auf dem Weg nach Damaskus. Ich küsste dem Kardinal beide Hände: ‚Dies ist ein Wendepunkt in meinem Leben! Sie werden sehen, ich weihe mich den Armen. Ich bin nicht so sehr von meinen außergewöhnlichen Organisationsfähigkeiten überzeugt, werde aber alles, was der Herr mir gegeben hat, in den Dienst der Armen stellen.'"[118]

Mit diesem Entschluss hatte sich die Sensibilität Dom Helders für die Lage der Landarbeiter, die er als untermenschlich bezeichnet und mit der Sklaverei des 19. Jahrhunderts verglichen hatte, zur grundsätzlichen Option für die Armen verdichtet, die ihm den Blick auf die wirklichen Ursachen des Elends ermöglichen sollte, auch wenn sie zunächst als unmittelbare Betroffenheit vom Schicksal der Favelabewohner auf der Ebene des „Empirismus"[119] blieb und ihn erst später nach den strukturellen politisch-ökonomischen Ursachen des Elends fragen lassen sollte. Dom Helder kann sich selbst nicht erklären, wie er, der in bescheidenen Verhältnissen aufgewachsen war und im Nordosten die Dürreperioden kennengelernt hatte, fast zwanzig Jahre in Rio leben und täglich die Favelas vor Augen haben konnte, ohne durch deren Existenz beunruhigt oder durch deren Elend gar betroffen gewesen zu sein. Er sagt dazu nur: „... die Stunde des Herrn hatte noch nicht geschlagen ..."[120]

Anlässlich einer Pressekonferenz zum Abschluss des Eucharistischen Kongresses kündigte Dom Helder Camara seine Absicht an, sich künftig konkret für die Verbesserung der Lebensbedingungen der Armen einzusetzen, als er erklärte, er und seine Mitarbeiter hätten den Kongress zur Ehre Christi in der Eucharistie organisiert, jetzt wollten sie daran gehen, Christus in den Armen zu verehren.[121] Damit begann Dom Helder, aufgrund seiner Option für die Armen, religiös-theologische Aussagen immer konsequenter in Beziehung zur konkreten sozialen, ökonomischen und politischen Wirklichkeit zu setzen, sie so zu entspiritualisieren und in politischer Praxis zu materialisieren.

Bevor Dom Helder damit beginnen konnte, die Sanierung der Elendsviertel von Rio zu organisieren, nahm er im Anschluss an den Eucharistischen Kongress vom 25. Juli bis 4. August 1955 in Rio de Janeiro an der Ersten Generalversammlung der lateinamerikanischen Bischöfe teil (an der auch der CELAM, der Lateinamerikanische Bischofsrat, gegründet wurde), an deren Zustandekommen er maßgeblich beteiligt gewesen war, indem er bereits im Zusammenhang mit der Gründung der Brasilianischen Bischofskonferenz Mgr. Montini gegenüber die Idee einer lateinamerikanischen Bischofskonferenz geäußert hatte. Dieser nahm die Idee positiv auf und regte später an, anlässlich des Eucharistischen Kongresses eine Versammlung der lateinamerikanischen Bischöfe einzuberufen.[122]

Die Zusammenarbeit von Kirche und Staat, die während der Vorbereitung und Durchführung des Eucharistischen Kongresses sehr eng gewesen war,[123] sollte im Zusammenhang mit den von Dom Helder beabsichtigten Aktionen zur Sanierung der Favelas von Rio weitergeführt und verstärkt werden.

Der Kreuzzug des hl. Sebastian und die Entdeckung struktureller Ursachen des Elends

Nachdem Dom Helder Camara, der am 2. April 1955 zum Erzbischof-Koadjutor von Rio ernannt worden war, Kardinal Jaime da Barros Câmara für den Plan, die Favelas von Rio zu sanieren, gewinnen konnte und dessen Bedenken, die mit der Öffentlichkeitsarbeit verbundene Popularität könnte die Demut seines Weihbischofs gefährden, zerstreut hatte,[124] wurde am 29. September im Namen der Erzdiözese Rio de Janeiro der Kreuzzug des hl. Sebastian (Cruzado São Sebastião)[125] zur Beseitigung der Elendsviertel von Rio lanciert. Anlässlich des Beginns dieses Unternehmens sagte Dom Helder, in Rio habe die Stunde Gottes geschlagen. Die unmenschlichen Lebensbedingungen, unter denen Menschen zu leiden hätten, stellten eine Kollektivsünde dar, an der alle mitschuldig seien und für die eine konstruktive Buße geleistet werden müsse.[126] Im Rahmen des Kreuzzuges des hl. Sebastian war vorgesehen, zuerst in der Favela Praia do Pinto, eines jener 150 Elendsviertel von Rio, in denen insgesamt über 400.000 Menschen unter unmenschlichen Bedingungen lebten, zu beginnen und dort zehn mehrstöckige Wohnhäuser für 1200 Familien zu bauen, Kindergärten, Schulen und ein Krankenhaus zu errichten, eigene vom Staat bezahlte Lehrer zu verpflichten, Sozialarbeiter für die Hilfe bei Familien- und Gruppenproblemen anzustellen und in einer Art Selbstverwaltung eine von den Bewohnern getragene Stadtteilorganisation aufzubauen. Durch diese Maßnahmen sollten die in elenden Hütten ohne sanitäre Einrichtungen lebenden Menschen, die ständig Hunger litten und erbärmliche Kleider trugen, weder über Bildung verfügten noch Aussicht auf Arbeit hatten und deshalb dem Fatalismus zu verfallen drohten, wieder hoffen können und angeleitet werden, eigene Initiativen zu entwickeln.[127] Zudem bestand die Absicht, zur Überwindung der Klassengegensätze die Armen in der Nähe der Reichen anzusiedeln, was sich später allerdings als untaugliches Mittel erweisen sollte, den Kontakt zwischen Armen und Reichen zu fördern, da durch die Nachbarschaft von Favelawohnungen die Preise der Luxushäuser fielen und die Reichen dagegen protestierten.[128]

Der Kreuzzug des hl. Sebastian gegen das Elend der Favelas wurde nicht nur von der Katholischen Aktion und dem Sekretariat der Brasilianischen Bischofskonferenz mitgetragen, sondern auch von der Regierung unterstützt. Juscelino Kubitschek, der am 3. Oktober 1955 als Nachfolger von Café Filho zum Staatspräsidenten gewählt worden war und sein Amt zusammen mit dem Vizepräsidenten João Goulart trotz Versuchen, dies zu verhindern, am 31. Januar 1956 antreten konnte, sagte in einem persönlichen Gespräch Dom Helder Camara seine Hilfe für die Sanierung der Favelas von Rio zu und schenkte dem Unternehmen im Juli 1956 durch Regierungsdekret dem Meer abgerungenes Land zum Verkauf, sodass der Kreuzzug des hl. Sebastian über eine eigene finanzielle Grundlage verfügte.[129] Dom Helder konnte zudem mit der Unterstützung der Massenmedien rechnen und am Fernsehen im Januar und im Juli 1956 selbst über die Sanierung der Elendsviertel informieren und die Bevölkerung zur Mithilfe aufrufen.[130]

Die Initiative Dom Helders fand über die Hauptstadt Rio hinaus Beachtung. So interessierten sich die Bischöfe des Nordostens für das Projekt und anerkannten anlässlich ihrer Zusammenkunft vom Mai 1956 in Campina Grande einerseits die Anstrengungen zur Sanierung der Favelas, da diese Orte des Elends und Zentren kommunistischer Agitation seien, wiesen aber anderseits auf die Gefahr hin, dass die anstelle der Elendshütten erbauten Wohnhäuser für viele Bewohner des armen Nordostens einen Anreiz darstellten, auszuwandern. Sie würden dabei von Mittelsmännern ausgenützt, wären nicht vorbereitet, besäßen keine Papiere und endeten schließlich im Elend der Favelas von Rio oder im sonstigen Subproletariat des Südens.[131] Präsident Kubitschek, der bei der Versammlung der Bischöfe des Nordostens die Schlussansprache hielt, würdigte seinerseits die Bemühungen der Kirche, mit staatlicher Unterstützung die Favelas von Rio zu sanieren, trat aber ebenfalls dafür ein, sich nicht bloß um die Bewohner der städtischen Elendsquartiere zu kümmern, sondern auch etwas für die Verbesserung der Lebensbedingungen der Landbevölkerung zu unternehmen.[132]

Die von den Bischöfen des Nordostens und von Präsident Kubitschek geäußerten Bedenken sollten sich zwar im Laufe der Zeit als durchaus berechtigt erweisen, doch stand zu Beginn des Kreuzzugs des hl. Sebastian der Wille zur Beseitigung des Elends derart beherrschend im Vordergrund, dass die strukturellen Probleme als eigentliche Ursachen der Elendsgürtel um die Großstädte noch nicht gesehen wurden, sondern erst in den Blick kamen, als sich das Scheitern der auf die Bekämpfung des Elends in den Zentren beschränkten Politik abzuzeichnen begann.

Das Unternehmen wurde auf breiter Front in Angriff genommen und ausgebaut. Nachdem die ersten Gebäude der Favela Praia do Pinto für 910 Familien im Jahre 1957 eingeweiht werden konnten,[133] begann die Sanierung weiterer Elendsviertel, sodass im April 1959 bereits 10.000 Familien in neuen Wohnungen lebten.[134]

Neben dem Wohnungsbau, der bis Anfang der 1960er-Jahre[135] weiterging, wurde 1959 die Bank der Vorsehung (Banca Providência)[136] gegründet, die über dreihundert Projekte finanzierte, die vom Kinderheim über Krankenstationen und handwerkliche Kurse bis hin zu Stellenvermittlungsbüros für Prostituierte reichten, die ihr Milieu verlassen wollten. Finanzielle Hauptquelle des Unternehmens war der Markt der Vorsehung (Feira do Providência), der alljährlich eine Woche lang in Rio abgehalten wurde.[137]

Dom Helder beurteilte das Unternehmen „Kreuzzug des hl. Sebastian" später nicht nur deshalb kritisch, weil die beabsichtigte Annäherung von Reichen und Armen nicht zustande gekommen war oder weil die Favelabewohner ihre Lethargie nicht einfach mit dem Bezug einer neuen Wohnung überwinden konnten, sondern vor allem deshalb, weil trotz intensiven Neubaus von Wohnungen die Zahl der in Elendshütten hausenden Menschen nicht etwa ab-, sondern erheblich zugenommen hatte. Im Laufe der Jahre wurde so deutlich, dass die Wurzeln des Problems der Favelas nicht in Rio zu suchen waren. Es galt vielmehr zu erkennen, dass die Probleme strukturell bedingt sind und ihre Ursachen in der Unterentwicklung jener Regionen liegen, in denen die Landarbeiter keine Zukunft mehr vor sich sehen, nachdem sie durch die Mechanisierung der Landwirtschaft arbeitslos geworden waren, eine grundlegende Agrarreform auf sich warten ließ und ihnen so nichts anderes übrig blieb, als in die Großstädte abzuwandern.[138]

Aufgrund dieser Erfahrungen mit dem Kreuzzug des hl. Sebastian erkannte Dom Helder, dass lokale soziale Aktionen karitativer Art allein das Problem der Elendsviertel der Großstädte nicht lösen konnten, sondern dass dazu strukturelle Reformen auf regionaler und nationaler Ebene erforderlich sind. Diese Erkenntnis bedeutete für Dom Helder einen wichtigen Schritt auf seinem Weg von einer durch die Sensibilität für das Elend motivierten Bereitschaft zu sozialen Aktionen zur Analyse der ökonomischen und politischen Ursachen des Elends.

Wenn Dom Helder Camara sich einerseits nicht scheut, von einem Misserfolg des Kreuzzugs zu sprechen, so ist er anderseits der Meinung, die Anstrengungen hätten sich trotz allem gelohnt, weil der Kreuzzug des hl. Sebastian die Stadt Rio de Janeiro erst eigentlich auf die Existenz der Elendsviertel aufmerksam gemacht habe, die bis dahin offiziell gar nicht zur Kenntnis genommen worden seien,[139] und weil durch das Unternehmen das Interesse der Kirche für soziale Fragen und strukturelle Probleme geweckt worden sei.

Höhepunkt der Zusammenarbeit von Kirche und Staat

Die Zusammenarbeit von Kirche und Staat, die Anfang der 1950er-Jahre im Rahmen von Kursen der Katholischen Aktion über Probleme der Landbevölkerung und auf der Ebene regionaler Bischofsversammlungen begonnen hatte, wurde Mitte der 1950er-Jahre intensiviert und erreichte während der Präsidentschaft Juscelino Kubitscheks (1956–1961), die den Übergang von der populistischen Phase zur desarrollistischen markiert, ihren Höhepunkt. In dieser Zeit wurde Dom Helder zum inoffiziellen Führer der brasilianischen Hierarchie und beeinflusste maßgeblich deren sozialpolitische Stellungnahmen zusammen mit einer Gruppe von zehn weiteren Bischöfen.[140]

Der im Zusammenhang mit der Sanierung der Favelas von Rio de Janeiro bereits erwähnten Versammlung der Bischöfe des Nordostens, die vom 21. bis 26. Mai 1956 in Campina Grande stattfand, kam dabei in mehrfacher Hinsicht eine große Bedeutung zu. Organisatorisch war es die erste, die unter der Verantwortung der CNBB durchgeführt wurde, in Bezug auf die Zusammenarbeit der Kirche mit dem Staat stellte sie einen Markstein dar und in der Auseinandersetzung der Kirche mit der sozialen Wirklichkeit brachte sie eine entscheidende Wende. Dom Helder Camara war als Generalsekretär der CNBB in die Vorbereitungsarbeiten für die Versammlung in Campina Grande involviert. Dabei wurden er und seine Mitarbeiter von den Fachleuten der Nationalen Entwicklungsbank durch deren Wirtschaftskonzeption beeinflusst, die dem Staat eine aktivere Rolle zuschrieb. Zur Vorbereitung der Versammlung rief Kubitschek fünf seiner Minister sowie dreißig hohe Verwaltungsbeamte zu zwei Treffen zusammen und beauftragte sie, ein Dossier als Grundlage für die Beratungen in Campina Grande bereitzustellen.[141]

Die Zusammenarbeit zwischen Kirche und Staat wurde zu Beginn der Präsidentschaft Kubitscheks intensiviert, weil beide daran interessiert waren. Auf der einen Seite suchte Kubitschek die Unterstützung der Kirche für seine ehrgeizigen Entwicklungspläne, nach denen Brasilien in fünf Jahren einen Fortschritt von fünfzig Jahren realisieren sollte, wozu neben der Investition ausländischen Kapitals der in der Verfassung von 1891 vorgesehene, aber immer wieder hinausgeschobene Bau der neuen Hauptstadt Brasilia beizutragen hatte, der zugleich als Symbol der neu erlangten Mündigkeit Brasiliens galt.[142] Auf der anderen Seite war der Kirche an einer Zusammenarbeit mit dem Staat gelegen, weil sie in den seit dem 1. Januar 1955 in der Nähe von Recife entstandenen genossenschaftlich organisierten und marxistisch inspirierten „ligas camponêsas" (Bauernligen) unter der Führung von Francisco Julião eine Bedrohung ihres Einflusses vermutete und sich deshalb für die Verbesserung der Lage der Landarbeiter einsetzen wollte.[143]

Einen nicht unbedeutenden Anteil am Ausbau der Zusammenarbeit von Kirche und Staat hatte neben den staats- bzw. kirchenpolitischen Interessen auch das persönliche Verhältnis von Präsident Kubitschek und Dom Helder Camara, die einander freundschaftlich verbunden waren. Kubitschek hatte Dom Helder nicht nur den Posten des Bürgermeisters von Rio de Janeiro angeboten, sondern ihn auch gebeten, in seiner Regierung die Leitung des Erziehungsministeriums zu übernehmen. Beide Male aber hatte Dom Helder das Angebot abgelehnt, weil er durch die Übernahme eines öffentlichen Amtes seine Unabhängigkeit als Mann der Kirche dem Staat gegenüber gefährdet sah und weil er nicht wie in seiner Jugend Parteipolitik betreiben wollte.[144] Er reiste aber als Sonderbotschafter Kubitscheks in geheimer Mission nach Rom, um Papst Johannes XXIII. zur Einweihung der Stadt Brasília einzuladen.[145]

In dem von Fachleuten erarbeiteten Dokument, das die Bischöfe anlässlich ihrer Zusammenkunft von Campina Grande, an der auch Vertreter der Regierung teilnahmen, verabschiedeten, wurden in sechs Kapiteln die sozialen und wirtschaftlichen Probleme des Nordostens analysiert.[146] Das Dokument wies auf den Gegensatz zwischen den 800.000 Landbesitzern und den drei Millionen landlosen Arbeitern hin, sah in diesen Eigentumsverhältnissen und nicht in der Dürre den Hauptgrund für die Abwanderung in den Süden und forderte deshalb eine wirkliche und umfassende Agrarreform. Die Bischöfe, die sich in diesem Dokument „mit aller Klarheit auf die Seite der ungerecht Behandelten"[147] stellten, erklärten zur Agrarreform: „Unter Agrarreform verstehen wir nicht nur die einfache Verteilung von Land, die unter dem Kriterium durchgeführt werden muss, dass eine so delikate Materie die Gewährleistung sowohl der Gerechtigkeit als auch der Gleichheit erfordert, sondern auch eine gleichzeitige und ständige technische, finanzielle, edukative, soziale und religiöse Assistenz für die Landarbeiter und ihre Familien, zu deren Nutzen sie vorangetrieben werden muss."[148] Die Bischöfe sprachen sich in ihrem Dokument für eine enge Zusammenarbeit von Kirche und Staat bei gegenseitiger Wahrung der Autonomie aus[149] und erklärten, niemand solle sich darüber wundern, dass sie sich mit Fragen der zeitlichen Ordnung beschäftigten; denn der Mensch sei eine Einheit von Seele und Leib.[150] Sie lehnten auch jede Verantwortung für die durch den Kapitalismus verursachten schrecklichen Ungerechtigkeiten ab.[151]

So deutlich hatten bisher in Brasilien höchstens einzelne Bischöfe gesprochen; aber noch keine regionale Bischofsversammlung hatte so dezidiert Stellung gegen die Ungerechtigkeiten des herrschenden Wirtschaftssystems bezogen und sich so eindeutig mit den Entrechteten solidarisiert. In Campina Grande wurde „zum ersten Mal [...] eine neue Position der offiziellen Kirche klar umschrieben, indem sie sich nicht mehr nur für das Seelenheil der Menschen, sondern für die gesamtmenschliche Entfaltung und sozialere Verhältnisse einsetzen wollte"[152].

Kubitschek hielt an der Versammlung persönlich die Schlussansprache, worin er die gute Zusammenarbeit von Kirche und Staat lobte, feststellte, dass im Rahmen des wohl einmaligen Verhältnisses von Kirche und Staat in Brasilien ein neues Kapitel begonnen habe, und versprach, sein Möglichstes zu unternehmen, um den von Wirtschafts- und Agrarexperten ausgearbeiteten Plan für ein Entwicklungsprojekt für den Nordosten zu verwirklichen.[153]

Mit diesem Treffen von Campina Grande begann eine Koordination kirchlicher und staatlicher Initiativen, die später zur „Operção Nordeste" und dann zur Gründung der SUDENE, der staatlichen Planungsbehörde für die Entwicklung des Nordostens, führen sollte.[154]

Kubitschek wollte mit dem von ihm in Campina Grande gegebenen Versprechen ernst machen. Am 1. Juli 1956 erklärte er in einer Rede im Radio, er habe zwanzig Dekrete zur Lösung grundlegender Probleme des Nordostens unterzeichnet und werde von jetzt an seine Zeit dieser Region widmen. Er habe Dom Helder, der wegen seines großen Verständnisses für Fragen des öffentlichen Lebens und als Vertreter der Bischöfe des Nordostens in der Regierung immer angehört werde, gebeten, ihm alle von der Versammlung in Campina Grande gebilligten Vorschläge zu beschaffen.[155]

Präsident Kubitschek hatte im November 1956 an einer Sitzung, zu der er Dom Helder, die Bischöfe des Nordostens und die Presse in den Präsidentenpalast eingeladen hatte und an der alle Verantwortlichen der mit dem Nordosten beschäftigten Regierungsstellen Rechenschaft über ihre Arbeit geben mussten, diese wegen ihres mangelnden Einsatzes kritisiert. Für Januar 1957 hatte er sie zu einer weiteren Sitzung eingeladen und dabei jenen mit der Entlassung gedroht, die bis zu diesem Zeitpunkt keine konkreten Aktionen gestartet haben. Dennoch verzögerte sich die Verwirklichung der Entwicklungspläne wegen des herrschenden Bürokratismus und wegen lokaler politischer Rivalitäten.[156]

Die Übereinstimmung von Präsident Kubitschek und Dom Helder in Bezug auf die entwicklungspolitische Konzeption wurde von beiden betont. Kubitschek erklärte auf der zweiten Versammlung der Bischöfe des Amazonas, die vom 5. bis 8. November 1957 in Belém do Pará stattfand und an der auch Dom Helder teilnahm, seine Ideen deckten sich vollkommen mit jenen der Bischöfe. Über Dom Helder sagte er, dieser sei ein bewundernswürdiger Apostel des modernen Christentums und Inspirator von fruchtbaren Initiativen der Kirche im sozialen Bereich, der ihm Komplimente gemacht habe wegen der von ihm im Hinblick auf das große Werk der nationalen Entwicklung in Angriff genommenen Aufgaben.[157] Dom Helder seinerseits verteidigte die Regierung, als er im folgenden Jahr 1958 ein von ihm und zehn weiteren Bischöfen unterzeichnetes Dokument kommentierte, in dem die Bischöfe die Regierung aufriefen, die gegenwärtigen wirtschaftlichen Verhältnisse zu verbessern, und in dem sie ihre Sorge ausdrückten angesichts der legalen Rückkehr des kommunistischen Parteichefs Luís Carlos Prestes nach Brasilien. Dom Helder erklärte, dass eine unvermeidliche Revision der nationalen wirtschaftlichen Situation nicht auch schon eine ebenso unvermeidliche Revision der Wirtschaftspolitik der Regierung bedeute, da die augenblickliche wirtschaftliche Lage nicht das Ergebnis der Politik der amtierenden Regierung sei und zudem nur in einem geringen Ausmaß von nationalen Faktoren abhänge.[158]

Die sozialpolitischen Initiativen der Kirche in Zusammenarbeit mit dem Staat führten Ende der 1950er-Jahre zur Gründung der „Staatlichen Planungsbehörde für die Entwicklung des Nordostens" (Superintendência para o Desenvolvimento do Nordeste, SUDENE). Als 1958/59 im Nordosten eine große Dürre herrschte, viele seiner Bewohner in den Süden auswandern mussten und sich die wirtschaftliche und soziale Rückständigkeit des Nordostens als Gefahr für die politische Gesamtentwicklung Brasiliens abzuzeichnen begann, gab Präsident Kubitschek eine vertrauliche Untersuchung in Auftrag, die ein alarmierendes Bild der Verhältnisse zeichnete. Kubitschek versuchte, „der Entwicklung durch ein umfassendes Wirtschafts- und Sozialprogramm, die ‚Operação Nordeste', zu begegnen"[159]. Bereits im Mai 1958 hatte er den Präsidenten der Nationalen Entwicklungsbank, Celso Furtado, mit der Ausarbeitung einer neuen Regierungspolitik beauftragt. Ähnlich wie die Bischöfe des Nordostens in Campina Grande 1956 forderte Furtado ein umfassendes Entwicklungsprogramm, das Infrastruktur, Landwirtschaft, Industrie usw. einschließen sollte.[160] Gestützt auf den Furtado-Report unterbreitete Kubitschek dem Kongress im Februar 1959 einen Gesetzesentwurf zur Gründung der SUDENE.

Auf Initiative von Dom Helder trafen sich vom 24. bis 26. Mai die Bischöfe des Nordostens in Natal zu einer Versammlung, an der neben dem Nuntius auch Celso Furtado teilnahm und an der Präsident Kubitschek in seiner Eröffnungsrede in Bezug auf die SUDENE erklärte, die Initiative der Bundesregierung zu deren Gründung sei dank der Anregung der Kirche und des energischen Engagements der Bischöfe des Nordostens in Campina Grande ergriffen worden. Der Entwicklungsplan für den Nordosten könne nicht realisiert werden, wenn die Kirche nicht hinter der Regierung stünde und wenn sie nicht die Öffentlichkeit und private Gruppen anspornen würde.[161]

Im Schlussdokument erklärten die Bischöfe ihr Recht und ihre Pflicht, sich für das zeitliche Wohlbefinden der Menschen einzusetzen, da sie es nicht mit reinen Geistern, sondern mit menschlichen Wesen zu tun hätten und da sie nicht übersehen könnten, dass all das, was den Leib betreffe, Rückwirkungen auf die Seele habe.[162] Am 27. Mai wurde das Gesetz zur Gründung der SUDENE vom Unterhaus genehmigt und trat am 15. Dezember in Kraft, nachdem es auch vom Senat gutgeheißen worden war. Zum Leiter der SUDENE, die direkt dem Staatspräsidenten unterstand, berief Kubitschek Celso Furtado, der dieses Amt bis zum Staatsstreich Anfang April 1964 innehaben sollte.[163]

Für Dom Helder hatte mit der Frage, die ihm Kardinal Gerlier von Lyon während des denkwürdigen Gesprächs im Juli 1955 gestellt hatte, insofern eine neue Phase in seinem Leben begonnen, als er damals durch eine Art Schlüsselerlebnis auf die Favelas der Großstadt Rio aufmerksam wurde, vom dort herrschenden Elend betroffen war und daraufhin mit der Lancierung des Kreuzzugs des hl. Sebastian daranging, die Beseitigung der Elendsviertel zu organisieren und so für deren Bewohner menschenwürdige Lebensbedingungen zu schaffen. Er sagt dazu: „Ich drang während dieser Periode in die ‚Favelas' von Rio de Janeiro ein und begegnete dem Elend. Und danach, anlässlich der Zusammenkünfte der Bischöfe aus Amazonien, dem Nordosten, dem Mittelwesten, entdeckte ich, dass die Erziehungsprobleme andere, viel tiefere Dimensionen hatten."[164]

In dieser Zeit wurde die Ende der 1940er-Jahre im Rahmen der Katholischen Aktion und einzelner regionaler Bischofsversammlungen begonnene Zusammenarbeit mit dem Staat nicht nur konkreter, sondern auch intensiver. Dabei spielten sowohl aufseiten des Staates als auch der Kirche je spezifische Interessen eine wichtige Rolle. Zudem wurde die Zusammenarbeit von Kirche und Staat durch die persönliche Freundschaft zwischen Präsident Kubitschek und Dom Helder Camara begünstigt. In diesen Jahren war Dom Helder einerseits als Koadjutor-Erzbischof von Rio de Janeiro im Kampf gegen das Elend der dortigen Favelas engagiert und stand anderseits als Generalsekretär der CNBB im Kontakt mit regionalen Bischofsversammlungen, vor allem mit jener im unterentwickelten und deshalb am meisten mit sozialen Problemen beschäftigten Nordosten. Er wurde zum Führer des sozial engagierten Flügels der brasilianischen Kirche, war der Hauptverantwortliche der Kirche in der Zusammenarbeit mit dem Staat und einer der wichtigsten Berater von Präsident Kubitschek. Im Zusammenhang mit dem Scheitern des Kreuzzugs des hl. Sebastian wurde er sich der strukturellen Probleme Brasiliens bewusst, als er feststellte, dass die Ursachen der zunehmenden Verelendung in den Großstädten des Südens und der verstärkten Abwanderung aus dem Nordosten in der Unterentwicklung eben dieser Region liegen. Vor diesem Hintergrund ist jenes Treffen der Bischöfe des Nordostens in Campina Grande zu sehen, dessen Sekretär Dom Helder war und auf dem die Bischöfe versuchten, ihre Verantwortung angesichts der unmenschlichen Lebensbedingungen wahrzunehmen, indem sie eindeutig für die Entrechteten Stellung nahmen und einen umfassenden Entwicklungsplan forderten, und das in der Zusammenarbeit von Kirche und Staat und in der Auseinandersetzung der Kirche mit sozialen Problemen einen Markstein darstellte.

Die vorherrschende entwicklungspolitische Konzeption, die in jenen Jahren sowohl von Kubitschek als auch von Dom Helder vertreten wurde, hieß „Entwicklung", wobei diese fast ausschließlich als wirtschaftliches Wachstum verstanden wurde. Entwicklungsfördernd galt der Ausbau der importsubstituierenden Industrie.[165] Von dieser technokratischen Konzeption geleitet, legte Präsident Kubitschek bei seinem Amtsantritt einen gewaltigen und ehrgeizigen Plan für die Entwicklung Brasiliens vor.[166] Dom Helder erinnert sich an die Faszination, die das Wort „Entwicklung" auf ihn ausgeübt hatte, wenn er sagt: „Ah, das Zauberwort ‚Entwicklung' [...] machte mich zittern, rüttelte mich auf. [...] Wir in Brasilien waren ‚unterentwickelt' oder ‚weniger entwickelt' oder ‚auf dem Weg der Entwicklung'. Jedenfalls musste eine umfassende Entwicklung ins Werk gesetzt werden."[167]

Entwicklung hieß damals „Übernahme und Verwirklichung eines Modells, das man entwickelteren Gesellschaften der damaligen Welt entlehnt hatte. [...] Unterentwickelte Länder betrachtete man als zurückgebliebene Länder, die noch auf einer Stufe standen, die die entwickelten Länder schon genommen hatten. Unterentwickelte Völker hätten auf ihrem Weg zur modernen Gesellschaft folglich mehr oder weniger dieselben geschichtlichen Erfahrungen zu machen wie entwickelte Länder"[168].

Dom Helder sollte später kritisch über die damalige entwicklungspolitische Leitidee, seine Sicht des Verhältnisses von Kirche und Staat, seine Haltung gegenüber der brasilianischen Wirtschaftspolitik und seine paternalistische Grundeinstellung urteilen. In Bezug auf die entwicklungspolitische Konzeption jener Jahre sagte er: „Sehr schnell, zu schnell wurde in Brasilien wie anderswo einzig ein wirtschaftliches Wachstum ‚Entwicklung' genannt; man erkannte nicht, dass nur die privilegierten Gruppen davon profitierten, und zwar um den Preis wachsender Proletarisierung der Massen!"[169] Zum damaligen Verhältnis von Kirche und Staat meint er: „Heute denke ich mit einer gewissen Traurigkeit daran, wie wir damals die Beziehungen zwischen Kirche und Staat verstanden. Wir erkannten nicht, dass das Hand-in-Hand-Arbeiten mit der Regierung eine Anerkennung der etablierten Ordnung und eine indirekte Zustimmung zu den durch diese etablierte Ordnung fortbestehenden Ungerechtigkeiten darstellte."[170] Er bemängelt auch seine unkritische Haltung gegenüber der konkreten Wirtschaftspolitik Brasiliens, wenn er sagt: „Kubitschek, seine Experten und auch wir anderen waren damals noch sehr naiv, zum Beispiel dem Phänomen der Multinationalen gegenüber. Wir bemerkten nicht die Allianz, die sich zwischen den großen, sehr großen Gesellschaften, die uns zu Hilfe kamen, und den privilegierten Gruppen im Inneren Brasiliens bildete. Ohne es zu wollen, haben wir beigetragen zu der erdrückenden Last, zur Stärkung der dem Volk aufgezwungenen ungerechten Strukturen."[171] Schließlich bedauert er seine paternalistische Einstellung, wonach er die Kirche bloß in der Rolle einer Helferin für die Armen gesehen und ihm die Vision von Gerechtigkeit und ganzheitlich-menschlicher Entwicklung noch gefehlt habe.[172]

Bis Dom Helder Camara zu dieser kritischen Beurteilung seiner Positionen während der Ära Kubitschek finden und sich endgültig von den entwicklungspolitischen Konzeptionen der 1950er-Jahre distanzieren wird, sollte es zwar noch bis zur Mitte der 1960er-Jahre dauern, doch sind in seinem Denken bereits gegen Ende der 1950er-Jahre Ansätze zu einem umfassenderen Problembewusstsein zu erkennen.

Eine kritische Sicht der sozio-ökonomischen Verhältnisse und der Aufgabe der Kirche

Hatte Helder Camara sein politisches Engagement im Rahmen des brasilianischen Integrismus sowie im Dienst der integralistischen Partei und die damit verbundene Konzeption, dass die staatliche Macht der kirchlichen untergeordnet sei, Ende der 1930er-Jahre als Irrtum durchschaut und sich danach für einige Jahre aus der aktiven Politik zurückgezogen, so ging ihm nach den Jahren der partnerschaftlichen Zusammenarbeit von Kirche und Staat, die er als Verantwortlicher der Katholischen Aktion und als Generalsekretär der Brasilianischen Bischofskonferenz sowie als Vertrauter der Regierung angestrebt und gefördert hatte, gegen Ende der Präsidentschaft Kubitscheks auf, dass er den Irrtum des Integralismus mit jenem vertauscht hatte, wonach das partnerschaftliche Verhältnis von Kirche und Staat ideal und eine Verbesserung der untermenschlichen Lebensbedingungen der Favelabewohner rund um die Großstädte und der Landarbeiter in den Randregionen im Rahmen der bestehenden gesellschaftlichen und wirtschaftlichen Ordnung zu erreichen sei. Die neue Sicht der sozio-ökonomischen Probleme sowie der Aufgabe der Kirche, zu der Dom Helder in der Zeit zwischen dem Ende der 1950er-Jahre und dem Militärputsch Anfang April 1964 und seinem Amtsantritt als Erzbischof von Olinda und Recife Mitte April 1964 gelangte, ist dadurch gekennzeichnet, dass er zum einen die brasilianischen Probleme im Weltzusammenhang und Brasilien als Teil der von den Industrienationen abhängig gehaltenen Dritten Welt zu sehen begann und zum andern den Glauben an wirksame Reformen innerhalb des herrschenden Systems verlor und deshalb auf der Seite des revolutionären Flügels der katholischen Kirche Brasiliens für eine grundlegende und rasche Änderung der ungerechten Strukturen eintrat.

Kritik am weltweiten Egoismus und die Forderung nach Gerechtigkeit

Rede auf dem Treffen von süd- und nordamerikanischen Bischöfen in Washington

Betrachtete Dom Helder die wirtschaftlichen und sozialen Probleme seines Landes bis anhin primär als eine innerbrasilianische Angelegenheit, so zeigt eine Rede, die er Anfang November 1959 in Washington gehalten hat, insofern ein erweitertes Problembewusstsein, als er darin die sozio-ökonomischen Probleme Brasiliens in einen weltweiten Zusammenhang hineinstellte. Er hielt seine Rede anlässlich eines Treffens von je sechs Bischöfen aus Lateinamerika, den USA und Kanada, das vom 2. bis 4. November auf seine Initiative hin von der im Jahr zuvor ins Leben gerufenen Vatikanischen Kommission für Lateinamerika (CAL) organisiert worden war. Die Konferenz sollte nach der Absicht Dom Helders, die er auch Papst Pius XII. gegenüber geäußert und die dieser unterstützt hatte, dazu dienen, auf bischöflicher Ebene gemeinsame Probleme des amerikanischen Kontinents aus der Sicht verschiedener Länder zu diskutieren.[173]

Zwar hatte Dom Helder noch im Jahr 1957 im Hinblick auf dieses Treffen durch eine Umfrage unter allen Brasilianischen Bischöfen deren Erfahrung in der Zusammenarbeit mit nordamerikanischen Priestern und Ordensschwestern feststellen und ihre finanziellen sowie personellen Wünsche an die nordamerikanische Kirche erheben lassen, doch zwei Jahre später sah er die Zusammenkunft in einem etwas anderen Licht und wollte gerade vermeiden, dass die lateinamerikanischen Bischöfe ihren nordamerikanischen Kollegen bloß eine umfangreiche Liste mit verschiedenen Begehren vorlegen.[174]

Auf dem Treffen unter der Leitung von Kardinal Cushing von Boston, an dem Erzbischof Antonio Samoré in seiner Eigenschaft als Präsident des CAL und als Delegierter des Papstes teilnahm und das von den sechs Vertretern des CELAM in Mexiko-City während einer ganzen Woche vorbereitet worden war, wurden Probleme der Priester, der Erziehung und des Apostolats diskutiert.[175] Am Schlusstag hielt Dom Helder eine Rede, in der er den Skandal, dass zwei Drittel der Menschheit in Armut leben und Hunger leiden, als große Sünde unseres Jahrhunderts bezeichnete, die zum Selbstmord der westlichen Welt führen könnte, falls diese ihren Egoismus nicht überwinde. Weiter erklärte er, nur das Christentum oder der Kommunismus hätten die Kraft, etwas für die unterentwickelte Welt zu unternehmen, wobei es die Christen allerdings weder bei einem bloßen Antikommunismus bewenden lassen noch sich mit Almosen zufrieden geben dürften. Die Entwicklung der unterentwickelten Welt sei das dringendere und schwererwiegende Problem als der Ost-West-Konflikt. Dom Helder wies weiter auf die Gefahr hin, dass weite Teile Lateinamerikas kommunistisch werden könnten und rief die nordamerikanischen Bischöfe zu einem großen Unternehmen auf. Er schlug eine Bewegung vor, die zum einen Katholiken wie Nichtkatholiken davon überzeugen sollte, dass der Verbleib von Menschen in Elend und Hunger das ernstere Problem darstelle als die Bedrohung durch den Kommunismus, die zum andern das glückliche und entwickelte Drittel der Menschheit verpflichten sollte, den andern zwei Dritteln zu einem menschenwürdigen Leben zu verhelfen und die zum Dritten den Vereinigten Staaten und Kanada klar machen sollte, dass für sie Lateinamerika erste Priorität haben müsse.[176]

Wie ungewohnt und wenig selbstverständlich diese Auffassungen und Forderungen Dom Helders damals waren, wird deutlich, wenn man sie mit dem Vorschlag vergleicht, den der päpstliche Delegierte und Leiter des CAL, Erzbischof Samoré, als Zusammenfassung und Ergebnis der dreitägigen Beratungen machte und dem die nordamerikanischen Bischöfe zustimmten. Samoré schlug vor, die Nordamerikaner sollten während der nächsten zehn Jahre jährlich eine Million Dollar an die Lateinamerikaner bezahlen und ihnen zudem zehn Prozent ihrer Priester und Ordensfrauen zur Verfügung stellen. Dieser Vorschlag Samorés war zwar konkreter und leichter zu verwirklichen als die Ideen Dom Helders für eine Bewegung zur Bewusstseinsbildung, doch ließ er eine Strategie erkennen, die Dom Helder gerade vermeiden wollte, und offenbarte eine Sicht der Probleme, die ihn schockierte. Er versuchte deshalb zu protestieren: „Aber mein Gott! Verzeihen Sie, Exzellenz, das ist doch überhaupt nicht im Sinne dieser Zusammenkunft! ..."[177] Seine Reaktion auf das Votum von Samoré war so heftig, dass er sich später verpflichtet fühlte, sich bei ihm zu entschuldigen.[178]

Entwicklungspolitische Stellungnahme vor den Präsidentschaftswahlen von 1960

Zu Beginn des folgenden Jahres äußerte sich Dom Helder auch in einer größeren Öffentlichkeit über einige Aspekte seiner Sicht der Probleme Brasiliens. Während der von der Zentralkommission der CNBB im Januar 1960 im Hinblick auf die Präsidentschaftswahlen vom Herbst desselben Jahres beschlossenen Kampagne, wonach die größeren Städte von jeweils zwei Bischöfen besucht werden sollten, um die Wählerschaft über die Haltung der Kirche in Bezug auf die dringendsten Probleme wie Landreform, Ehescheidung, Verbesserung des Bildungswesens usw. zu informieren, betonte Dom Helder, dass Entwicklung nicht mehr nur rein ökonomisch verstanden werden dürfe, sondern im Dienst der Entfaltung des ganzen Menschen stehen müsse, dass Brasilien auf brüderliche Hilfe angewiesen sei und sich nicht mit Almosen anderer Länder begnügen könne und dass jegliche Hilfe, die Brasilien entweder an die USA oder an die Sowjetunion binde, abgelehnt werden müsse. Er wandte sich auch gegen die weltweite Ausbeutung durch die Großmächte, die zwei Drittel der Menschheit im Elend belassen.[179]

*Für Gerechtigkeit und gegen Antikommunismus:
Die Predigt zum Fest des hl. Vinzenz von Paul*

Auf Wunsch seines Kardinals Jaime da Barros Câmara sollte Dom Helder am 27. September 1960 im Gottesdienst zur Erinnerung an den 300. Todestag des hl. Vinzenz von Paul in der Candelaria-Kirche von Rio de Janeiro die Festpredigt halten. Diese Predigt in Gegenwart von Kardinal Câmara nimmt in der Entwicklung des Denkens von Dom Helder eine Schlüsselstellung ein.[180] Sie muss vor dem Hintergrund gesehen werden, dass sich Dom Helders Sicht der sozio-ökonomischen Probleme Brasiliens und seine Auffassung von der Aufgabe der Kirche angesichts dieser Situation im Laufe der 1950er-Jahre gewandelt hatte, wodurch die Beziehung zwischen ihm und Kardinal Câmara zunehmend belastet wurde. War Dom Helder immer deutlicher zur Überzeugung gelangt, dass Elend und Ungerechtigkeit die Hauptprobleme darstellen, so sah Dom Jaime zusammen mit der Mehrheit der brasilianischen Bischöfe im Kommunismus die größte Gefahr und war davon überzeugt, dass dessen Bekämpfung für die Kirche erste Priorität haben muss. War Dom Helder zum Führer einer Gruppe progressiver Bischöfe geworden, so war Dom Jaime einer der Sprecher der konservativen Mehrheit. Als Kardinal Câmara im September 1960 in einer Fernsehsendung die kommunistische Gefahr angeprangert hatte, hielt Dom Helder den Zeitpunkt für gekommen, seinen Kardinal über die Entwicklung seines Denkens zu informieren. Er entschloss sich, dies öffentlich in der Predigt zum 300. Todestag des hl. Vinzenz von Paul zu tun und dabei aufs Ganze zu gehen.[181]

Er sagte in jener Predigt, es gehe am heutigen Tag nicht so sehr darum, an das zu erinnern, was der hl. Vinzenz zu seiner Zeit getan habe, da dies bekannt sei und keiner neuen Würdigung bedürfe. Heute gehe es vielmehr darum zu fragen, was der hl. Vinzenz jetzt tun würde, falls er heute lebte. Dom Helder antwortete, dass der hl. Vinzenz, der zu seiner Zeit alles getan habe für die Armen, was ihm sein Verstand und seine Liebe geraten hätten, heute für

Gerechtigkeit eintreten würde.[182] Im Weiteren wies Dom Helder darauf hin, dass ein Blick auf Rio, die ländlichen Gebiete Brasiliens und die Welt zeige, dass die Armut seit den Tagen des hl. Vinzenz nicht etwa zurückgegangen sei, sondern in einem alarmierenden Ausmaß zugenommen habe. Ein Blick auf die kommunistische Welt zeige Atheismus anstelle von Religion, Klassenhass, Knechtung der persönlichen Freiheit und ein erstickendes Klima von Repression. Ein Blick auf die kapitalistische Welt zeige Egoismus anstelle von Religion, Ausbeutung einer Klasse durch die andere, während die Reichen reicher und die Armen ärmer werden. Den in Entwicklung begriffenen Nationen würden Brosamen verteilt statt jene Hilfe gewährt, die sie benötigten, um auf eigenen Füßen stehen zu können. Die Würde der menschlichen Person und die Freiheit würden mit den Lippen bekannt, während die Menschen in Wirklichkeit unterdrückt seien. Es sei Blindheit, wenn die Christen mehr Zeit darauf verwendeten, den Kommunismus anzuklagen statt den weitaus größeren Skandal, das Elend, anzuprangern.[183]

Nach dieser Predigt war sowohl für Kardinal Câmara als auch für Dom Helder klar, dass sich ihre Wege über kurz oder lang werden trennen müssen. Dom Helder sagt über sein damaliges Verhältnis zu Dom Jaime: „Wir sind völlig einig, wenn wir das Credo beten. Aber in den offenen Fragen blieb er bei der Meinung, der Kommunismus wäre das größte soziale Problem der Welt, wogegen es meine Überzeugung war und ist, dass das größte Problem die Ungerechtigkeit ist."[184]

Einige der reichen Freunde Dom Helders in Rio meinten, er sei in dieser Predigt zu weit gegangen, und kritisierten vor allem die implizite Kritik an Kardinal Câmara. In dieser Zeit geriet Dom Helder nicht zuletzt wegen seiner Befürwortung einer Landreform in den Ruf, ein Pro-Kommunist zu sein.[185]

In der Zeit zwischen Ende 1959 und Ende 1960 hatte Dom Helder seine Positionen geklärt und verdeutlicht. Er bezeichnete Armut, Hunger und Elend als Hauptprobleme Brasiliens und der Welt, von denen zwei Drittel der Menschen betroffen seien. Für diese Zustände machte er Ungerechtigkeiten, die Ausbeutung der armen Länder durch die Großmächte und den Egoismus der westlichen Welt verantwortlich. Er forderte deshalb Gerechtigkeit im Dienste einer ganzheitlichen Entwicklung der Menschen, schlug eine Bewegung vor, die in Nordamerika über die herrschenden Elendsverhältnisse in der Welt aufklären sollte, und wies vor allem die USA und Kanada auf ihre Verantwortung Lateinamerika gegenüber hin. Statt Almosen verlangte er eine Hilfe, die die armen Länder selbstständig werden lässt. Aufgrund dieser Problemsicht kritisierte er den in kirchlichen Kreisen stark verbreiteten Antikommunismus und wandte sich gegen die Fixierung auf den Ost-West-Konflikt. Seines Erachtens griffen diese Positionen zu kurz, weil sie den Ursachen der bestehenden Probleme nicht auf den Grund gingen. Dom Helder blieb aber sowohl dem kapitalistischen als auch dem sozialistischen System gegenüber kritisch und wollte Brasilien weder an die USA noch an die Sowjetunion ausliefern. In dieser Zeit hielt er noch immer eine Reform innerhalb der bestehenden Strukturen für möglich und arbeitete auch weiter mit staatlichen Instanzen zusammen. Seine Kritik am Antikommunismus brachte ihn damals nicht nur in Gegensatz zu Kardinal Câmara, sondern sollte ihn zunehmend auch in Konflikt mit konservativen und traditionalistischen Kräften bringen, die sich Anfang der 1960er-Jahre formierten.

Auf der Seite der Reformer im Aufbruch der brasilianischen Kirche

Aufgrund seiner Funktionen als Generalsekretär der CNBB und als Nationalkaplan der ACB wurde Dom Helder mit jenen Entwicklungen konfrontiert und in jene Konflikte hineingezogen, die das Leben in der brasilianischen Kirche zu Beginn der 1960er-Jahre prägten. In dieser Zeit erwachte die Kirche Brasiliens „aus einer zweihundertjährigen Lethargie"[186] und es traten „die ersten Keime des Konfliktes, der zwischen der Kirche und der ‚Revolution von 1964' ausbrechen wird, [...] zutage"[187]. Der Bruch einzelner Kreise in der Kirche mit deren traditionell konservativer Rolle zur Erhaltung des Status quo wurde zum einen innerkirchlich durch das Pontifikat Johannes' XXIII., die Vorbereitungen im Hinblick auf das Zweite Vatikanische Konzil und neue pastorale Bemühungen des brasilianischen Episkopats ermöglicht und zum andern politisch durch die Kubanische Revolution von 1959 sowie die Politik der Präsidenten Jânio Quadros und João Goulart herausgefordert.[188]

„Die Öffnung nach links"[189] der brasilianischen Kirche zu Beginn der 1960er-Jahre zeigte sich einmal in einer gegenüber der Hierarchie eigenständigen Neuorientierung einzelner Zweige der Katholischen Aktion, was Konflikte mit einigen Bischöfen zur Folge hatte und zur Gründung der von der Hierarchie unabhängigen Volksaktion (Ação Popular, AP) führte, und konkretisierte sich zum andern in den Unternehmen der Bewegung für Volkskultur (Movimento de Cultura Popular, MCP) und der Bewegung für die Grundausbildung (Movimento de Educação de Base, MEB), in denen populistisches, marxistisches und christliches Denken zu einem neuen Bewusstseinsstand integriert wurden.[190]

Formierten sich in der brasilianischen Kirche einerseits jene Kräfte, die auf der Seite der Armen für eine Veränderung der politischen, sozialen und wirtschaftlichen Verhältnisse eintraten, so schlossen sich anderseits jene Kreise, die auf der Seite der Besitzenden die Erhaltung der bestehenden Ordnung forderten, zur „Brasilianischen Gesellschaft zur Verteidigung der Tradition, der Familie und des Eigentums" zusammen,[191] sodass zu Beginn der 1960er-Jahre in Brasilien eine politische Radikalisierung und eine kirchliche Polarisierung erfolgten.

Dom Helder stand aufgrund seiner Funktion innerhalb der CNBB und der ACB wohl in Kontakt mit den Reformbewegungen in der brasilianischen Kirche, war jedoch nicht persönlich für eine der größeren pastoralen Unternehmungen verantwortlich, fasste aber „in seiner Person die ganze Entwicklung einer Kirche zusammen, die mit der traditionellen sozialen Ordnung bricht"[192]. Er war den auf Veränderung bedachten Kräften und Tendenzen in der brasilianischen Kirche zwar günstig gesinnt, nahm allerdings keine so radikale Position ein, dass er eine Reform der bestehenden Ordnung nicht mehr für möglich gehalten und von daher eine Zusammenarbeit mit dem Staat abgelehnt hätte. Im Einzelnen war er an der Gründung der MEB beteiligt, verteidigte den Reformkurs der Katholischen Studenten und beeinflusste maßgeblich die Verabschiedung eines für die Kirche Brasiliens wichtigen Pastoralplanes.

Mitinitiant der „Bewegung für Basisbildung" (MEB)

Am 11. November 1960 schrieb Dom José Távora, unterstützt von Dom Helder Camara als Generalsekretär der CNBB, dem am 3. Oktober zum Nachfolger Kubitscheks gewählten neuen Präsidenten Brasiliens, Jânio Quadros, einen Brief, in dem er dem künftigen Staatspräsidenten eine enge Zusammenarbeit von Kirche und Staat in der Errichtung von Radioschulen vorschlug, wobei die Kirche für Personal und Betrieb verantwortlich sein sollte und der Staat die Finanzierung zu übernehmen hätte. Dieser Brief kam zustande, nachdem Quadros während des Wahlkampfes die Radioschulen[193] in der Diözese Aracajú kennengelernt und mit Dom Távora die Möglichkeit besprochen hatte, diese Art von Grundausbildung auch in anderen Teilen des Landes einzurichten, und nachdem Dom Helder auf Anfrage von Dom Távora die Unterstützung der Brasilianischen Bischofskonferenz zugesagt hatte.[194] Nach seinem Amtsantritt am 31. Januar 1961 traf sich Jânio Quadros zweimal mit Dom José Távora, Dom Helder Camara und Dom Eugênio Sales[195] und unterzeichnete am 21. März 1961 ein Dekret, worin sich die Regierung verpflichtete, die von der Brasilianischen Bischofskonferenz ins Leben gerufene Bewegung für Basisbildung (Movimento de Educação de Base, MEB), die auf lokaler Ebene Radioschulen in den unterentwickelten Gebieten des Nordens, des Nordostens und des Zentralwestens zur Bildung der Land- und Industriearbeiter, die zu über 70 % Analphabeten waren, einrichten wollte, finanziell zu unterstützen.[196]

Das von den Bischöfen von oben für das Volk gegründete Unternehmen des MEB entwickelte sich im Unterschied zur andern

Initative, der Bewegung für Volkskultur (Movimento de Cultura Popular, MCP), die 1960 unter Mitwirkung von Paulo Freire von Studenten, Lehrern und Intellektuellen in Recife gegründet worden war, bereits vorhandene Bildungsbemühungen koordinierte und sich von Anfang an als eine Bewegung von unten mit den Unterprivilegierten verstand, erst im Laufe eines Prozesses ebenfalls zu einer Bewegung des Volkes. In einer ersten Phase konzentrierte sich der MEB auf bloße Wissensvermittlung und Alphabetisierung durch Radioschulen, ging in einer zweiten Phase ab 1962 zur „Gemeinwesenschule" über, „wo die Praxis der Gemeinde mit ihren vielfältigen Aktivitäten zum Lernfeld wurde"[197] und sich „Aktions- und Reflexionsgruppen innerhalb der Gemeinden entwickelten, [...] deren Mitglieder und Gruppierungen an den konkreten sozialen Problemen arbeiteten und ihre Praxis auf dem Hintergrund des Evangeliums auswerteten"[198]. Im Laufe dieser zweiten Phase in der Entwicklung des MEB entstanden die ersten christlichen Basisgruppen.[199] Im Zentrum der Aktivitäten des MEB und des MCP stand die Alphabetisierung; denn „das Analphabetentum stellte sich, indem es als Ergebnis von Unterdrückung und als Verhinderung menschlicher Entfaltungsmöglichkeiten begriffen wurde, als gesellschaftspolitisches Problem dar, das nicht durch Erlernen von Kulturtechniken bewältigt werden konnte, sondern nur durch die Befähigung der Unterprivilegierten zu sozialpolitischem Handeln. So wurde Alphabetisation in ihrer Doppelfunktion als literale und zugleich politische Alphabetisation gesehen."[200] Das Bemühen der Mitarbeiter des MEB war darauf gerichtet, den Menschen ihre soziale Lage bewusst zu machen, um sie zu verantwortlichem politischem Handeln zu befähigen.[201] Die Verbindung von Alphabetisierung und so verstandener Bewusstseinsbildung wurde „conscientização"[202] genannt.

Dom Helder sagt über den von ihm mitinitiierten MEB: „Die Bewegung für Basiserziehung markierte sicherlich einen gewaltigen Fortschritt im Vergleich zu allem, was man vorher gedacht und realisiert hatte. [...] Die Idee war, eine umfassende Erziehung durchzuführen, das Bewusstsein zu wecken. Damals wurde das

Wort von der ‚Bewusstseinsbildung' geprägt. Indem sie Alphabetisierung und Bewusstseinsbildung zugleich anstrebte, hat die Bewegung für die Basiserziehung theoretisch und praktisch einen großen Schritt vorwärts gebracht."[203]

Im MEB kamen einerseits populistische[204] Tendenzen zum Tragen, die darauf abzielten, das Volk zum Subjekt seiner eigenen Geschichte werden zu lassen, und anderseits wurde der MEB von katholischen Intellektuellen beeinflusst, die mehrheitlich aus den verschiedenen Zweigen der Katholischen Aktion stammten.[205] Vor allem die politische Neuorientierung der Studenten in der JUC bestimmte Anfang der 1960er-Jahre bis zum Militärputsch von 1964 die Radikalisierung eines Teils der brasilianischen Kirche so entscheidend, dass diese ohne jene gar nicht verstanden werden kann. Dom Helder wurde in jenen Jahren einerseits von diesen Entwicklungen beeinflusst, bestimmte sie anderseits aber als Verantwortlicher der CNBB und der ACB auch selbst mit.[206]

Vermittler zwischen der JUC und der CNBB

Mit dem 8. Nationalkongress der Katholischen Universitätsjugend JUC von 1958 begann insofern eine Neuorientierung dieses Zweiges der Katholischen Aktion, als die Studenten damals selbstkritisch die Praxisferne ihrer bisherigen Diskussionen und das mangelnde Engagement in der konkreten Wirklichkeit erkannten.[207] Mit dieser Einsicht setzte eine Entwicklung ein, die zu einer politischen Radikalisierung nicht nur der JUC, sondern auch der Bewegung der Cultura Popular führen sollte und in deren Folge Dom Helder als Nationalkaplan der Katholischen Aktion im Jahre 1962 nicht mehr bestätigt wurde, weil er die Neuorientierung der JUC gegen die Angriffe konservativer Kreise in der brasilianischen Bischofskonferenz, wenn auch nicht in allen radikalen Äußerungen so doch grundsätzlich, verteidigt hatte.

Die politische Radikalisierung der JUC ging in Etappen vor sich. Auf dem Jahreskongress von 1959 wurde ein Arbeitspapier von Padre Almery Bezerra Melo diskutiert, das einen großen Einfluss ausüben sollte, da es, inspiriert vom integralen Humanismus Jacques Maritains, für ein auch von Christen zu realisierendes „ideal histórico" plädierte und die Studenten veranlasste, selbst in den geschichtlichen Prozess einzutreten und sich für Entrechtete einzusetzen, wodurch sie neue Erfahrungen machen und aufgrund dieser Erfahrungen auch ein neues Bewusstsein erlangen sollten.[208]

Von großer Bedeutung für die Entwicklung der JUC und der Katholischen Aktion Brasiliens war der Zehnjahreskongress im Juli 1960 in Rio de Janeiro, an dem die Vertreter von Belo Horizonte ein Arbeitspapier vorlegten, „in dem Ansätze einer geschichtlichen Analyse marxistisch-dialektischer Prägung deutlich wurden"[209], wenn darin die Überwindung der Unterentwicklung, die Befreiung des Landes vom Einfluss des Kapitalismus, der Bruch mit dem vom Kapitalismus hervorgebrachten internationalen Gleichgewicht von Metropolen und kolonialen Nationen, die Abschaffung des regionalen Ungleichgewichts, eine Agrarreform sowie eine Ökonomie gefordert wurden, in welcher der Primat der Arbeit gegenüber dem Kapital anerkannt wird.[210] Dieses Dokument löste unter den Bischöfen einen wahren Schrecken aus. Die anwesenden Vertreter der Hierarchie unterrichteten Dom Helder über die marxistischen Orientierung der JUC,[211] die bischöfliche Kommission der ACB erklärte, niemand inner- oder außerhalb der JUC dürfe deren Ausrichtung in Missachtung der Orientierung durch die Katholische Hierarchie bestimmen,[212] und Kardinal Jaime Câmara von Rio sagte eine gemeinsame Messe mit Vertretern der JUC ab.[213]

Nach den Kongressen der JUC von 1959 und 1960 sowie nach der Auseinandersetzung um eine Artikelserie des marxistisch beeinflussten französischen Dominikaners Thomas Cardonnel, der sich u. a. für den Klassenkampf aussprach, da dieser keine Erfindung des Marxismus, sondern eine Tatsache sei, kam es in sozialen Fragen zu einer immer deutlicheren Trennung zwischen Progressiven und Konservativen. Die Artikel Cardonnels markierten recht eigentlich die Trennungslinie zwischen dem Denken zweier Generationen, und zum ersten Mal protestierte eine größere

Anzahl Studenten als Christen gegen die herrschende gesellschaftliche Ordnung.[214]

Der Konflikt der JUC mit der Hierarchie verschärfte sich, als kurz nach dem Jahreskongress vom Juli 1960 ein linksorientierter Student unterstützt von der JUC und den Marxisten zum Präsidenten der Nationalen Vereinigung der Studenten (UNE) gewählt wurde.[215] Er spitzte sich weiter zu, als die katholischen Studenten auf ihrem Nationalkongress vom Juli 1961 in Natal scharfe Kritik am kapitalistischen System übten, dieses als Quelle und Ursache der Massenverelendung anprangerten, für eine Geschichte optierten, die erst da sinnvoll wird, „wo Herrschaft von Menschen über Menschen abgeschafft ist und alle Träger, Subjekte der Geschichte sein können"[216] und ihr Christsein als Aufgabe verstanden, eine neue, herrschaftsfreie Geschichte zu beginnen.[217]

Der Konflikt der JUC mit den Bischöfen erreichte seinen Höhepunkt, als kurz nach dem Jahreskongress von 1961 der Student Aldo Arantes als Vertreter der JUC zum Präsidenten der marxistisch orientierten UNE gewählt und danach von Kardinal Câmara vor die Entscheidung gestellt wurde, von seinem Posten zurückzutreten oder aus der JUC ausgeschlossen zu werden. Daraufhin trat Arantes mit der ganzen Gruppe der progressivsten Mitglieder der JUC aus dieser Organisation aus und lancierte gegen Ende 1961 die Volksaktion (Ação Popular, AP), die am 1. Juni 1962 offiziell gegründet wurde.[218] Dom Helder bemerkt zu dieser Entwicklung: „Wenn die katholische akademische Jugend sich radikalisierte und den ‚Ação Popular' gründete, dann deshalb, weil sie glaubte, dass die sozialen Enzykliken das Licht der Welt nicht erblickt hatten, um Papier zu bleiben. […] Für die Radikalisierung dieser akademischen, studentischen, unabhängigen, arbeitenden Jugend waren in erster Linie wir, die Bischöfe, direkt verantwortlich, weil wir nicht haben begreifen können …"[219] Mit der Gründung der AP war die Auseinandersetzung der JUC mit den Bischöfen zu Ende. Sowohl in Bezug auf die Sicht der Rolle der Kirche wie auch hinsichtlich der Beurteilung der sozio-ökonomischen Lage in Brasilien standen sich die Auffassungen der konservativen Bischöfe und der progressiven Studenten unvereinbar gegenüber.[220]

Dom Helder hatte im Prozess der Radikalisierung der JUC und im Konflikt der Studenten mit den Bischöfen eine nicht unbedeutende Rolle gespielt. Er war zwar als Generalsekretär der CNBB und als Nationalkaplan der ACB weder direkt für eine einzelne Stellungnahme der JUC oder der AP verantwortlich, noch teilte er alle radikalen Positionen der Studenten, hatte aber seit der Reform der Katholischen Aktion Brasiliens im Jahr 1950 für eine größere Autonomie der einzelnen Zweige gegenüber der Hierarchie plädiert, stand den Anliegen der progressiven Studenten wohlwollend gegenüber und versuchte zusammen mit einer Gruppe gleichgesinnter Bischöfe zwischen der JUC und dem konservativen Flügel der CNBB zu vermitteln.[221] Diese offene Haltung war für einzelne konservative Bischöfe und die traditionell orientierte Presse Grund genug, Dom Helder und die progressive Gruppe um ihn herum direkt für die Stellungnahmen der JUC verantwortlich zu machen. Konservative Kreise stellten sich gegen die gesellschaftspolitische Neuorientierung in der Kirche und vor allem in der ACB, attackierten am heftigsten Dom Helder, nannten ihn „rot" oder schimpften ihn einen „Kommunisten" und schrieben ihm die extremsten Positionen der AP in der Hoffnung zu, ihm dadurch das Vertrauen seiner Kollegen entziehen, die ihn unterstützende Gruppe spalten und so die Grundlage seines Einflusses schwächen zu können, was ihnen in einem großen Ausmaß auch gelingen sollte.[222] Im April 1962 wurde Dom Helder anlässlich der vorgesehenen Wiederwahl als Nationalkaplan der ACB durch die fünfte Generalversammlung der CNBB nach fünfzehnjähriger Tätigkeit in verantwortlicher Position in der ACB in seinem Amt nicht mehr bestätigt. Der Einfluss der progressiven Gruppe innerhalb der CNBB reichte zu diesem Zeitpunkt noch aus, als Nachfolger von Dom Helder Dom Cândido Padin zu wählen, der aber wegen seiner Sympathien für die politischen Tendenzen in der ACB ebenfalls ins Schussfeld der Kritik konservativer Kollegen geraten und bereits 1964 durch Dom Vincente Scherer ersetzt werden sollte.[223]

Hauptverantwortlicher für den Pastoralplan von 1962

Bedeutete die Generalversammlung der CNBB vom April 1962 für Dom Helder wegen seiner Absetzung als bischöflicher Verantwortlicher der ACB eine persönliche Enttäuschung, so stellte sie in der Geschichte der brasilianischen Kirche durch die Verabschiedung des „Dringlichkeitsplanes für die Kirche Brasiliens" (Plano de Emergência para a Igreja no Brasil) am 25. April einen entscheidenden Wendepunkt dar.[224] Ursprünglich war für diese Versammlung zwar eine Diskussion über die brasilianische Familie vorgesehen gewesen, doch wurde dieses Thema aufgrund einer Intervention von Papst Johannes XXIII., der in einem Brief vom 8. Dezember 1961 seinen Aufruf vom 15. November 1958, jedes lateinamerikanische Land solle einen Pastoralplan ausarbeiten, wiederholte, und aufgrund des energischen Einflusses von Dom Helder von der Tagesordnung abgesetzt und der Brasilianischen Bischofskonferenz ein Pastoralplan zur Verabschiedung vorgelegt.[225]

Der Plan „sollte eine katholische Antwort auf die Gefahr des sich in Lateinamerika von Kuba aus ausbreitenden Kommunismus sein"[226]. Er wurde in einer gespannten nationalen Situation von einer kirchlichen Hierarchie diskutiert, die zwischen widersprüchlichen Meinungen hin- und hergezerrt war.[227] Er sah vor, „die Kirche durch Erneuerung einiger Sektoren zu mobilisieren und sie für das Konzil vorzubereiten"[228]. Dabei strebte er keine Vollständigkeit an, sondern beschränkte sich auf die Erneuerung der Pfarrei, des priesterlichen Lebens und der Schule. Er ging davon aus, dass nur eine Gesamtpastoral zu einer Erneuerung der Kirche führt, wobei er unter Gesamtpastoral „das globale planifizierte Bemühen im Hinblick auf die Evangelisierung bestimmter Regionen in der Kirche Gottes"[229] verstand. Neben der Gesamtpastoral tauchten im Plan an verschiedenen Stellen auch politisch-soziale Probleme auf, deren Lösung aber nicht primäres Anliegen war, sondern als Folge von Verkündigung und Liturgie gesehen wurde, wenn es darin hieß: „Indem die Seelsorge das Wort Gottes und die Sakramente zu den Christen bringt und die Teilnahme der Gläubigen an der Liturgie verlebendigt, ist sie der Grund aller Tätigkeiten: Sie ist die eigentliche und erste Wirkung der Kirche. Von ihr aus geht die Kirche zur Ausübung ihrer politischen und sozialen Verantwortung über."[230] Der Pastoralplan stellte fest: „Das Volk in den Städten und auf dem Lande beginnt nicht nur, sich der wahren Gründe seiner Übel bewusst zu werden, sondern auch und vor allem zu begreifen, dass es sich, ohne am Leben der Institutionen und der Gesellschaft selbst teilzunehmen, nie aus dem Zustand der Schmach befreien wird, in dem es sich befindet."[231] Zur Lösung der Probleme wurde sowohl der Marxismus kategorisch verworfen, da er anti-christlich sei und die höchsten Werte des Menschen zerstöre, als auch der Kapitalismus abgelehnt wegen seiner niederschmetternden wirtschaftlichen Diktatur und des Egoismus der jetzigen Strukturen. Der Plan wies vielmehr auf einen dritten Weg zwischen Marxismus und Kapitalismus hin, nämlich die Soziallehre der Kirche, von der gesagt wurde: Sie „ist lebendig und in den päpstlichen Dokumenten klar ausgedrückt. Sie wird jeden Tag besser bekannt und von allen praktiziert, die dem Evangelium treu sein wollen und das wahre soziale Gleichgewicht suchen"[232]. Die Bischöfe unterstützten und begrüßten die von der Regierung Goulart angestrebte Agrarreform, was ihnen allerdings von jenen wirtschaftlichen und politischen Kreisen übel genommen wurde, die in Opposition zur Regierung standen und die in einer solchen Stellungnahme den traditionellen Antikommunismus der Kirche infrage gestellt sahen.[233] Auch wenn, wie L. A. de Boni urteilt, manches in dem von den Bischöfen gutgeheißenen Pastoralplan traditionell anmutete und in einem eher paternalistischen Ton gehalten war, hatte der Plan doch Folgen, die es rechtfertigen, mit seiner Verabschiedung den Beginn einer neuen Etappe in der Rolle der Kirche in Brasilien zu sehen.[234] Zum einen brachte der Plan durch die Einteilung der brasilianischen Kirche in dreizehn Regionen eine Neuordnung der kirchlichen Verwaltung und eine Restrukturierung der CNBB. Zudem verfügte die Kirche durch die Gründung des Zentrums für Religionsstatistik und soziale Forschung CERIS (Centro de Estatística Religiosa e Investigações Sociais) nun über ein Instrument zur Analyse religiöser und sozialer Probleme.[235] Zum andern bewirkte er eine neue Mentalität; denn nach seiner Einführung während des Konzils „waren die Christen, von den Bischöfen bis zu den Laien, von der Notwendigkeit der Zusammenarbeit, des Vorplanens und der Überwindung veralteter Strukturen überzeugt, und eine neue Dynamik sowie ein neuer Optimismus kennzeichneten die allgemeine Lage"[236]. Zum Dritten bedeutete der Plan eine Stärkung der für soziale Reformen plädierenden Kräfte in der Kirche, da sie sich nun nicht mehr nur auf päpstliche Verlautbarungen oder auf Schriften europäischer Theologen berufen mussten, sondern auf Texte der Lokalkirche stützen konnten.[237]

Für Dom Helder hatte die Verabschiedung des Pastoralplanes zur Folge, dass die CNBB und deren Aktivitäten nun nicht mehr bloß seine persönliche Angelegenheit und jene der Gruppe um ihn herum waren, sondern sich die Mehrheit der brasilianischen Kirche seine Anliegen kirchlicher Erneuerung und sozialer Reformen zu eigen gemacht hatte.[238]

Diese Anliegen einer kritischen Sicht der sozio-ökonomischen Verhältnisse und einer Reform der kirchlichen Praxis angesichts von Hunger und Elend, die Dom Helder seit Anfang der 1950er-Jahre als Generalsekretär der CNBB und bischöflich Verantwortlicher der ACB gleichsam von oben her immer deutlicher formuliert und gefordert hatte, wurden Anfang der 1960er-Jahre von den Bewegungen der Cultura Popular sowie von einzelnen Zweigen der Katholischen Aktion von unten her aufgenommen und weitergeführt, konkretisiert und radikalisiert.

Zum einen erfolgte in der Kirche Brasiliens eine bedeutende Veränderung. Bis zum Aufbruch im MEB, dem Bruch der JUC mit den Bischöfen und der Gründung der AP war die Hierarchie alleiniges Subjekt der Kirche gewesen, die Katholische Aktion und ihre Zweige hatten lediglich teil am Apostolat dieser Hierarchie, waren in der gesellschaftlichen Wirklichkeit gleichsam der verlängerte Arm der Bischöfe, erhielten aber von diesen keine Eigenverantwortung zugestanden. Dies begann sich Anfang der 1960er-

Jahre zu ändern, als die Katholische Aktion in ihrer innerkirchlichen Bedeutung weitgehend von den Basisgemeinden abgelöst wurde. Damit setzte in diesen Jahren jene Entwicklung ein, die durch das Konzil gefördert wurde und danach weiterging und von der Dom Helder sagt: „Wir sind der Katholischen Aktion ungeheuer dankbar. [...] Sie war die Vorbereitung auf das Konzil. Nach dem Konzil konnte es sich natürlich nicht mehr nur darum handeln, den Laien das Recht, die Ehre, den Ruhm zuzuerkennen, am Apostolat der Hierarchie teilzunehmen! [...] Heute definiert der Laie sich nicht mehr negativ: Er ist nicht mehr der Nichtkleriker. [...] Die Laien wissen, dass sie die Kirche sind. [...] Es ist [...] wahr, dass die Basisgemeinden etwas anderes sind als die Katholische Aktion. Aber die Katholische Aktion hat den Weg bereitet."[239]

Zum andern und verbunden mit dieser innerkirchlichen Entwicklung änderte sich Anfang der 1960er-Jahre auch die politische Haltung der Kirche – gemäßigt auf der Ebene der Bischöfe, radikaler in der Bewegung des MEB und der Studenten –, da sie sich mehrheitlich nicht mehr für die Erhaltung des Status quo aussprach, sondern zum Anwalt der Unterprivilegierten wurde, die herrschenden sozio-ökonomischen Verhältnisse kritisierte und eine Reform der Strukturen forderte, insbesondere jener auf dem Lande.

War Dom Helder durch sein Engagement zum Wegbereiter einer innerkirchlichen Erneuerung und politischen Neuorientierung der Kirche in Brasilien geworden, so sollte er durch seine Aktivitäten auf dem Konzil zu einem der wichtigsten Vorkämpfer für eine Kirche werden, die sich nicht nur mit internen Problemen beschäftigt, sondern mit der Armut und dem Elend in der Welt auseinandersetzt.

Anwalt einer armen Kirche im Dienste der Armen auf dem Konzil

Aktivitäten außerhalb der Konzilsaula

Nachdem Dom Helder in Brasilien auf die sozialen Probleme seines Landes aufmerksam geworden war, im Zusammenhang mit der Sanierung der Favelas von Rio de Janeiro Strukturen eines internen Kolonialismus zwischen dem Süden und dem Nordosten entdeckt hatte, Ende der 1950er-Jahre die Probleme Brasiliens in einem weltweiten Zusammenhang zu sehen begann und in der Folge immer engagierter für eine aktive Rolle der Kirche bei der Lösung wirtschaftlicher und sozialer Probleme eingetreten war, galt seine Hauptsorge auf dem Konzil dem Dialog der Kirche mit der Welt. Angesichts der drängenden Probleme von Unterentwicklung und Armut sollte das Konzil seines Erachtens nicht nur kircheninterne Fragen erörtern, sondern sich der Herausforderung dieser Probleme stellen und den Dialog mit der Welt suchen.[240]

Dom Helder arbeitete auf eine solche weltoffene Ausrichtung des Konzils hin, ohne ein einziges Mal in einer Vollversammlung das Wort ergriffen zu haben.[241] Er verzichtete bewusst auf eine Wortmeldung in der Konzilsaula und verstand sein konsequentes Schweigen als Protest gegen das Latein als Verhandlungssprache und gegen den Ausschluss der Massenmedien von den Vollversammlungen.[242] Dieses Schweigen fiel ihm allerdings keineswegs leicht: „Wie oft während des Konzils war ich da und stampfte angesichts mancher Reden, mancher Behauptungen mit dem Fuß! Der Cearenser in mir erwachte."[243] „Mehrmals überkam mich in der Sankt-Peter-Basilika die Versuchung einzugreifen, Zahlen vorzubringen, Vorschläge zu machen. Ich habe es vorgezogen, Zuhörer zu bleiben."[244] Dom Helder arbeitete gleichsam hinter den Kulissen, was sich als nicht weniger wirksam erweisen sollte und ihn sagen lässt: „Ich konnte ganz ruhig sein und brauchte im Dom nicht zu intervenieren."[245]

Zu Beginn der ersten Session nahm Dom Helder als Generalsekretär der CNBB mit Sekretären anderer Bischofskonferenzen Kontakt auf und veranlasste, dass der Lateinamerikanische Bischofsrat CELAM zu informellen Zusammenkünften einzelner Bischöfe als Vertreter ihrer Bischofskonferenzen ins Domus Mariae einlud, wo die brasilianischen Bischöfe wohnten. Die Freitagstreffen, wie diese Versammlungen nach dem Wochentag, an dem sie jeweils stattfanden, genannt wurden, dienten der Information, dem Gedankenaustausch und der Vorbereitung der Debatten in der Konzilsaula. Sie wurden zwar anfänglich der Verschwörung gegen das Konzil verdächtigt und erweckten den Argwohn von Generalsekretär Felici. Dank einer Art Schirmherrschaft aber, die Kardinal Suenens als einer der vier vom Papst ernannten Moderatoren des Konzils auf Ersuchen von Dom Helder übernommen hatte, konnten die Bedenken gegenüber den Freitagstreffen ausgeräumt werden, die sich rasch zu einer wichtigen Einrichtung entwickelten, da sie die Diskussion unter Vertretern von zwanzig Bischofskonferenzen ermöglichten und förderten.[246]

Neben diesen Freitagstreffen im Domus Mariae, die vor allem die systematisch-theologischen und strukturell-ekklesiologischen Diskussionen in der Konzilsaula kritisch begleiteten, versammelten sich im Belgischen Kolleg in der „Kleinen Ökumene", die auch „Kirche der Armen" oder „Katakombengruppe" genannt wurde, jene Konzilsteilnehmer aus allen Kontinenten, denen vor allem an einer spirituellen Erneuerung der Kirche gelegen war und deren zentrales Interesse der Frage nach der Armut der Kirche und der Solidarität der Kirche mit den Armen galt. Dieser Gruppe, die von P. Gauthier inspiriert war und der neben den Kardinälen Liénart, Gerlier, Léger und Lercaro viele Bischöfe vor allem aus der Dritten Welt angehörten, schloss sich auch Dom Helder an, nachdem er anfänglich gezögert hatte mitzumachen, da er befürchtete, es werde hier einer romantischen Idee von Armut gehuldigt.[247]

Aufgrund seiner vielfältigen Aktivitäten, persönlichen Kontakte, überzeugenden und faszinierenden Vorträge sowohl in kleinen Gruppen von Intellektuellen als auch vor großen Versammlungen wuchs sein Einfluss am Konzil von Jahr zu Jahr, „sodass eine Zeitung am Ende der vierten Session schreiben konnte, er sei vielleicht der einflussreichste Konzilsvater"[248]. Dom Helder fesselte seine Zuhörer – Kardinäle und Bischöfe, protestantische Beobachter, Theologen und Journalisten – durch seine offenen Ideen, seine ökumenischen und sozialen Forderungen an die Kirche und durch seine engagierte Identifizierung mit der Dritten Welt.[249]

Durch seine Bemühungen, das Problembewusstsein der Konzilsteilnehmer für die Nöte der Welt und die Verantwortung der Kirche zu wecken, gab Dom Helder den Anstoß, der zum Beschluss führen sollte, ein Schema über das Verhältnis der Kirche zur Welt auszuarbeiten – das einzige, das nicht schon bei der Vorbereitung des Konzils vorgesehen gewesen war. Anlässlich einer am 25. November in Sant' Ivo alla Sapienza für Journalisten gefeierten Messe wies Dom Helder in seiner Ansprache neben der Freiheit der Rede und der Zurückweisung des Schemas über die Quellen der Offenbarung auf einen seines Erachtens dritten positiven Aspekt des Konzils hin, der trotz mancher Enttäuschungen über den bisherigen Verlauf der Debatten während der ersten Session Anlass zu Hoffnung sei, nämlich die Begegnung von Bischöfen aus aller Welt. Informelle Zusammenkünfte, die das Konzil ergänzten, hätten zu einer Antwort auf die Enzyklika *Mater et Magistra* geführt: zur Forderung, eine Spezialkommission einzusetzen, die die momentanen Weltprobleme studieren müsste, vor allem die Beziehungen zwischen den Industrieländern und den unterentwickelten Gebieten, sowie das Problem des Weltfriedens.[250] Dieses Anliegen einer Auseinandersetzung des Konzils mit dem Verhältnis der Kirche zur Welt sollte schon bald konkrete Gestalt annehmen und schließlich zur Ausarbeitung der „Pastoralkonstitution über die Kirche in der Welt von heute" führen. Zur Rolle Dom Helders beim Zustandekommen dieser Konstitution sagt Ch. Moeller: „Es war ein Bischof aus *Lateinamerika,* von dem der Anstoß kam, der zu dem Beschluss führte, ein Schema über die Kirche in der Welt zu verfassen. Dom Helder Câmara [...] hörte nicht auf, mit seinen Besuchern über die Probleme der Dritten Welt zu sprechen. Ohne

Unterlass wiederholte er: ‚Was sollen wir also jetzt tun?' Er beschäftigte sich mit dem allzu ‚internen' Charakter der Diskussionen der Session: ‚Sollen wir unsere ganze Zeit darauf verwenden, interne Probleme der Kirche zu diskutieren, während zwei Drittel der Menschheit Hungers sterben? Was haben wir angesichts des Problems der Unterentwicklung zu sagen? Wird das Konzil seiner Sorge um die großen Probleme der Menschheit Ausdruck geben? Soll Papst Johannes in diesem Kampf allein bleiben?' In einer Konferenz im Domus Mariae sagte er auch: ‚Ist das größte Problem Lateinamerikas der Priestermangel? Nein! Die Unterentwicklung.'"[251]

Die Interventionen von drei Kardinälen brachten das Anliegen Dom Helders in der Konzilsaula zur Sprache. Nachdem Kardinal Suenens auf den 1. Dezember zu einem Treffen von fünfzig für die verschiedenen Kontinente repräsentativen Bischöfen ins Belgische Kolleg eingeladen hatte, wo die FERES (Fédération Internationale des Instituts Catholiques de Recherches sociales et socio-religieuses) einen Bericht über die sozioökonomische Lage der Dritten Welt präsentierte,[252] regte er am 4. Dezember in einer Rede vor der Vollversammlung an, die Texte des Konzils um das Thema Kirche zu gruppieren, wobei neben dem innerkirchlichen Aspekt (ad intra) für den Bezug der Kirche nach außen (ad extra) durch eine Spezialkommission ein eigenes Schema ausgearbeitet werden müsste.[253] Am nächsten Tag unterstützte Kardinal Montini diesen Vorschlag, und am 6. Dezember sagte Kardinal Lercaro in der Aula u. a.: „Das Thema dieses Konzils ist gewiss die Kirche, aber insofern sie vor allem ‚die Kirche der Armen' ist."[254]

Diese drei Interventionen sollten Folgen haben. Die am Ende der ersten Session von Papst Johannes XXIII. eingesetzte Koordinierungskommission ordnete auf ihrer ersten Zusammenkunft im Januar 1963 „die Schemata neu um die zentralen Achsen: ‚Ecclesia Christi, lumen gentium'. [...] Das Schema, das Kirche und Welt gewidmet war, trug die Nr. 17. [...] Eine neue Zählung und eine Umgruppierung der Schemata [...] im Juli 1964 machte dieses Schema zum ‚Schema XIII', ein Name, der ihm neben der ‚Pastoralkonstitution' geblieben ist."²⁵⁵ Dom Helder arbeitete als Mitglied verschiedener Kommissionen und Unterkommissionen an der Erarbeitung einiger der insgesamt acht Textfassungen mit, die bis zur endgültigen Verabschiedung der Pastoralkonstitution über die Kirche in der Welt von heute, *Gaudium et spes*, durch das Konzil am 7. Dezember 1965 erstellt wurden.²⁵⁶

Für eine glaubwürdig arme und kritisch weltoffene Kirche

Nach der ersten Session des Konzils wandte sich Dom Helder im Januar 1963 mit einem langen Brief, dem er den Titel „Gedankenaustausch zwischen bischöflichen Amtsbrüdern" gab, an seine Kollegen im Bischofsamt, um Ideen zu entwickeln, Fragen aufzuwerfen und einen Dialog zu eröffnen.²⁵⁷ Dieser Brief zeigt, welche Themen und Fragen Dom Helder nach der ersten Konzilssession beschäftigten, welches für ihn die Hauptprobleme der Welt darstellten und worin er die Aufgabe der Kirche sah.

Von den sieben Teilen seines Briefes widmete er den ersten²⁵⁸ der Kollegialität der Bischöfe untereinander und mit dem Papst. Er betonte zunächst die Bedeutung der Zusammenarbeit der Bischöfe über alle Grenzen hinweg, machte dann Vorschläge für die Organisation von nationalen und kontinentalen Bischofskonferenzen, die im Dienste eines kontinentalen und weltweiten Dialogs stehen sollten, und schlug als natürliche Folge der Kollegialität der Bischöfe und als Ausdruck der gemeinsamen Verantwortung der Bischöfe mit dem Papst in Bezug auf die Lehre und die Leitung der Kirche die Errichtung eines Senats vor, der dem Papst zur Seite stehen müsste, gleichzeitig aber den Kontakt mit der Basis nicht verlieren dürfte.

Im zweiten²⁵⁹ Teil wies er auf die Tatsache hin, dass sich die Situation jener zwei Drittel der Menschheit, die in Unterentwicklung leben, Hunger leiden und weder ihre Intelligenz noch ihre Freiheit entfalten können, in Zukunft noch verschlechtern werde und dass das im Wohlstand lebende Drittel zur Hauptsache Christen seien oder doch Menschen, die der christlichen Einflusssphäre angehören. Er fragte dann, ob die Bischöfe genügend getan hätten, um diesem Skandal ein Ende zu bereiten, und drückte seine Überzeugung aus, dass die Kirche verpflichtet sei, an der Lösung dieser Probleme mitzuarbeiten. Er schlug den Bischöfen vor, einen Dialog zwischen der unterentwickelten und der entwickelten Welt einzuleiten, um die Reichen und die öffentliche Meinung aufzurütteln, damit soziale Gerechtigkeit verwirklicht werde, und erinnerte an seine Rede von 1959 in Washington, in der er die Unterentwicklung als das größere Problem als den Ost-West-Konflikt bezeichnet habe. Er betonte, dass die Kirche Stellung nehmen und ein geistiges Klima schaffen müsse, das die Lösung der Weltprobleme begünstige. Aufgrund der FERES-Studie „Die Kirche Lateinamerikas zur Stunde des Konzils" und angesichts revolutionärer Bewegungen, die tiefwurzelnde Bedürfnisse aufgreifen und einen echten Ruf nach Gerechtigkeit in sich tragen, forderte er eine Überprüfung der Prioritäten in der Pastoral und eine Koordination der kirchlichen Aktivitäten in Lateinamerika. Er wies auf gute Ansätze in Chile und Brasilien hin, betonte aber zugleich, dass noch vieles zu tun sei, und regte die Schaffung eines Sekretariats an, das während des Konzils die schwerwiegenden Probleme ad extra, mit denen sich die Kirche konfrontiert sehe, studiere und wünschte, dass in Rom der Dialog zwischen den beiden Welten weitergeführt und nach einem Weg gesucht werde, ein christliches Bandung zu verwirklichen.

Der dritte[260] Teil handelte von der Katechese, worunter Dom Helder nicht nur die traditionelle religiöse Unterweisung verstand, von der seines Erachtens zwei Drittel der Menschheit fast ganz ausgeschlossen bleiben, sondern alle Bildungsanstrengungen, durch die in Menschen der Geist für Initiative, der Sinn für Zusammenarbeit, Lebensmut und das Verlangen nach Weiterentwicklung geweckt werden, wobei er als Beispiele auf die Grundausbildung mittels Radioschulen in Lateinamerika hinwies. Er ging in seinem säkularen Verständnis von Katechese noch weiter, wenn er sagte, in gewissen Situationen könne selbst das gelebte Beispiel christlicher Präsenz als Katechese bezeichnet werden. Die

Kirche müsse ihre katechetischen Aktivitäten überdenken und ihre Bildungseinrichtungen überprüfen.

Im vierten[261] Teil ging Dom Helder auf das Verhältnis des Bischofs zu seinen Priestern ein, das brüderlich-partnerschaftlich sein solle. „Machen wir ein für allemal Schluss mit dem Bild des Fürstbischofs, der in einem Palais wohnt und von seinem Klerus, den er kühl auf Distanz hält, isoliert ist. [...] Machen wir Schluss mit dem Bild der Autorität, der es in Wirklichkeit viel mehr darum geht, gefürchtet als geliebt zu werden, sich bedienen zu lassen als zu dienen."[262] Der Bischof solle in menschlicher, pastoraler und theologischer Hinsicht sowie in Bezug auf die Zusammenarbeit mit den Laien seinen Priestern ein gutes Beispiel geben. Er empfahl die Priester in Schwierigkeiten der Fürsorge der Bischöfe und fragte: „Wird Vatikanum II den Mut haben, an die priesterlichen Mitbrüder zu denken, die auf ihrem Wege gestrauchelt sind? ... Es gibt manche, die zurückkehren möchten (und man sollte ihnen zumindest anlässlich eines Jubiläums wieder gestatten, die heilige Messe zu zelebrieren, selbst wenn sie in ihrer Torheit eine Zivilehe gewagt haben)."[263] Seine Sorge galt weiter einer zeitgenössischen Aus- und Weiterbildung der Bischöfe und Priester.

Im fünften[264] Teil lud Dom Helder seine Kollegen ein, über ihr Verhältnis zu den Laien und über die Bedeutung von deren Mitarbeit in der Kirche nachzudenken. Die Laien nähmen teil an der Sendung der Hierarchie und bildeten das Bindeglied zwischen der Kirche und der Welt. Die Bischöfe, die im Großen und Ganzen kaum auf einen Dialog mit den Laien vorbereitet seien, müssten sich vor jeglichem Klerikalismus hüten und lernen, den Laien zu vertrauen, statt sie nur zur Vorsicht zu mahnen; denn „die Wagemutigen von heute bereiten die normalen Handlungen von morgen vor"[265]. Er forderte, dass in der nächsten Session statt nur eines einzigen Laien eine ganze Gruppe die Gelegenheit erhalte, ihre Erfahrungen in der heutigen Welt in die Debatten des Konzils einzubringen.

Der sechste[266] Teil des Briefes war der Armut gewidmet, wobei Dom Helder die These aufstellte: „Bevor die Kirche an tiefgreifende Reformen ging, hat sie sich immer mit der Armut zusammengefunden."[267] Er sah in der Gruppe der Armut auf dem Konzil eine Hilfe für die Kirche, ihre verlorene Armut wiederzufinden. Er schlug den Bischöfen vor, auf persönliche Titel wie Eminenz, Euer Gnaden und Exzellenz, auf feudales Gehabe, Wappen und Wahlsprüche zu verzichten, da sie all dies von den Priestern und Laien entferne, der heutigen Lebenswirklichkeit entfremde und von den Arbeitern sowie den Armen trenne. Die Bischöfe sollten in Bezug auf Kleidung, Schmuck und Wohnung einfacher und angesichts einer Welt, in der zwei Drittel der Menschen in Unterentwicklung leben und Hunger leiden, beim Bau von Kirchen zurückhaltender werden. Neben diesen Hinweisen auf äußerliche Aspekte des Lebensstils machte Dom Helder die Bischöfe auch auf die innere Geisteshaltung aufmerksam, wenn er sie fragte: „Haben wir den Mut, unser Gewissen und unser Leben zu ‚revidieren': Haben wir, ja oder nein, eine kapitalistische Gesinnung angenommen, Methoden und Handlungsweisen, die sehr gut zu Bankiers passen würden, die aber vielleicht nicht sehr geeignet sind für jemanden, der ein *anderer Christus* ist? [...] Gibt es Fälle von Kirchen, die Eigentümer großer Grundbesitze sind? Gibt es Fälle von Diözesen, die ungerecht sind gegen ihre Arbeiter, ihre Angestellten oder ihre Lehrer? [...] Es wäre recht interessant festzustellen, wie weit unsere Sprache [...] bürgerlich ist. Wenn wir zu den Reichen und der Mittelklasse zu sprechen wissen, wissen wir auch, wie man zu den Arbeitern und den Armen spricht?"[268] Schließlich fragte Dom Helder, ob es wohl für die Bischöfe nicht angebracht wäre, beim Abschluss des Konzils als symbolische Geste die goldenen und silbernen Kreuze mit solchen aus Bronze oder Holz zu vertauschen, und ob sie den Mut hätten einzugestehen, dass der Prunk des Vatikans ein großer Stein des Anstoßes sei, der aus dem Weg geräumt werden müsse.

Im Schlussteil[269] seines Briefes blickte Dom Helder auf die Zeit nach dem Konzil und wies die Bischöfe auf ihre Verantwortung hin, dass die Dekrete des Konzils nicht toter Buchstabe bleiben. Sie sollten sich keinen Illusionen hingeben. Es sei leichter, ein Konzil abzuhalten als seine Verwirklichung zu erreichen.

Die Hauptanliegen, die Dom Helder während der ersten Session des Konzils vertrat und die er in seinem Brief vom Januar 1963 an die Bischöfe formulierte, können zusammenfassend so umschrieben werden: Angesichts einer Welt, in der zwei Drittel der Menschheit in Unterentwicklung leben, Hunger leiden, keine Freiheit kennen und auf elementare Menschenrechte verzichten müssen, in der sich in armen Ländern reiche Minoritäten und revolutionäre Bewegungen gegenüberstehen und in der das wohlhabende Drittel mehrheitlich aus Christen besteht oder doch christlich beeinflusst ist, die zwei armen Drittel aber zur Hauptsache Nichtchristen sind, darf die Kirche die Lösung der sozialen und wirtschaftlichen Probleme nicht dem Staat überlassen und sich nicht auf den Ost-West-Konflikt fixieren, sondern muss sie einerseits ad intra um ihrer Glaubwürdigkeit willen in ihrer äußerlichen Erscheinung wie in ihrer inneren Haltung arm werden und eine kapitalistisch-bürgerliche Gesinnung aufgeben, auf allen Ebenen vermehrt zusammenarbeiten und die Aktivitäten koordinieren, die dafür nötigen Gremien errichten und Strukturen schaffen sowie die aktive Mitarbeit der Laien fördern, und ist sie anderseits ad extra verpflichtet, Stellung für die Armen zu beziehen, einen Dialog zwischen der entwickelten und der unterentwickelten Welt in Gang zu bringen und das Problembewusstsein der Reichen sowie der öffentlichen Meinung zu schärfen, an der Überwindung der sozialen und wirtschaftlichen Schwierigkeiten mitzuarbeiten und sich für soziale Gerechtigkeit einzusetzen.

Dom Helder hatte durch seinen unermüdlichen Einsatz für die Anliegen der Dritten Welt und die Öffnung der Kirche für die Weltprobleme während der ersten Session des Konzils und mit dem Brief vom Januar 1963 versucht, seine in der Auseinandersetzung mit der Wirklichkeit Brasiliens erworbene Sicht der sozioökonomischen Probleme und der Verantwortung der Kirche auf der Ebene der Weltkirche einzubringen. Nach Brasilien zurückgekehrt, bahnten sich sowohl für ihn persönlich als auch politisch für sein Land entscheidende Weichenstellungen an; denn schon bald kam es zwischen ihm und Kardinal Câmara zum endgültigen Bruch, der seine Versetzung nach Olinda und Recife zur Folge hatte, und die politische Lage spitzte sich immer mehr zu, sodass es im Frühjahr 1964 zum Militärputsch kam.

Für grundlegende Reformen und gegen antikommunistische Propaganda

Kritik an der „Allianz für den Fortschritt" und endgültiger Bruch mit Kardinal Câmara

Im Februar 1963 äußerte sich Dom Helder in einem in den USA ausgestrahlten Fernsehinterview kritisch über die amerikanische Entwicklungsorganisation „Allianz für den Fortschritt", die unter dem Eindruck der Kubanischen Revolution von Präsident Kennedy in Punta del Este im April 1961 ins Leben gerufen worden war. Das Interview war Teil einer Reihe von Befragungen, die die National Education Foundation mit prominenten Lateinamerikanern über die Allianz durchführte. Obwohl das Interview mit Dom Helder in Brasilien selbst nicht gesendet, sondern über dessen Inhalt nur in der Presse berichtet worden war, löste es in Brasilien eine heftige Kontroverse aus.[270]

Dom Helder hatte am Fernsehen erklärt, die Allianz für den Fortschritt sei tot. Er nannte vier Gründe für das Scheitern des Unternehmens. Zum einen sei die Allianz zwar zu Recht mit strukturellen Basisreformen im Steuer- und Bankwesen sowie im Bereich des Grundbesitzes verbunden gewesen, die Reichen Lateinamerikas hätten diese Reformen aber verhindert, da sie zwar häufig über Grundreformen redeten, jedoch jene, die sie durchführen wollten, als Kommunisten beschimpften. Diese Reichen besäßen in Lateinamerika 80 % des Bodens, kontrollierten die Parlamente, und ihr Idealismus könne am Geld gemessen werden, das sie auf amerikanischen und europäischen Banken liegen haben. Der Egoismus der Reichen und ihre Blindheit seien ein schwererwiegendes und dringenderes Problem als der Kommunismus. Zum andern sei die Allianz aufgrund ihrer Bindung an die Regierungen als Mittel politischer Kontrolle eingesetzt worden. Zum Dritten hätten sich bürokratische Schwierigkeiten ergeben und schließlich sei das für die wirtschaftliche Entwicklung zur Verfügung gestellte Geld minimal gewesen, wogegen die wirklich großen Beträge für die militärische Verteidigung der freien Welt eingesetzt worden seien, was allerdings eine der großen Täuschungen sei; denn Freiheit sei für die zwei Drittel der Menschen ohne Häuser, ohne Kleidung, ohne Nahrung, ohne ein Minimum an Bildung und vor allem ohne menschenwürdige Arbeitsbedingungen lediglich ein leeres Wort.[271]

Nachdem die Äußerungen Dom Helders im amerikanischen Fernsehen in Brasilien bekannt geworden waren, wurden sie in der Zeitung *O Globo* kritisiert. In seiner Antwort vom 14. Februar hielt Dom Helder an seiner Aussage über die Kontrolle der Parlamente durch die Reichen fest und erklärte, ohne Wahlrechtsreform sei es für einen Armen unmöglich, als Kandidat aufgestellt geschweige denn gewählt zu werden. Er frage sich, ob nicht viele in der besten Absicht, christliche und demokratische Prinzipien zu verteidigen, ungewollt eine ungerechte und anachronistische Ordnung aufrechterhalten würden. Für die Allianz für den Fortschritt bedeuteten weitere Investitionen in Lateinamerika lediglich ins Meer geworfenes Geld, falls nicht zugleich die Reform ungerechter Strukturen gefordert werde.[272]

Die Kritik an der Allianz für den Fortschritt im amerikanischen Fernsehen löste in Brasilien nicht nur eine Diskussion in der Presse aus, sondern hatte für Dom Helder persönlich zur Folge, dass sich Freunde von ihm abwandten, da er es gewagt hatte, die Reichen Lateinamerikas für das Scheitern des Entwicklungshilfeunternehmens mitverantwortlich zu machen.[273]

Das Interview bedeutete aber vor allem den endgültigen Bruch zwischen Dom Helder und Kardinal Câmara, der die Ansichten seines Weihbischofs in Bezug auf die Dringlichkeit grundlegender Reformen nicht teilte, da sein Hauptinteresse der Bekämpfung des Kommunismus galt, den er für das größte Übel hielt und als die eigentliche Gefahr ansah.[274] Er sagte deshalb zu Dom Helder: „Mein Sohn, ich sehe, dass die einzige Art, gute Freunde zu bleiben, für uns darin besteht, uns zu trennen. ... Man muss wie Paulus und Barnabas handeln. Trachten wir beide, unser Möglichstes zu tun, aber wir müssen auseinandergehen."[275] Dom Helder schätzte die Aufrichtigkeit seines Kardinals und antwortete ihm: „Der Mut, mit dem Sie mir offen sagen, dass Sie daran denken, sich von mir zu trennen, ist sehr bemerkenswert. Ich danke Ihnen von ganzem Herzen, und ich gebe Ihnen alle Rechte, mit dem Heiligen Vater zu sprechen. Ich werde keinerlei Schwierigkeiten machen, wenn ich, in welche Diözese immer, versetzt werde."[276] Daraufhin musste sich Nuntius Lombardi, mit dem Dom Helder freundschaftlich verbunden war, der Angelegenheit annehmen und das Verfahren der Versetzung in Gang bringen,[277] doch sollte bis zum Wegzug Dom Helders aus Rio de Janeiro noch ein ganzes Jahr vergehen.

Unterstützung der Reformen Goularts

Hatte die Kirche Brasiliens mit der Verabschiedung des Pastoralplanes im April 1962 und dessen Einführung während des Konzils ihre sozial- und gesellschaftspolitische Haltung im Sinne der Befürwortung von Reformen neu zu orientieren begonnen, so setzte Anfang April 1963 in Brasilien auch politisch eine neue Entwicklung ein. Präsident João Goulart konnte seine versprochenen politischen und wirtschaftlichen Reformen in Angriff nehmen. Dies wurde möglich, nachdem ein Plebiszit am 6. Januar 1963 die Rückkehr zum Präsidialsystem bewirkt hatte. Durch dieses erhielt Goulart all jene Vollmachten, über die auch seine Vorgänger verfügt hatten, die man ihm aber bei seinem Amtsantritt als Nachfolger Jânio Quadros', der vorzeitig zurückgetreten und dessen Vizepräsident Goulart gewesen war, beschnitten hatte, weil ihm Sympathien für die UdSSR und Rotchina nachgesagt wurden.[278]

Dom Helder unterstützte zunächst die Reformbestrebungen von Präsident Goulart, mit dem er wie mit dessen Vorgänger Vargas und Kubitschek gute Kontakte unterhielt, warnte ihn aber vor einem politischen Abenteuer, als er seines Erachtens mit unüberlegten Reformen zu weit ging.[279] Dom Helder stand zu diesem Zeitpunkt mit seiner positiven Haltung den Reformplänen der Regierung Goulart gegenüber innerhalb der brasilianischen Kirche nicht allein da. Die Zentralkommission der CNBB nahm das Erscheinen der Enzyklika *Pacem in terris* am 11. April 1963 zum Anlass, zur sozialen und wirtschaftlichen Situation Brasiliens Stellung zu beziehen. Am 30. April veröffentlichte sie eine von den Kardinälen Jaime Câmara, Carmelo Motta und Augusto da Silva sowie drei Erzbischöfen unterzeichnete Erklärung mit dem Titel „Pacem in terris und die brasilianische Wirklichkeit". In dieser Erklärung waren die Ansichten Dom Helders vorherrschend.[280]

Die Exponenten der Brasilianischen Bischofskonferenz nahmen darin Gedanken des Textes von 1962 auf und stellten fest: „Die Volksmassen nehmen am Prozess der Entwicklung Brasiliens nicht teil, denn das Elend besteht weiterhin, genauso wie die erschreckenden Ziffern vorzeitiger Sterblichkeit. [...] (Auch) kann sich kein Mensch vorstellen, dass die Ordnung, in der wir leben, jene Ordnung sei, welche die neue Enzyklika als unerschütterliches Fundament des Friedens proklamiert. Unsere Ordnung ist noch immer allzu sehr durch die drückende Last einer kapitalistischen Tradition verdorben, welche das Abendland während der vergangenen Jahrhunderte beherrscht hat."[281] In dieser Ordnung habe das Geld als wirtschaftliche Macht in ökonomischen, politischen und sozialen Entscheidungen noch immer das letzte Wort. Sie begünstige eine reiche Minderheit, beraube aber die Mehrheit fundamentaler Menschenrechte.[282] Die Zentralkommission der CNBB forderte in ihrer Erklärung neben Reformen in der Industrie, im Steuerwesen, im Wahlsystem und im Bereich der Erziehung eine Agrarreform, da niemand die Situation von Millionen von Brüdern ignorieren könne, die auf dem Lande in einem Elend lebten, das im Gegensatz zur Menschenwürde stehe, und die keine Möglichkeit hätten, an der Entwicklung teilzunehmen. Zur Realisierung einer Agrarreform und um die soziale Funktion des ländlichen Eigentums durchzusetzen, seien Enteignungen im sozialen Interesse legitim und widersprächen der kirchlichen Soziallehre in keiner Weise.[283] Ch. Antoine sagt dazu: „In der Zeit der leidenschaftlichen Debatten unter Christen über die Agrarreform (war) das eine klare und feste Stellungnahme zugunsten der Regierungsinitiativen."[284]

Die Erklärung der Zentralkommission der CNBB war die profilierteste und kritischste kirchliche Äußerung zu sozialen Fragen bis zum Staatsstreich von 1964;[285] sie erregte großes Aufsehen und wirkte vor allem deshalb wie eine Bombe, weil hier die Hierarchie zum ersten Mal in einer offiziellen Verlautbarung von der Möglichkeit sprach, das Privateigentum einzuschränken.[286] Verschiedene konservative Zeitungen verweigerten den Abdruck der Erklärung, wogegen die linke Presse dem Dokument Schlagzeilen widmete. Die Bischöfe Sigaud und Mayer, Mitglieder der Bewegung „Tradition, Familie, Eigentum" und Mitautoren des Buches *Agrarreform – eine Gewissensfrage*, in dem die Agrarreform verurteilt und das Privateigentum verteidigt wurde, distanzierten sich öffentlich von der Erklärung der Zentralkommission der CNBB.[287]

Konnte Goulart von der Kirche her einerseits mit der Unterstützung ihres fortschrittlichen Flügels rechnen, so sah er sich andererseits einer Opposition kirchlich-konservativer Kreise gegenüber. Politisch geriet er immer mehr in die Isolation, da ihn die politischen Parteien im Parlament kaum mehr unterstützten, sein Verhältnis zu den Gewerkschaften während seiner Regierungszeit immer schlechter wurde und der Widerstand in der Armee gegen ihn zunahm.[288] Deshalb versuchte Goulart, „die mangelnde parlamentarische parteipolitische Unterstützung durch eine direkte Akklamation des ‚Volkes' zu kompensieren. Mit einer Reihe von Kundgebungen [...] wollte Goulart für das Programm der nationalen Befreiung – Beschränkung der Gewinnabflüsse ins Ausland, Verstaatlichung der ausländischen Firmen in den öffentlichen Diensten, staatliches Erdölmonopol, Agrarreform, politische Gleichberechtigung für alle Brasilianer [...] – die direkte, demonstrative Zustimmung des Volkes gewinnen, die ihm der Kongress verweigerte. Die Mobilisierung des Volkes verschärfte die politischen Konflikte [...] noch mehr ..."[289] Dazu kam, dass „Goularts Versuch, aus der politischen Isolierung auszubrechen, [...] von einer Radikalisierung seiner politischen Forderungen begleitet [war]"[290]. Er erwies sich aber als nicht fähig, sein Programm konsequent zu verfolgen, und war deshalb „nicht geeignet, Präsident einer Nation zu sein, die sich in einer Krise befand, die förmlich nach einem Reformer mit starkem Willen schrie"[291]. Die Lage spitzte sich zu, als Goulart an einer Kundgebung am 13. März 1963 auf dem Platz der Republik in Rio de Janeiro, an der 100.000 bis 150.000 Demonstranten linksgerichteter Gruppierungen teilnahmen, eine Rede hielt, in der er u. a. Reformen des Wahlrechts ankündigte und die Zulassung aller politischen Parteien inkl. der Kommunisten in Aussicht stellte. Während der Kundgebung unterzeichnete er unter dem Beifall der Menge ein Dekret zur Verstaatlichung der privaten Ölgesellschaften und erklärte, er habe kürzlich einen Erlass unterschrieben, der die Enteignung nicht genutzten Bodens innerhalb eines zehn Kilometer breiten Streifens entlang der bundeseigenen Autostraßen, Eisenbahnen und Dämme ermögliche. Und er betonte die Notwendigkeit einer Agrarreform.[292] Die Dekrete über die Verstaatlichung der Ölindustrie und die Enteignung wurden als Beginn weitergehender Reformen verstanden, sodass sich von da an der Widerstand gegen Goulart organisierte und verstärkte. „Landbesitzer, Industrielle, konservative Politiker, Manager von US-amerikanischen Firmen – der gesamte Machtkomplex Brasiliens kam plötzlich in Bewegung."[293] Als Demonstration der konservativen Opposition gegen die Regierung und als Reaktion auf die Kundgebung vom 13. März wurde auf den 19. März von bürgerlich-mittelständischen Frauenorganisationen und von der Bewegung „Rosenkranzkreuzzug in der Familie" in São Paulo zum „Marsch der Familie mit Gott für die Freiheit" aufgerufen, an dem zwischen einer halben und einer ganzen Million Menschen teilnahmen. Er wurde von Kardinal Câmara unterstützt und wollte durch Beten des Rosenkranzes die Errettung Brasiliens aus der bolschewistischen Gefahr erbitten.[294] Durch diese und ähnliche Veranstaltungen in Rio de Janeiro, Belo Horizonte usw. wurden „viele noch zögernde Angehörige der Mittelklasse bewogen, [...] die Sache derjenigen zu unterstützen, die sich anschick[t]en, die Regierung zu stürzen"[295]. Auch Teile der Armee wurden durch diese Veranstaltungen in ihrer Opposition bestärkt.[296] Für viele Offiziere war der ausschlaggebende Anlass, sich endgültig gegen Goulart zu entscheiden, eine Amnestie von zwölf wegen ihrer gewerkschaftlichen Aktivitäten am 24. März verhafteten Matrosen durch den von Goulart während dieser Affäre neu ernannten Marineminister, da die meisten Offiziere darin eine unerträgliche Verletzung des Prinzips militärischer Disziplin sahen.[297]

Für den 30. März nahm Goulart eine Einladung von Unteroffizieren an, die ihn feiern wollten. Auf dieser Versammlung hielt er eine von Radio und Fernsehen ausgestrahlte Rede an die Sergeanten und Maaten, worin er sich u. a. gegen die Angriffe auf seine Regierung verteidigte sowie sich gegen die Vorwürfe verwahrte, er sei den Kommunisten hörig und wolle die Verfassung missachten,[298] und in der er vor einem reaktionären Komplott warnte und sich entschlossen zeigte, jeden Putsch niederzuschlagen.[299]

Nach dieser Rede hatte Dom Helder, der anfänglich die Reformpolitik Goularts befürwortet hatte, den Eindruck, dass Goulart „keinem soliden Programm für Strukturreformen folgte und keinen durchdachten Plan zur Begründung eines wirklichen menschlichen Sozialismus hatte, sondern dass es sich eher um eine sentimentale Linkshaltung handelte, von der man nicht wusste, wohin sie, außer zu einer natürlichen Reaktion des Militärs, d. h. zu einer Diktatur, führen würde"[300]. Dom Helder ersuchte deshalb Goulart am folgenden Tag zusammen mit Kardinal Motta, dem Präsidenten der CNBB, um eine Unterredung. Goulart war zu einem Gespräch bereit und versprach, diese Begegnung als absolut privat zu betrachten. Dom Helder Camara und Dom Carmelo Motta machten Präsident Goulart in diesem Gespräch auf die möglichen Reaktionen der Armee auf seine Politik aufmerksam und versuchten, ihm die Augen für die Realität zu öffnen, da er in der Illusion lebte, die Generäle und Sergeanten würden ihn unterstützen und ein Teil der Gewerkschaften stehe hinter ihm. Entgegen der Vereinbarung, die Begegnung als privates Gespräch anzusehen, und trotz des Protests von Dom Helder und Kardinal Motta ließ sich Goulart zusammen mit diesen fotografieren, und obwohl er beteuert hatte, das Bild sei lediglich für sein privates Archiv bestimmt, erschien es wenige Tage später in der Presse, wodurch der Eindruck erweckt wurde, die Exponenten der CNBB seien Verbündete und Vertraute Goularts.[301] Dom Helder sollte mit seinen Befürchtungen Recht behalten. In der Nacht vom 31. März auf den 1. April 1964 übernahm die Armee in einem unblutigen Staatsstreich die Macht in Brasilien. Goulart verließ am 4. April das Land und ging nach Uruguay ins Exil.[302]

Ernennung zum Erzbischof von Olinda und Recife

Während jener Tage und Wochen im März 1964, in denen sich die politische Lage in Brasilien immer mehr zuspitzte und das Militär daranging, die Macht zu übernehmen, wurden auch im persönlichen Leben Dom Helders entscheidende Weichen gestellt. Seitdem sein Konflikt mit Kardinal Câmara offen zutage getreten und seine Versetzung unausweichlich geworden war, wurde durch die Vermittlung von Nuntius Lombardi nach einer Diözese für ihn gesucht. Während eines Aufenthaltes von Dom Helder in Rom anlässlich der Sitzung einer Konzilskommission im März 1964 wurde seine Abberufung konkret diskutiert, nachdem eine erste Möglichkeit, für ihn einen Posten zu finden, fallen gelassen worden war. Dom Helder war nämlich angefragt worden, Apostolischer Administrator von Salvador da Bahia zu werden. Der dortige 88-jährige Kardinal Augusto Alvaro da Silva sollte lediglich noch seinen Kardinalstitel behalten dürfen, jedoch über keine Vollmachten mehr verfügen können. Dom Helder bat Rom, von dieser Ernennung abzusehen, um den alten Kardinal nicht vor den Kopf zu stoßen, und dieser fragte seinerseits in Rom an, was er denn getan habe, dass man ihn seines Sitzes berauben wolle, während an der Spitze einiger römischer Kongregationen Kardinäle stünden, die noch älter seien als er. Papst Paul VI. beharrte nicht auf der Versetzung Dom Helders nach Bahia, zögerte jedoch, ihm die einzige im Augenblick vakante, aber sehr kleine Diözese São Luís de Maranhão anzuvertrauen. Da Dom Helder selbst nichts dagegen einzuwenden hatte, Kardinal Câmara drängte und am 25. Februar bereits zwei neue Weihbischöfe für Rio de Janeiro (Waldyr Calheiros de Novais und José Alberto Lopes de Castro Pinto) bestimmt worden waren, ernannte Paul VI. trotz seiner Bedenken Dom Helder am 8. März 1964 zum Erzbischof von São Luis de Maranhão. Dom Helder sagt dazu: „Ich war sehr zufrieden, denn ich war ganz überzeugt, dass es der Wille Gottes war. Aber um halb fünf erhielt ich telegrafisch eine Mitteilung des Nuntius [...]; er berichtete mir den plötzlichen Tod des Erzbischofs von Recife. Am folgenden Tag wurde ich zum Heiligen Vater gerufen. Natürlich hatte auch er die Nachricht erhalten. Er war traurig darüber, aber er sagte, Gott wisse Gutes aus dem Übel herauszuholen, und er sehe darin einen Wink der Vorsehung, die mich nach Recife berufe."[303] So wurde Dom Helder am 12. März 1964 zum Erzbischof von Olinda und Recife ernannt und zum Leiter einer der wichtigsten Diözesen Brasiliens mit Sitz in der Metropole des unterentwickelten Nordostens berufen.

Mit dieser Ernennung sollte Dom Helder nach achtundzwanzig Jahren Rio de Janeiro wieder verlassen und in den Nordosten zurückkehren, in dem er aufgewachsen war und seine ersten Erfahrungen in der Politik gesammelt hatte: „Ich sah den Nordosten wieder, aber mit anderen Augen. Als ich nach Recife zurückkehrte, wusste ich, dass ich an einen Schlüsselpunkt der Dritten Welt gelangte, denn Recife ist eine ihrer Hauptstädte. Ein neuer Horizont, eine neue Berufung tat sich vor mir auf."[304] Er übernahm nun selbstständig die Leitung einer Diözese, nachdem er zwölf Jahre lang Weihbischof von Rio gewesen war. Mit der Versetzung Dom Helders war dem Wunsch Kardinal Câmaras entsprochen und der Konflikt zwischen den beiden wenn auch nicht beigelegt, so doch durch die geografische Distanz entschärft worden.

Der Orts- und Aufgabenwechsel von Dom Helder fiel in die Zeit politischer Umwälzungen durch die Machtübernahme des Militärs, was ihn veranlassen sollte, anlässlich seines Amtsantritts klar Stellung zu beziehen und die Sicht seiner persönlichen Verantwortung und jener der ganzen Kirche in Brasilien öffentlich und deutlich darzulegen. Die Ernennung zum Erzbischof von Olinda und Recife wurde so zu einem Markstein in der Entwicklung Dom Helders, in deren Verlauf er die unkritische Einschätzung des harmonischen und partnerschaftlichen Verhältnisses von Kirche und Staat ohne Einbezug des Volkes endgültig aufgab und stattdessen in die Opposition zum diktatorischen Militärregime ging und für eine mit den Armen und Unterdrückten solidarische Kirche eintrat.

IV.
Opposition zum Militärregime und weltweiter Einsatz für eine gewaltlose Revolution

Nachdem Dom Helder bereits seit Anfang der 1960er-Jahre für politische und wirtschaftliche Reformen eingetreten war und für ein entwicklungspolitisches Engagement der Kirche plädiert hatte, sah er sich im April 1964 einerseits durch die nach dem Staatsstreich veränderte politische Lage und andererseits aufgrund der ihm übertragenen Leitung der Diözese der Metropole eines der unterentwickeltsten Gebiete der westlichen Halbkugel vor eine neue Situation gestellt und von dieser herausgefordert.

Strukturelle Grundreformen von unten aufgrund der Option für die Armen

Rede zum Amtsantritt als Erzbischof von Olinda und Recife

Nachdem der Koordinator der Verschwörung gegen Goulart, Marschall Umberto Castelo Branco, am 11. April 1964 vom Kongress als neuer Präsident Brasiliens bestätigt worden war und bevor dieser sein Amt am 15. April antrat, übernahm Dom Helder Camara am Sonntag des Guten Hirten, dem 12. April, die Leitung der Erzdiözese Olinda und Recife.[305] Die politische Lage in Brasilien war gespannt; denn gleich nach dem Putsch hatte Anfang April im ganzen Land eine Verfolgungswelle eingesetzt. Die neuen Machthaber ließen Priester verhaften und MEB-Mitarbeiter foltern, bedrohten Bischöfe und setzten Gouverneure ab, entließen Abgeordnete und schlossen Radioschulen. In einer Art „Siegeszug über den Kommunismus" wollten die Militärs alle Organe des Volkes zerschlagen."[306] Dom Helder hatte den „Eindruck, dass dieser Staatsstreich, bewusst oder nicht, zum Nutzen der Großeigentümer gemacht wurde"[307]. Hatte er die Realisierung seiner Anliegen gegen Ende der Regierung Goulart durch deren abenteuerliche Reformpolitik gefährdet gesehen, so sah er sie nun durch die von den neuen Machthabern gegen oppositionelle und reformerische Kräfte ergriffenen Maßnahmen infrage gestellt. Angesichts dieser politischen Lage wollte er mit seiner Amtsübernahme nicht zuwarten. Er war sich der besonderen Umstände bewusst, unter denen er seine neue Aufgabe antrat, wenn er in Bezug auf seine Rede anlässlich der Amtseinsetzung sagte: „Ich benutzte die Gelegenheit, um sehr deutlich meine Meinung zu sagen, denn ich wusste, wenn Gott mir nicht in diesem Augenblick, bei meinem Einzug in die Diözese, den Mut gab, dann war sie auf immer verloren ..."[308] Wie schon 1960, als er in der Predigt zum 300. Todestag des hl. Vinzenz von Paul für die Verwirklichung von Gerechtigkeit und gegen antikommunistische Propaganda eingetreten war, so sah er sich auch jetzt, wenn auch unter weit komplexeren und schwierigeren Bedingungen, veranlasst, aufgrund seiner Option für die Armen, seines Problembewusstseins in Bezug auf die Verantwortung der Kirche und angesichts der konkreten sozialen, ökonomischen und politischen Verhältnisse gleichsam mit prophetischem Mut eindeutig Stellung zu beziehen. Die Rede, die Dom Helder am 12. April bei seiner Amtseinsetzung gehalten hat, bezeichnet der argentinische Historiker, Philosoph und Theologe Enrique Dussel als eine der klarsten, die in theologischer Hinsicht in Lateinamerika je gehalten worden seien, eine wahrhaft prophetische Rede von der Qualität jener von Montesinos.[309]

Dom Helder erklärte in seiner Rede[310] zum einen, wie er sich selbst zu Beginn eines neuen Lebensabschnittes und bei der Übernahme einer neuen Verantwortung verstehe und welcher Geist ihn in diesem Augenblick erfülle, erläuterte zum andern seine Sicht der sozialen, politischen und kulturellen Probleme des Nordostens, Brasiliens und der Welt sowie seine Auffassung von der Verantwortung der Kirche angesichts dieser Probleme und zeigte schließlich programmatische Leitlinien für seine Aufgabe als Leiter der Erzdiözese Olinda und Recife im unterentwickelten Nordosten auf.

In der Einleitung erinnerte er u. a. an seinen kürzlich unerwartet verstorbenen Vorgänger Dom Carlos Coelho sowie an den späteren Kardinal Leme, der 1916 von Rio nach Olinda und Recife gekommen sei und damals einen klassisch gewordenen Hirtenbrief veröffentlicht habe,[311] bekundete seine Absicht, über den

Geist zu reden, der ihn erfülle, und erklärte, erste Vorschläge unterbreiten und erste Anregungen machen zu wollen.[312]

Im ersten Teil der Rede erläuterte er sein Selbstverständnis, indem er sagte: „Wer bin ich denn, und zu wem spreche ich oder möchte ich sprechen? Ein Mann aus dem Nordosten, der zu anderen Leuten aus dem Nordosten spricht und dabei die Augen auf Brasilien, Lateinamerika und die Welt gerichtet hält. Ein menschliches Wesen, das sich in der Schwäche und in der Sünde als Bruder der Menschen aller Rassen und aller Enden der Welt betrachtet. Ein Christ, der sich an Christen wendet, aber mit offenem Herzen, ökumenisch, an die Menschen aller Glaubensbekenntnisse und aller Ideologien. Ein Bischof der katholischen Kirche, der nach dem Beispiel Christi kommt, nicht, damit man ihm diene, sondern damit er diene."[313] Nachdem er einleitend sein Selbstverständnis kurz umrissen und die Horizonte seines Bewusstseins angedeutet hatte, kam er auf seine Aufgabe als Bischof zu sprechen, wobei er betonte, für alle da sein und niemanden vom Gespräch ausschließen zu wollen: „Der Bischof gehört allen. Niemand soll sich darüber aufregen, wenn er mich im Umgang mit Menschen sieht, die für unwürdig oder für Sünder gehalten werden. Wer ist kein Sünder? [...] Niemand soll darüber entsetzt sein, wenn er mich mit Leuten zusammen sieht, die als verführerisch und gefährlich gelten, auf der Linken oder auf der Rechten, aus der herrschenden Gruppe oder aus der Opposition, aus dem Lager der Anti-Reformisten oder der Reformisten, der Gegen-Revolutionäre oder der Revolutionäre [...] Niemand soll den Versuch unternehmen, mich auf eine Gruppe festzulegen [...]. Meine Tür und mein Herz werden allen offenstehen, absolut jedem. Christus ist für alle Menschen gestorben: So darf ich niemanden vom brüderlichen Gespräch ausschließen."[314] Wenn er auch für alle Menschen da sein und mit allen politischen Gruppierungen Kontakt haben wollte, so galt seine Liebe doch vor allem den Armen: „Es ist klar, dass ich, wenn ich auch alle liebe, nach dem Beispiel Christi die Armen besonders lieben muss. Beim Jüngsten Gericht werden wir alle danach beurteilt werden, wie wir Christus behandelt haben,

Christus in der Person derer, die Hunger haben, die Durst haben, die schmutzig, *verletzt* und unterdrückt einhergehen ..."[315]

Im zweiten Teil seiner Rede wies Dom Helder auf einige Aspekte eines Reformprogramms hin. Seine Sorge galt einmal der Gefahr, dass die zuweilen unvermeidliche Armut ins Elend abgleite: „Das Elend [...] ist empörend und erniedrigend: Es verletzt das Bildnis Gottes, das jeder Mensch darstellt; es verletzt das Recht und die Pflicht jeden menschlichen Wesens auf umfassende Vervollkommnung."[316] Er erklärte deshalb, dass in seinen Überlegungen die Elendsviertel und die elternlosen Kinder einen besonderen Platz einnehmen werden. Er wies zum andern auf die Notwendigkeit grundlegender Reformen hin und wandte sich gegen die Meinung, es genügten ein wenig Großzügigkeit und Sozialfürsorge zur Lösung der anstehenden Probleme. Obwohl es Situationen schreienden Elends gebe, wo Direkthilfe geleistet werden müsse, dürften wir „jedoch nicht glauben, das Problem begrenze sich auf einige kleine Reformen, und wir dürfen den schönen und notwendigen Begriff der Ordnung, Ziel allen menschlichen Fortschritts, nicht mit seinen Verfälschungen verwechseln, die für die Aufrechterhaltung von Strukturen verantwortlich sind, welche – wie alle anerkennen – nicht mehr aufrechterhalten werden können. Wenn wir unsere sozialen Übelstände mit der Wurzel ausrotten wollen, dann müssen wir unserem Land helfen, den Teufelskreis der Unterentwicklung und des Elends zu durchbrechen. Es gibt Leute, die sich darüber aufregen, wenn man behauptet, dies sei unser soziales Problem Nr. 1. Es gibt Leute, die es für Demagogie halten, wenn man von Menschen spricht, die sich in einer Situation befinden, die nicht einmal menschlich genannt werden kann."[317] Nach einem Hinweis auf die SUDENE und deren Bedeutung für die Investitionen nicht nur ausländischen, sondern auch brasilianischen Kapitals aus dem Süden des Landes im Nordosten machte er auf die Wichtigkeit der Bewusstseinsbildung von unten für die Entwicklung aufmerksam, wenn er sagte: „Entwicklung geschieht jedoch nicht von oben nach unten; sie kann nicht aufgezwungen werden. Wir sollten keine Angst vor richtigen Ideen haben, selbst dann nicht, wenn sie schon oft verwandt worden sind: Entwicklung setzt ein Erwachen des Bewusstseins voraus, ein Erwachen des Gemeinsinns, ein Erwachen der Bildung und Kultur, der Selbsthilfe und der technischen Planung."[318] Die Kirche müsse sich für diese Entwicklung engagieren und vor allem durch den Einsatz von Laien dafür sorgen, dass sie nicht das Werk einer technokratischen Führungsspitze, sondern die gemeinsame Aufgabe aller im brasilianischen Nordosten werde.[319]

Im dritten Teil seiner Rede wandte sich Dom Helder jenen zu, die an der Richtung seiner Botschaft sowie daran Anstoß nehmen, dass er als Bischof solche Ideen vertrete und eine solche Sprache spreche. Er rechtfertigte dann sein Eintreten für Volksbildung, Bewusstwerdung, Politisierung und Selbsthilfe, obwohl diese Bezeichnungen im Augenblick einen schlechten Ruf hätten und fast wie verbotene Worte klängen mit der Begründung, dass die Anliegen, auf die sie hinweisen, nicht deswegen preisgegeben werden dürften, weil sie sich z. T. in falschen Händen befunden haben, und fragte schließlich rhetorisch: „Wie sollten wir Bewegungen fürchten, die einer echten Demokratie verbunden sind und die nur in Regimen existieren können, die die Freiheit achten? Wie sollten wir Bewegungen fürchten, die ihrem tiefsten Wesen nach christlich sind? Es wäre ein unverzeihliches Ärgernis, würde die Kirche die Massen in ihrer schwersten Stunde aufgeben. Es müsste dies ja dahin ausgelegt werden, als hätte sie kein Interesse daran, ihnen dabei zu helfen, ein Niveau menschlicher und christlicher Würde zu erreichen, sich zu einem ‚Volk' emporzuentwickeln."[320] Zur theologischen Begründung des Ziels, das es seines Erachtens anzustreben galt, nämlich der ganzheitlichen Entwicklung aller Menschen, ging Dom Helder von drei Glaubensaussagen aus, setzte diese in Bezug zur konkreten Wirklichkeit, entspiritualisierte sie und deutete deren welthafte Konsequenzen für die Entwicklungsarbeit an. „Wir alle glauben, dass alle Menschen Kinder desselben Vaters sind, der im Himmel ist. Wer denselben Vater hat, ist Bruder. Gehen wir also daran, uns wirklich wie Brüder zueinander zu verhalten! Wir alle glauben, dass Gott den Menschen nach seinem Bild und Gleichnis gemacht und dass er ihn beauftragt hat, die Natur zu beherrschen und die Schöpfung zu vervollständigen. Unternehmen wir also alles, was möglich und unmöglich ist, damit im Nordosten alle Arbeit so beschaffen sei, dass der Mensch dabei spürt, wie er dem Schöpfer hilft, die Welt zu erbauen! Wir alle glauben, dass die Freiheit eine göttliche Gabe ist, die um jeden Preis bewahrt werden muss. Befreien wir also – im höchsten und tiefsten Sinne des Wortes – alle menschlichen Geschöpfe, die um uns herum leben."[321] Er gab dann zu, dass dies alles einstweilen noch vage sei, versprach aber, die Realisierung zu prüfen, und betonte nochmals, die Kirche lasse sich nicht auf irgendeine Person, Partei oder politische oder wirtschaftliche Bewegung festlegen. Die Kirche wolle den Ablauf der Ereignisse nicht beherrschen, sondern den Menschen dienen und ihnen bei ihrer Befreiung helfen. Sie müsse daran festhalten, dass die Vollendung der Befreiung, die in der Zeit beginnt, noch ausstehe und in Gottes Händen liege.[322]

Im vierten Teil kam Dom Helder auf den Nordosten zu sprechen, wobei er diesen einlud, sich mit dem Elend und dem Ruf, er sei eine der explosivsten Regionen Lateinamerikas, nicht abzufinden, sondern ein Vorbild für Brasilien, Lateinamerika und die Dritte Welt zu werden. Dies erfordere zum einen, dass die Entwicklung das Werk aller sei und dass Arbeitgeber mit Arbeitnehmern, Reiche mit Armen, Linke mit Rechten, Gläubige mit Nichtgläubigen nicht nur einen Waffenstillstand vereinbaren, sondern in einen umfassenden und vertrauensvollen Dialog treten, und heiße zum andern, dass mit der Entwicklung der Egoismus verschwinden und die Herrschaft Brasiliens über Paraguay und Bolivien aufgehoben werden müsse. Lateinamerika trage als christlicher Kontinent eine besondere Verantwortung. Er verstand den Einsatz für Entwicklung als eine zentrale Aufgabe der Kirche, wenn er sagte: „Beschleunigen wir ohne weiteren Zeitverlust die Bemühungen um Entwicklung als christliches Werk der Evangelisierung. Es würde gar nichts helfen, schöne Abbilder Christi zu verehren – und ich gehe noch weiter: Es würde nicht genügen, blieben wir vor dem Armen stehen und erkennten wir in ihm das verunstaltete Gesicht des Erlösers, wenn wir Christus nicht in dem menschlichen Geschöpf wiederfinden, das der Unterentwicklung entrissen werden muss. Möge es auch einigen seltsam erscheinen: Ich behaupte, dass Christus im Nordosten Brasiliens Zé, Antônio, Severino heißt ... Ecce homo: Seht dort Christus, seht dort den Menschen! Er ist der Mensch, der der Gerechtigkeit bedarf, der ein Recht auf Gerechtigkeit hat, der Gerechtigkeit verdient."[323]

Nach diesen theologischen Überlegungen wies Dom Helder auf die Gefahr hin, dass sich die Unterdrückten zu Gewalttaten hinreißen lassen könnten, falls der Dialog mit ihnen nicht gesucht und der trügerische Anschein von Eintracht weiterhin aufrechterhalten werde. Er anerkannte zwar die Notwendigkeit von Vereinigungen für die Arbeiter, warnte diese aber zugleich davor, ihre Stärke zu missbrauchen. Dann betonte er, Brasilien müsse als Land mit entwickelten und unterentwickelten Gebieten der Welt zeigen, wie der Dialog unseres Jahrhunderts zu führen sei, jener zwischen Entwicklung und Unterentwicklung. Er setzte sich weiter für eine unaufschiebbare Grundreform ein: „Viele misstrauten denjenigen, denen die Durchführung der Reformen übertragen wurde, und hatten vor allem Angst vor einer kommunistischen Infiltration. Nachdem sich die Lage nun geändert hat, haben wir keine Zeit mehr zu verlieren. Die so lang erwarteten Reformen müssen nunmehr ohne weitere Verzögerung durchgeführt werden."[324] Die Region des Nordostens muss „ganz Brasilien ein Beispiel von dynamischem Frieden geben, gegründet auf Gerechtigkeit, Wahrheit, Nächstenliebe, Dialog und brüderliche Verständigung über alle Trennungen hinweg, die ein Land in den Bürgerkrieg und ins Chaos stürzen können"[325].

Schließlich kritisierte er antikommunistische Tendenzen, wenn er sagte, wir „dürfen [...] nicht diejenigen des Kommunismus anklagen, die ganz einfach Hunger und Durst nach sozialer Gerechtigkeit und nach der Entwicklung unseres Landes haben"[326].

Im fünften und letzten Teil seiner Rede zum Amtsantritt wandte sich Dom Helder den Impulsen des Zweiten Vatikanischen Konzils für die Kirche zu. Er erinnerte zunächst an Papst Johannes XXIII. und dessen Sicht vom Konzil, das die Kirche erneuern soll, und schlug den Priestern, Ordensleuten und Laien seiner Diözese vor, dieser Orientierung zu folgen: „Statt danach zu trachten, die anderen zu reformieren, wollen wir uns an erster Stelle und mit großem Ernst um unsere eigene Bekehrung bemühen. Der Unterschied zwischen dem Pharisäer und dem Heiligen besteht vor allem darin, dass der Pharisäer sich selbst gegenüber nachsichtig, mit den anderen aber streng ist und alle Welt mit Gewalt in den Himmel treiben will, während der Heilige nur sich selbst gegenüber anspruchsvoll ist, den Sündern gegenüber aber großmütig wie die göttliche Güte, ohne Grenzen wie die Barmherzigkeit des Vaters."[327] Dann wies er auf die Kollegialität der Bischöfe mit dem Papst als Anliegen des Konzils hin. Er versprach, nicht nur mit dem Papst und allen Bischöfen kollegial zusammenarbeiten zu wollen, sondern auch mit den Priestern, Seminaristen, Ordensleuten und Laien seiner Diözese; denn alle – Priester, Ordensleute und Laien – bildeten in Christus die Gemeinschaft der Kirche, eine Gemeinschaft, die offen, einladend und bereit zu ernsthaftem Gespräch sein soll.[328] Weiter rief er dazu auf, nicht nur an die Angehörigen anderer Konfessionen zu denken, sondern auch an jene, die glauben, keiner Religion anzugehören. Er gestand, seine besondere Liebe gelte denen, die ohne Glauben im Dunkeln tappten, vor allem, wenn es sich um Atheisten dem Namen nach, aber um Christen der Tat nach handle. Sein positives Verhältnis zur Welt dokumentierte er mit einem Zitat aus der Rede Papst Pauls VI. zu Beginn der zweiten Konzilssession: „Die Welt soll es wissen: Die Kirche schaut auf sie mit tiefem Verständnis, mit aufrichtiger Bewunderung, mit dem loyalen Vorsatz, nicht sie zu erobern, sondern ihr zu dienen; nicht sie zu verachten, sondern sie hochzuschätzen; nicht sie zu verdammen, sondern sie zu trösten und zu retten."[329]

Dom Helder schloss seine Rede, indem er an den Tod Johannes' XXIII. erinnerte: „Mir scheint, dass wir aus jener unvergesslichen Szene sehr wichtige Lehren ziehen können, unter anderem diese: Als Katholiken und Nichtkatholiken, Gläubige und Ungläubige, Menschen aller Rassen, aller Glaubensbekenntnisse und aller Ideologien voller Schmerz den Todeskampf des Papstes verfolgten und seinen Tod beweinten, wie man den Tod eines Vaters beweint, da gab das Volk einen verhüllten Hinweis: Ein Prälat, ein Bischof muss gut sein, wie Papst Johannes gut war."[330] Dom Helder lud die Zuhörer ein, den himmlischen Vater darum zu bitten, dass seine Devise laute, entsprechend dem Andenken Papst Johannes' XXIII. zu leben, da dies eine gute Art sei, an Christus als den guten Hirten zu erinnern.[331]

Zusammenfassend können Dom Helders Beurteilung der sozialen Verhältnisse im brasilianischen Nordosten und die von ihm geforderten Bedingungen einer Reform, seine Sicht der Aufgabe der Kirche und sein Selbstverständnis sowie seine theologischen Reflexionen in der Rede zum Amtsantritt folgendermaßen umschrieben werden.

Die sozialen Verhältnisse im brasilianischen Nordosten, dem seines Erachtens das internationale Interesse gilt und der eine der explosivsten Regionen Lateinamerikas ist, sind durch den Teufelskreis von Unterentwicklung und Elend als Problem Nr. 1 gekennzeichnet. Es herrscht sozialer Übelstand, die Situation ist unmenschlich, das Elend empörend und erniedrigend, und ein Anschein von Eintracht täuscht über die bestehenden Konflikte hinweg.

Die anzustrebenden und unverzüglich in Angriff zu nehmenden Reformen müssen die ganzheitliche Entwicklung aller Menschen zum Ziel haben, einem dynamischen Frieden dienen, der auf Gerechtigkeit, Wahrheit, Nächstenliebe und Dialog gegründet ist, und angesichts der herrschenden Verhältnisse grundlegender und struktureller Natur sein. Damit statt einer von außen und von oben durch Technokraten bestimmten eine von der Bevölkerung selbst getragene Entwicklung von unten im Nordosten in Gang kommen kann, muss diese im Dialog mit allen Interessengruppen und unter Beteiligung aller Betroffenen geplant und durchgeführt werden. Dazu sind Volksbildung, Bewusstseinsbildung, Politisierung und Selbsthilfe erforderlich. Diese müssen gefördert werden, auch wenn sie von den militärischen Machthabern bekämpft werden. Um den Teufelskreis von Unterentwicklung und Armut zu durchbrechen, müssen Lateinamerika mit der Dritten Welt und alle unterentwickelten Länder mit den entwickelten in einen Dialog treten.

Die Kirche darf angesichts der dringend zu realisierenden Reformen weder abseits stehen und das Volk im Stich lassen noch beherrschend auftreten, sondern soll durch verantwortliche Laien an der Entwicklung mitarbeiten und sich in den Dienst der Befreiung stellen, wodurch sie im Herzen der Geschichte lebe. Sie muss bereit sein, sich selbst zu reformieren und Kollegialität zu üben.

Für das Selbstverständnis Dom Helders ist charakteristisch, dass er sich selbst in der Rede zum Amtsantritt als Erzbischof von Olinda und Recife nicht primär von seiner kirchlichen Funktion und Sendung her versteht, sondern zunächst und grundlegend solidarisch weiß mit den Bewohnern des brasilianischen Nordostens, wenn er sich zuerst als Sohn des Nordostens bezeichnet, dann als Mensch, darauf als Christ und erst am Ende als Bischof der katholischen Kirche. Er dokumentiert ein Bewusstsein von universaler Weite, wenn er geografische Grenzen überschreitet, indem er seinen Blick vom Nordosten auf Brasilien, ganz Lateinamerika und schließlich auf die Welt richtet, wenn er rassische Schranken überwindet, indem er sich in Schwäche und Sünde als Bruder aller Menschen aller Hautfarben versteht und wenn er konfessionelle und weltanschauliche Differenzen hinter sich lässt, indem er sich den Menschen aller Glaubensbekenntnisse und aller Ideologien öffnet. Er will ausnahmslos mit allen politischen und gesellschaftlichen Gruppierungen zusammenarbeiten, selbst mit jenen, die als gefährlich gelten. Er lehnt es zwar ab, von einer Gruppe in Beschlag genommen zu werden, doch will er sich besonders um die Gestrauchelten und Armen sowie um die physisch und psychisch Leidenden sorgen, weil er dem Beispiel Jesu und dem Vorbild Johannes' XXIII. folgend ein guter Hirt sein möchte.

Seine theologische Reflexion ist rückgebunden an die Option für die Armen, die ihrerseits konsequent aus seiner Solidarität mit jenen Menschen im brasilianischen Nordosten folgt, die in einem der unterentwickeltsten Gebiete der westlichen Halbkugel unter unmenschlichen Bedingungen darben. Diese Option ist zentraler Ausgangspunkt seiner theologischen Überlegungen. Der Primat der Option vor der Reflexion darf bei Dom Helder aufgrund seiner Lebensgeschichte behauptet werden, da am Anfang seines Einsatzes für die Armen und seines entwicklungspolitischen Engagements keine theologische Überlegung stand, sondern die elementare Betroffenheit vom Schicksal der Armen in den Elendsvierteln von Rio de Janeiro anlässlich der entscheidenden Begegnung mit Kardinal Gerlier im Jahr 1955. Zur theologischen Begründung seines bevorzugten Umgangs mit Menschen, die für unwürdig gehalten werden oder als Sünder gelten, sowie zur Rechtfertigung seiner besonderen Liebe für die Armen weist Dom Helder auf Jesu parteiische Solidarität mit Zöllnern, Sündern und Armen und auf die biblische Identifikation Christi mit jenen hin, die Hunger und Durst haben, schmutzig, verletzt und unterdrückt sind. Diese Identifikation Christi mit den Armen kommt für Dom Helder allerdings erst dann zu ihrer Wahrheit, wenn im Armen nicht nur das verunstaltete Gesicht des Erlösers gesehen wird, sondern wenn Christus in jenem Geschöpf wiedergefunden wird, das der Unterentwicklung entrissen werden muss. Identifikation Christi mit den Armen geschieht also nicht religiös-idealistisch auf der Ebene theologisch-interpretierender Reflexion als bloße dogmatische Behauptung, sondern löst ihren theologischen Anspruch erst in einer die Unterentwicklung überwindenden und Menschen von ihrer Unterdrückung befreienden gesellschaftspolitischen Praxis ein. Die Option für die Armen und deren theologische Rechtfertigung durch den Rückgriff auf die Praxis Jesu führen Dom Helder nicht nur zu einem elementar praktischen Verständnis der Identifikation Christi mit den Armen, sondern haben für ihn zur Folge, dass die theologischen Aussagen, wonach alle Menschen als Kinder desselben himmlischen Vaters Brüder sind, nach Gottes

Bild und Gleichnis geschaffen die Aufgabe haben, die Natur zu beherrschen und die Schöpfung zu vollenden, sowie die göttliche Gabe der Freiheit besitzen, angesichts von Ungerechtigkeit, Unfreiheit und Elend zur Kritik der menschenunwürdigen Lebensbedingungen werden und damit zum Impuls für jene gesellschaftsverändernde Praxis, die dafür eintritt, dass kein Mensch gering geachtet wird, alle Menschen als gleichberechtigte Partner gelten, und die allen ermöglicht, eigenverantwortlich an der Gestaltung der Welt mitzuarbeiten. Von da her wird Dom Helders Gleichsetzung der Bemühungen um Entwicklung mit dem christlichen Werk der Evangelisierung verständlich; denn unter den Bedingungen unmenschlicher Lebensverhältnisse im unterentwickelten Nordosten Brasiliens käme eine Trennung von Entwicklungsarbeit und Evangelisierung einem ideologischen Missverständnis des Christentums im Sinne der Rechtfertigung des Status quo auf Kosten der von Jesus privilegierten Armen gleich und könnte sich nicht auf jene Praxis Jesu berufen, die das Kommen des Reiches Gottes an die parteiische Solidarität mit Rechtlosen und Unterdrückten gebunden hatte.

In seiner Rede zum Amtsantritt optierte Dom Helder wohl eindeutig für die Armen, forderte grundlegende Reformen und befürwortete das entwicklungspolitische Engagement der Kirche, doch griff er die Regierung noch nicht direkt an. Er stand mit seinen Auffassungen in der Kirche Brasiliens zwar nicht allein da, aber schon bald erstarkten die konservativen Kräfte in der brasilianischen Bischofskonferenz, leiteten einen Kurswechsel der CNBB ein und setzten an deren Spitze einen umfassenden personellen Wechsel durch, dessen Opfer auch Dom Helder werden sollte.

Politische Kritik und Abwahl als Generalsekretär der CNBB

Zwei Tage nach der Amtseinsetzung von Dom Helder veröffentlichten am 14. April sechzehn Bischöfe des Nordostens zusammen mit ihm einen Brief, in dem sie u. a. die Freilassung der in den ersten Wirren nach dem Staatsstreich festgenommenen Unschuldigen und die anständige Behandlung der Schuldigen verlangten und feststellten, dass die gegenwärtige Ordnung von der kapitalistischen Tradition beherrscht sei, in ihr das Geld als wirtschaftliche Macht in ökonomischen, politischen und sozialen Entscheidungen noch immer das letzte Wort habe und dass sie eine reiche Minderheit begünstige, wogegen die Mehrheit, die nichts besitze, der in der Enzyklika *Pacem in terris* genannten fundamentalen Menschen- und Naturrechte beraubt werde. Die siebzehn Bischöfe der Nordostregion verlangten von den neuen Machthabern die Anerkennung der Gewerkschaften und erklärten sich überzeugt, dass die Regierung jene Reformen verwirklichen werde, die der Episkopat schon so oft gefordert hatte, sodass die kommunistische Gefahr verschwinde.[332]

Am Tag nach der Veröffentlichung dieses Briefes drangen Angehörige der IV. Armee in die bischöfliche Residenz Dom Helders ein und nahmen eine Hausdurchsuchung vor, wogegen Dom Helder protestierte. Die Truppe zog sich darauf wieder zurück. Trotz dieses Vorfalls, der später offiziell auf eine Informationspanne zurückgeführt wurde, erklärte Dom Helder kurz danach, es bestünden gute Beziehungen zwischen der Kirche und der IV. Armee.[333] Er glaubte damals, wohl nicht zuletzt wegen seiner guten Beziehungen zum neuen Präsidenten, an die Möglichkeit, mit der Regierung zusammenarbeiten zu können, wenn er sagte: „Ich habe Kontakte mit Marschall Castelo Branco gehabt. Er stammte aus meinem Land, aus Ceará. Als seine Frau noch lebte, hörten und sahen sie beide in Rio de Janeiro meine Radio- und Fernsehsendungen. Damals hatte Castelo Branco die persönliche Überzeugung, dass ich kein Kommunist war. Und da wir beide aus Ceará stammten, hat er sich sechsmal in sehr schwierigen Augenblicken an mich gewandt: ‚Versuchen wir von Cearenser zu Cearenser zu sprechen.'"[334]

Dom Helder, der als Generalsekretär der CNBB zusammen mit Dom Fernando Gomes, Sekretär der Bischofskonferenz des Nordostens, Marschall Branco Anfang Mai besucht hatte und in einer

Unterredung im Juni die Weiterarbeit des MEB, dem seit der Machtübernahme der Militärs vonseiten des Staates zunehmend Schwierigkeiten bereitet wurden, erwirken konnte,[335] erinnert sich an sein erstes Gespräch mit dem neuen Präsidenten, das seines Erachtens nicht nur zeigt, wie er mit Politikern umging, sondern auch deutlich macht, auf welcher politischen Seite er stand: „Ich erinnere mich an das erste Mal nach dem April 1964. Als wir allein waren, sagte ich zu ihm: ‚Herr Präsident! Heute bin ich etwas unruhig wach geworden. ... Denn ich habe entdeckt, dass ich eine linke Hand, ein linkes Bein, eine ganze linke Hälfte an meinem Körper habe. Ich bin beunruhigt, weil ich sehe, dass es heute sehr gefährlich ist, zur Linken zu gehören! ... Aber jetzt entdecke ich, dass auch Sie, Herr Präsident, eine linke Hälfte haben!'"[336]

Hatten im Laufe des ersten Monats nach dem Militärputsch lediglich einzelne Bischöfe oder regionale Bischofskonferenzen wie jene des Nordostens Mitte April und jene des Staates São Paulo Anfang Mai öffentlich zu den politischen Ereignissen Stellung genommen, so trafen sich 25 Mitglieder der Brasilianischen Bischofskonferenz, unter denen sich auch Dom Helder befand, erst vom 27. bis 29. Mai zu einer außerordentlichen Sitzung in Rio de Janeiro, um eine Erklärung zu verabschieden.[337] „Diese [...] macht[e] den Eindruck eines mühsam erzielten Kompromisses zwischen denen, die das neue Regime willkommen [hießen], und denen, die an die Forderung der sozialen Gerechtigkeit erinner[te]n."[338]

Die Bischöfe dankten in ihrer Erklärung zuerst ausdrücklich der Armee, weil diese Brasilien von der Gefahr des Kommunismus befreit habe, betonten, dass der Erfolg der Militärrevolution von der Beseitigung der Ursachen der Unordnung abhänge, und warnten vor dem Missbrauch der Macht.[339] Im Folgenden verwahrten sie sich gegen die Angriffe auf Bischöfe, Priester, Laienmitarbeiter und Gläubige, gestanden dann einerseits gewisse Fehler ein, die von Einzelnen innerhalb der katholischen Organisationen begangen worden seien, und gaben damit zu, dass es in deren Reihen Kommunisten gab, wiesen aber anderseits die ungerechtfertigten und verallgemeinernden Anschuldigungen zurück, Bischöfe, Priester, Laien oder Organisationen wie die Katholische Aktion oder der MEB seien kommunistisch oder kommunistenfreundlich.[340] Sie betonten die Notwendigkeit, die Ordnung auf christlicher und demokratischer Grundlage wiederherzustellen, was aber nicht durch eine bloß theoretische Verurteilung des Kommunismus erreicht werden könne, solange nicht jene sozialen Ungerechtigkeiten beseitigt würden, die den Kommunismus begünstigten, und solange nicht ein übernatürlicher Geist alle Personen und Aktivitäten durchdringe. Die christliche Tradition und die geheiligte Institution der Familie sowie das religiöse Empfinden des Volkes dürften nicht dazu dienen, jene zu decken, die die Wahrheit entstellten, die Sitten verderbten oder die sich dem Missbrauch des liberalen Kapitalismus auslieferten.[341] Die Bischöfe erklärten zum Schluss ihre Bereitschaft, mit dem Staat in allem zusammenzuarbeiten, was dem Wohle aller und des Landes diene, und hielten an ihrer Unabhängigkeit gegenüber jeglichen Versuchen fest, sie daran zu hindern, die Armen und die Opfer von Verfolgung oder Ungerechtigkeit zu verteidigen.[342]

Dom Helder gehörte innerhalb der CNBB zu jener Gruppe, die nicht um die Erhaltung der bestehenden Ordnung besorgt war, sondern sich für soziale Gerechtigkeit einsetzte. Wegen seiner Kritik an den herrschenden Verhältnissen und wegen seiner Forderung nach Reformen wurde er vom konservativen und vor allem auf den Kampf gegen den Kommunismus fixierten Gouverneur von Guarnabara, Carlos Lacerda, als einer beschimpft, der über das Elend rede wie jemand, der den Garten pflege und Lattich für seinen täglichen Salat pflanze. Er wurde daraufhin von einem der neuen Weihbischöfe von Rio, Dom Waldyr Calheiros, sowie von Freunden in Rio verteidigt[343] und gab am 27. Juni der Zeitschrift *Fatos e Fotos* ein Interview.[344] Darin erklärte er in Bezug auf die Stellungnahme der CNBB von Ende Mai, die z. T. als Huldigung der Kirche an die „Revolution" des 1. April bedauert worden war, die Kirche sei immer bereit, dem Volk zu helfen und ihm zu dienen, heiße der Präsident nun Vargas oder Café Filho, Nereu Ramos oder Kubitschek, Jânio Quadros, João Goulart oder Castelo Branco.

Auf die Frage, welche Haltung die Kirche in Bezug auf die Verbesserung der Lebensbedingungen der Landarbeiter im Nordosten angesichts der neuen Regierung in Brasilien einnehme, antwortete er, sie habe sich nicht verändert. Die Kirche unterstütze jene, die wirkliche und fundamentale Reformen forderten, sie kämpfe für die Entwicklung, erinnere aber daran, dass diese eine Ethik und eine Spiritualität beinhalte. Die Kirche werde sich weiterhin für die menschliche Entfaltung der Millionen Brasilianer einsetzen, die in untermenschlichen Verhältnissen leben, indem sie die Grundausbildung fördere, die zu ländlichen Gewerkschaften, zu Genossenschaften und zum Aufbau von Gemeinschaften führe.[345]

Im Juli wiederholte Dom Helder auf einer Pressekonferenz seine Forderung nach dringenden Reformen und antwortete indirekt auf die von Gouverneur Lacerda gegen ihn erhobenen Anschuldigungen. Er sagte u. a.: „Wie lange wird dieser egoistische Glaube, dass alles kommunistisch ist, was gut für das Volk ist, noch dauern? Ohne Reformen ist das Hindernis der Unterentwicklung unmöglich zu überwinden. Die Konferenz der Bischöfe hat das zu wiederholten Malen verkündet, und die Reformen können nicht aufgeschoben werden. ... Ohne Agrarreform wird das sozusagen unmenschliche Elend der Landarbeiter anhalten. Ohne Bankenreform wird man der Entwicklung des Landes wenig helfen und ohne Steuerreform wird der Reiche sich weiter bereichern, während der Arme leidet. Ohne Wahlreform scheinen die Wahlen frei zu sein, aber sie werden in Wirklichkeit dem Einfluss des Geldes unterworfen sein. Ohne Verwaltungsreform wird die Bürokratie weiter die Kraft des öffentlichen Lebens unterhöhlen."[346]

Die verschiedenen Stellungnahmen Dom Helders für grundlegende Reformen, seine wiederholte Forderung nach sozialer Gerechtigkeit, seine erklärte Option für die Armen und seine Bereitschaft, mit allen Gruppen, d. h. auch mit oppositionellen, zusammenarbeiten zu wollen, ließen ihn in den Augen der auf Erhaltung der Ordnung bedachten Kreise verdächtig erscheinen und sollten nicht ohne Folgen für ihn bleiben. Während der Dritten Konzilssession (14. September bis 21. November 1964) hielten die brasilianischen Bischöfe in Rom ihre 6. Vollversammlung ab, die am 26. September begann, an der 146 Bischöfe teilnahmen und die sich über mehrere Sitzungen bis in den November hinein erstreckte. Innerhalb eines Monats sollte im Laufe dieser Vollversammlung die ganze bisherige Leitung der CNBB ausgewechselt werden.

Als Dom Helder am 17. September der Versammlung einen ausführlichen Rechenschaftsbericht über die Tätigkeit während der zwei vorangegangenen Jahre vorlegte, wurden seine abschließenden Worte zwar von lebhaftem Beifall als Ausdruck der Anerkennung für seine geleistete Arbeit als Generalsekretär übertönt, doch wählte die Versammlung entgegen den Erwartungen der bisherigen Führungsgruppe um Dom Helder nicht diesen, sondern Dom José Gonçalves da Costa zum neuen Generalsekretär.[347] Dom José Gonçalves besaß drei Eigenschaften, die ihn für diesen Posten geeignet erscheinen ließen. Einmal war er als einer der Weihbischöfe von Kardinal Câmara dessen Kandidat, zum andern galt er als tüchtiger Bürokrat in kirchlichen Angelegenheiten und zum Dritten verfügte er über Deutschkenntnisse, was im Hinblick auf die Finanzierung der CNBB durch Hilfswerke der Deutschen Kirche von Bedeutung erschien.[348] Bei der Wahl der Delegierten der CNBB für den CELAM unterlag Dom Helder, der seit 1958 brasilianischer Delegierter in der lateinamerikanischen Bischofskonferenz, von 1959 bis 1960 und von 1961 bis 1963 deren zweiter Vizepräsident gewesen war und 1964 in der Mitte einer zweijährigen Amtszeit als erster Vizepräsident stand, ebenfalls, und an seiner Stelle wurde Dom Agnelo Rossi gewählt.[349] Bei den Wahlen in die Kommissionen der CNBB wurde Dom Helder an die Spitze des Sekretariats für soziale Aktionen berufen, und die Bischöfe der Region Nordost wählten ihn zu ihrem Vertreter in der erweiterten Zentralkommission der CNBB.[350] Da neben Dom Helder auch Dom Fernando Gomes und Dom Eugênio Sales in ihren Ämtern nicht mehr bestätigt worden waren und Kardinal Motta durch Dom Agnelo Rossi als Präsident der CNBB ersetzt worden war, hatte die bisher führende Gruppe in der Brasilianischen Bischofskonferenz alle wichtigen Posten an Leute verloren, die über wenig Erfahrung in der Leitung kirchlicher Institutionen verfügten, zwar nicht der erzkonservativen Minderheit angehörten, aber auch kein besonderes Interesse am Engagement für soziale Fragen hatten. So bedeuteten die Wahlen anlässlich der 6. Vollversammlung der CNBB nicht nur einen umfassenden personellen Wechsel, sondern ebenso eine klare Kursänderung. Der Journalist Otto Engel sollte später pointiert formulieren, dass während der Zeit, da Dom Helder Generalsekretär war, die CNBB ein Kopf ohne Körper, zur Zeit, da Dom José Gonçalves an der Spitze stand, dagegen ein Körper ohne Kopf gewesen sei.[351]

Ganzheitliche Entwicklung als wesentliche Dimension der Evangelisierung

Nachdem Dom Helder entweder in eigener Verantwortung oder zusammen mit andern Bischöfen[352] wiederholt grundlegende Strukturreformen gefordert und mehrmals seine Absicht bekundet hatte, mit allen gesellschaftlichen und politischen Gruppen zusammenzuarbeiten, nahm er die Eröffnung des regionalen Priesterseminars in Camaragibe in der Nähe von Recife am 2. Mai 1965 zum Anlass, seine Sicht der Entwicklungsproblematik und seine Auffassung von der Verantwortung der Christen und der Kirche grundsätzlich darzulegen und zu verdeutlichen, obwohl er um den Widerstand wusste, auf den seine Position in politischen und kirchlichen Kreisen bereits gestoßen war. Das für fünfhundert Studenten aus dreißig Diözesen konzipierte, zur Hauptsache durch den amerikanischen Episkopat finanzierte und gegen den Willen vieler brasilianischer Bischöfe auf ausdrückliches Verlangen des Vatikans errichtete Regionalseminar befand sich zum Zeitpunkt seiner Eröffnung noch im Bau. Dom Helder, der das Seminar – dessen Grundriss bezeichnenderweise die Form des Zeichens für den Dollar aufwies[353] – am liebsten verkauft hätte, weil er ein solches Gebäude der Kirche in einer Region größter Armut nicht verantworten konnte,[354] hielt in Anwesenheit des päpstlichen Legaten Kardinal Antonio Samoré, dem er schon einmal im November 1959 auf dem Treffen von nord- und lateinamerikanischen Bischöfen begegnet war und dessen vordergründige Lösungsvorschläge ihn damals schockiert hatten, anlässlich der Einweihung des Regionalseminars eine Rede,[355] die in konservativen Kreisen heftig kritisiert werden sollte.

Nach einer Einleitung, in der er daran erinnerte, dass das Seminar auf Wunsch des Heiligen Stuhles gebaut worden sei, und in der er ankündigte, über das zu reden, wozu ihn das Regionalseminar anrege, ging Dom Helder im ersten Teil seiner Rede[356] von der Bestimmung eines Seminars, Priester zu bilden, und von der wesentlichen Aufgabe des Priesters, die Frohbotschaft zu verkünden, aus, wies auf den Realitätssinn der Kirche hin, aufgrund dessen die Eröffnung des Seminars in der konkreten Wirklichkeit zu situieren sei, nämlich einerseits im Rahmen des brasilianischen Nordostens und anderseits angesichts der begonnenen Entwicklungsdekade, und sagte dann: „Entwicklung ist nun ein schöner und großer Begriff, der jedoch bis heute in seinem Wesen oft verstümmelt und in seiner Bedeutung geschmälert wurde. Man hat höchstens zur wirtschaftlichen Entwicklung die soziale Entwicklung hinzugenommen. Man ist höchstens von der Entwicklung einer Region zur Gesamtentwicklung eines Landes übergegangen. Das regionale Priesterseminar in Recife übernimmt mit seiner Gründung die Verpflichtung, uns die ganze weit ausgreifende menschliche Bedeutung der Entwicklungsidee vor Augen zu führen und ihr die neue Dimension hinzuzufügen, die das Übernatürliche für die menschliche Begrenztheit bedeutet."[357]

Er bezeichnete im Weiteren die Entwicklung als das universalste, wichtigste und dringlichste Problem, das sich der Menschheit heute stelle, und kam dann auf die Verantwortung des Seminars angesichts der Entwicklungsaufgaben zu sprechen: „Dieses Haus wird Priester für die Verkündigung des Evangeliums heranbilden. Aber man verkündet das Evangelium nicht abstrakten, zeitlosen und im Leeren verbleibenden Wesen. ... Wenn unsere Seminaristen in die Kirchen und Kapellen kommen und von der göttlichen Gnade, das heißt von der Gegenwart der göttlichen Dreieinigkeit in uns sprechen, von dem, was uns am göttlichen Leben selbst teilnehmen lässt, wie werden sie dann vergessen können, dass sie das göttliche Leben Hörern verkünden, die sehr oft in untermenschlichen Verhältnissen leben? ... (Wenn sie vom himmlischen Vater reden, dessen Söhne wir alle sind, was uns alle zu Brüdern macht, werden sie von einer Illusion reden, die das Leben in schrecklicher Art und Weise zerstören wird: Es wäre ein Leichtes, Beispiele solcher Art zu vermehren.)[358] Auf der Ebene rein geistiger Evangeliumsverkündigung schweben wollen hieße in kurzer Frist die Vorstellung erwecken, die Religion sei eine vom Leben abgesonderte Theorie und ohne Kraft, es zu erreichen und in dem umzugestalten, was es an Sinnlosem und Irrigem enthält. Das hieße sogar dem einen Anschein von Recht geben, der behauptet, dass die Religion die große Verfremdete und die große Verfremderin, das Opium des Volkes sei."[359] Im Namen Christi in der Region des Nordostens verkündigen führe zu einer umfassenden Humanisierung, und die Grenzen zwischen Evangelisierung und Humanisierung seien rein theoretischer Art, was nicht ausschließe, dass theologisch gesehen die Aufgaben der Evangelisierung nicht mit jenen der Humanisierung vermischt werden dürften, führte Dom Helder weiter aus. Deshalb müssten sich die Bischöfe des Nordostens zusammen mit dem Klerus, den Ordensleuten und Laien voll und ganz für die Entwicklung einsetzen. Sie hätten damit bereits begonnen, als sie die Bewegung für die Grundausbildung ins Leben gerufen hatten, die eine Bewusstseinsbildung der Massen bewirkt habe, was noch wichtiger sei als eine bloße Alphabetisierung. Ohne dieses Engagement hätte das Volk den Eindruck erhalten müssen, die Kirche ließe es im Stich, zittere vor den Reichen, wenn sie nicht gar Komplizin derer sei, die durch großzügige Gaben für den Kult oder soziale Werke die größten Ungerechtigkeiten verschleierten. „Wir Bischöfe des Nordostens haben uns veranlasst gesehen, die Bildung von ländlichen Gewerkschaften zu fördern. Es ist dies die einzige praktische Art und

Weise, den Landarbeitern dazu zu verhelfen, vor ihren Herren von ihren Rechten sprechen zu können. Vor Herren, die oft noch aus dem Mittelalter in das 21. Jahrhundert kommen, das für uns bald beginnt."[360]

Nach diesem Bekenntnis zum entwicklungspolitischen Engagement der Kirche im Namen einer auf die konkreten Lebensbedingungen bezogenen Evangelisierung verteidigte er diese Position gegen mögliche Kritiken: „Haben wir uns damit nun von unserem Auftrag entfernt und vergessen, das Geheimnis der wirklichen Erlösung zu verkünden? Keineswegs. Wir wissen, dass uns Bischöfen in Angelegenheiten dieser Zeit die Aufgabe zufällt, die theologischen Überlegungen anzustellen, von denen her das Handeln der Laien, die im Bereich des Zeitlichen eine besondere und unersetzliche Mission zu erfüllen haben, erleuchtet wird. [...] Wenn wir als Amtsträger der Kirche gezwungen sind, nicht einfach den Laien eine Arbeit zu überlassen, die normalerweise in der Form der Präsenz von Christen im Zeitlichen zu geschehen hätte, dann deswegen, weil wir uns angesichts der Blindheit, der Kälte und des Übermutes einiger Herren vor die Notwendigkeit gestellt sahen, einer Arbeit moralische Deckung zu geben, die um der elementaren Verteidigung von Menschenrechten willen geschieht. Und wenn man die Verwegenheit besitzt, selbst Bischöfe der heiligen Kirche, die sich der höchst christlichen Mission widmen, niedergetretene menschliche Personen zu verteidigen, deswegen Kommunisten zu nennen, was würde dann mit unseren Geistlichen und vor allem unseren Laien geschehen, wenn wir sie ihrem eigenen Schicksal überließen?"[361]

Nach dieser Rechtfertigung des Engagements der Kirche und nach der Verteidigung all jener, die sich dabei einsetzen, obwohl sie von konservativer Seite als Kommunisten bezeichnet werden, kam Dom Helder nochmals auf die Entwicklung zu sprechen, wobei er auf deren Dimensionen hinwies: „Wenn wir auch fast immer bei der praktischen Notwendigkeit ansetzen, der wirtschaftlichen Entwicklung voranzuhelfen, so bringen uns doch unsere religiöse Überzeugung und unsere Liebe zu den Geschöpfen unweigerlich dazu, weit über das Wirtschaftliche und sogar das schlicht Soziale hinausgelangen zu wollen. Unser Wahlspruch für die Entwicklung ist das Wort Christi: Ich komme, damit sie Leben haben, und Leben in Überfluss. Wir werden erst dann ruhen, wenn der Nordosten von der Unterentwicklung, in der er sich weiterhin befindet, zu vollem Leben gelangt; ein Leben, das erst dann erreicht ist, wenn die göttliche Gnade die Begrenztheit des Menschen ergänzt und übersteigt und uns an der Natur Gottes teilhaben lässt."[362] Dann wies Dom Helder auf die erfreuliche Entwicklung des Bruttosozialprodukts im Nordosten im Vergleich zu ganz Brasilien hin.

In einem zweiten Teil seiner Rede stellte er die Problematik von Entwicklung und Unterentwicklung in einen größeren geografischen und weltanschaulichen Zusammenhang. Er sprach von der Mission Recifes im Nordosten, des Nordostens in Brasilien, Brasiliens in Lateinamerika und Lateinamerikas in der Welt. Die Lateinamerikaner hätten ähnliche Probleme wie afrikanische und asiatische Länder, wüssten um den Unterschied zwischen politischer und wirtschaftlicher Unabhängigkeit und kennten die verschiedenen und subtilen Arten des Neo-Kolonialismus. Lateinamerika nehme eine besondere Stellung ein, da es „geistig mit den Ländern des Überflusses verbunden ist, denn – und das ist etwas, was uns zittern macht – der wohlhabende Teil der Welt – also die 20 % der Menschheit, die über 80 % der Weltproduktion verfügen – ist christlich oder christlicher Herkunft. Wenn die Vorsehung es zugelassen hat, dass unser Kontinent gleichzeitig der Dritten Welt und den Ländern des Überflusses zugehört – der Dritten Welt aufgrund der materiellen Schwierigkeiten, den wohlhabenden Ländern wegen der christlichen Herkunft –, hat uns da Gott vielleicht nicht eine besondere Aufgabe vorbehalten zwischen den beiden Welten, die im Kampfe liegen?"[363]

Dann stellte er fest, dass in Afrika und Asien fast durchwegs der Eindruck vorherrsche, das Christentum sei die Religion der Weißen, d. h. der Unterdrücker: „Die Religion derjenigen also, die gestern klar herrschten und fast immer ausbeuteten; die Religion derjenigen, die sich bis heute nicht zur Hilfe entschlossen haben, es sei denn in Form von Brosamen (nie mehr als ein Prozent des Bruttosozialprodukts eines Landes); die Religion derjenigen, die – aus Ehrgeiz, aus Eitelkeit, weil sie nicht an die Liebe glauben, weil sie sich der Illusion hingeben, so die Freiheit und Menschenwürde besser zu verteidigen – weiterhin ein Wettrüsten durchführen, das jedes Programm der Entwicklungshilfe illusorisch macht; die Religion derjenigen, die den Entwicklungsländern für ihre Produkte schändliche Preise aufzwingen und auf diese Weise weiterhin viel mehr aus ihnen herauspressen, als sie ihnen an Hilfe leisten."[364] Die Christen Lateinamerikas trügen deshalb in zweifacher Hinsicht eine schwere Verantwortung: zum einen gegenüber den christlichen Brüdern in den Ländern des Überflusses, um sie dem Egoismus und dem praktischen Materialismus zu entreißen und gegenüber den Nichtchristen, um ihnen ein glaubwürdiges Christentum vorzuleben; zum andern für die Lateinamerikaner selbst, die mit offenen Augen für die Entwicklung kämpfen müssten, um den Kontinent vor der Anziehungskraft des Marxismus zu retten und die christliche Dimension der Entwicklung zu erproben, die es ihnen gestatten soll, aus der untermenschlichen Situation des Elends herauszukommen, ohne der Unmenschlichkeit des Superkomforts und des Superluxus zu verfallen.

Im dritten Teil seiner Rede kam Dom Helder auf die Situation in Brasilien zu sprechen, die durch einen entwickelten Süden und einen unterentwickelten Norden, Mittelwesten und Nordosten gekennzeichnet sei. Die Brasilianer hätten erst dann die moralische Kraft, in den Dialog zwischen der entwickelten Welt und der Entwicklungswelt einzugreifen, wenn das entwickelte Brasilien davon überzeugt sei, sich für die Entwicklung des unterentwickelten Brasiliens einsetzen zu müssen. Es gehe darum, Entwicklung als Übergang von einer „weniger menschlichen Phase" in eine „menschlichere Phase" zu verstehen: „Weniger menschliche Phase' ist ein Ausdruck, der sich auf jedwede Art von Unterdrückungsstruktur bezieht, ob es sich nun um Missbrauch der Macht oder Missbrauch des Besitzes handelt, um Korruptheit der Verwaltung, Ausbeutung der Arbeiter, Ungerechtigkeit im Handelswesen, das Spiel der Spekulanten ... ‚Menschlichere Phase' ist gleichbedeutend mit der Erlangung des lebensnotwendigen Mindestmaßes an Nahrung, Gesundheit, Wohnung, Kleidung, Erziehung, Arbeitsbedingungen, geistlicher Betreuung. ‚Menschlichere Phase' bedeutet auch und besonders den Glauben an den himmlischen Vater, das Vertrauen auf Christus, die Ausübung der Nächstenliebe."[365]

Den vierten Teil seiner Rede widmete Dom Helder der Bedeutung und den spezifischen Aufgaben des Regionalseminars in Bezug auf die umfassende Entwicklung. „Das Regionalseminar des Nordostens ist dazu bestimmt, Priester zu formen im Hinblick auf die in ihrer vollen Bedeutung erfasste Entwicklung. In diesem Institut wird man Probleme studieren, die mit der Philosophie und Theologie der Entwicklung im Zusammenhang stehen. Hier einige charakteristische Beispiele:
– Inwieweit kann man auf die reichen Ländern anwenden, was die Bibel und die Patristik von den reichen Menschen sagen?
– Welches ist das genaue Ausmaß des Rechts auf Eigentum beim hl. Thomas von Aquin, in der Patristik und beim Lehramt der Kirche?
– Wie kann man eine christliche Präsenz beim Aufbau einer Kultur der globalen Entwicklung zeigen?

In diesem Institut werden die alten theologischen und philosophischen Themen gleichzeitig mit den neuen untersucht werden, und zwar auf einer ökumenischen Ebene und im Klima des Vaticanum II ebenso wie im Licht der Erfahrung der Dritten Welt. Einige charakteristische Beispiele:
– Überprüfung des Subsidiaritätsprinzips entsprechend der Region, auf die es angewendet wird.
– Studium der Versuche eines neuen Sozialismus.
– Klerus und Laien in der entwickelten und in der auf dem Weg zur Entwicklung befindlichen Welt.
– Die Automation und ihre menschlichen Implikationen ..."[366]

An die Adresse von Kardinal Samoré richtete Dom Helder die Anregung, der Heilige Stuhl möge den Aufgabenbereich der CAL ausweiten und diese Kommission für Lateinamerika in eine solche für die Dritte Welt umwandeln.

Zum Schluss seiner Rede erinnerte er zum einen daran, dass das Seminar bei der Eröffnung noch nicht vollendet sei, und zum andern daran, dass diese Eröffnung am Sonntag des Guten Hirten stattfinde: „Ein unvollendetes Seminar; es ist im Betrieb, aber es ist noch im Aufbau. Erwägen Sie deshalb diesen Wahrheitsspruch: Das Regionalseminar wird gleichzeitig mit dem Nordosten wachsen. Materiell und spirituell werden sie brüderlich vereint wachsen. In diesem so imposant anzuschauenden Haus hoffen wir, der Kirche treu zu bleiben, die in der Armut dienen muss."[367] „Und das Gleichnis vom guten Hirten, das über die Jahrhunderte hinweg gültig ist, verwirklicht sich in jeder Zeit nach deren besonderen Bedürfnissen. Bewahrt dieses als letztes Bild: Wisst ihr, welches das Lamm ist, das Christus auf den Schultern trägt, wenn er heute unsern Weg kreuzt? Man braucht nur die Augen zu öffnen, um zu sehen: Der gute Hirte trägt auf den Schultern die unterentwickelte Welt."[368]

Zusammenfassend können die Hauptanliegen Dom Helders in seiner Rede zur Einweihung des regionalen Priesterseminars von Camaragibe so umschrieben werden:

Zum einen bezeichnete er angesichts unmenschlicher Lebensbedingungen und untermenschlichen Elends, großer Ungerechtigkeiten und der Herrschaft von Reichen mit einer mittelalterlichen Mentalität die Entwicklung als universalstes, wichtigstes und dringendstes Problem der Menschheit. Diese Entwicklung darf seines Erachtens nicht auf einzelne Regionen beschränkt bleiben, sondern muss das ganze Land umfassen und in den Kontext der gesamten Dritten Welt und deren strukturelle Beziehungen zu den entwickelten Ländern gestellt werden. Das Ziel der Entwicklung sah er in einer vollen Humanisierung und einem erfüllten Leben für alle, kritisierte deshalb die Identifikation von Entwicklung mit ökonomischem Wachstum, was ihn allerdings nicht hinderte, die im Vergleich zum gesamtbrasilianischen Durchschnitt hohe Wachstumsrate des Bruttosozialprodukts im Nordosten beiläufig zu erwähnen. Zudem wies er auf die soziale, politische und religiös-übernatürliche Dimension der anzustrebenden Entwicklung hin. In Bezug auf den Weg, der zu dieser Entwicklung führt, betonte er, dass sie nicht von oben durch Technokraten fertig ausgearbeitet dem Volk vorgelegt werden dürfe, sondern von diesem aufgrund eines neuen Bewusstseins mitgestaltet und mitgetragen werden müsse. Er verstand unter Entwicklung den Übergang von einer „weniger menschlichen Phase" als Inbegriff vielfältiger Unterdrückungsstrukturen zu einer „menschlicheren Phase", die von der Befriedigung aller elementaren Lebensbedürfnisse bis zum Glauben an Gott und Jesus Christus sowie zur Ausübung der Nächstenliebe reicht, wobei er diesen Prozess nicht als hemmungslose Modernisierung begriff, wenn er als christliche Dimension der Entwicklung die Aufgabe bezeichnete, aus dem untermenschlichen Elend herauszukommen, ohne der Unmenschlichkeit des Superkomforts und des Superluxus zu verfallen.[369]

Zum andern betonte und rechtfertigte er den Einsatz der Kirche für die Entwicklung, wenn er angesichts des unterentwickelten Nordostens und des bereits begonnenen Entwicklungsjahrzehnts sowohl aus religiöser Überzeugung als auch aus Liebe zu den Menschen die Aufgabe des Priesterseminars und aller Christen um ihrer Glaubwürdigkeit willen – d. h. damit Religion weder als entfremdende Macht bezeichnet noch als Opium des Volkes verdächtigt werden kann – darin sah, für die wirtschaftliche Entwicklung einzutreten und vor allem auf die soziale sowie die religiös-christliche Dimension der Entwicklung hinzuarbeiten, die Bewusstseinsbildung zu fördern und gewerkschaftliche Zusammenschlüsse zu unterstützen, damit das Volk weder der Herrschaft der Technokraten noch der Willkür der Reichen wehrlos ausgeliefert ist. Obwohl er in Bezug auf das entwicklungspolitische Engagement der Kirche grundsätzlich zwischen der Zuständigkeit der Laien und jener der Bischöfe unterschied, indem er diesen die Aufgabe zuwies, die Arbeit jener zu inspirieren und theologisch zu reflektieren, relativierte er diese ekklesiologische Unterscheidung angesichts der Tatsache, dass engagierte Laien als

Kommunisten beschimpft werden insofern, als er die Laien nicht einfach in dem ihnen eigenen Bereich des zeitlichen Engagements auf sich allein gestellt sein lassen wollte, sondern sie der Unterstützung der Bischöfe versicherte. Er wies auf die besondere Verantwortung der Christen für die Entwicklung hin, weil die wohlhabende Minderheit der Welt christlich oder christlichen Ursprungs sei und weil das Christentum im Ruf stehe zu herrschen und auszubeuten, vorgebe zu helfen, den Entwicklungsländern aber lediglich Brosamen überlasse, in der vermeintlichen Absicht, Freiheit und Menschenwürde zu verteidigen, in einem Ausmaß militärisch rüste, dass jede Entwicklungshilfe illusorisch bleibe, die Rohstoffe der Entwicklungsländer schlecht bezahle und aus den armen Ländern mehr herauspresse als sie ihnen an Hilfe gewähre. Damit die Kirche ihre Verantwortung für die Entwicklung besser wahrnehmen kann, schlug er vor, die vatikanische Kommission für Lateinamerika in eine solche für die ganze Dritte Welt umzuwandeln. Seines Erachtens kommt dem Regionalseminar aufgrund seiner Aufgabe, Priester auszubilden, die sich für eine ganzheitliche Entwicklung des Nordostens einsetzen, eine besondere Bedeutung zu, weshalb er sich angesichts des imposanten Seminargebäudes besorgt fragte, ob sich die Kirche darin treu bleiben könne, in der Armut zu dienen.

Zum Dritten wies er zur Begründung des entwicklungspolitischen Engagements der Kirche auf den seines Erachtens unlösbaren Zusammenhang von Evangelisierung und Humanisierung hin, wenn er das Regionalseminar in den konkreten geografischen (Recife im unterentwickelten Nordosten) und historischen (begonnene Entwicklungsdekade) Kontext stellte und von daher die traditionelle Aufgabe eines Seminars, Priester für die Verkündigung heranzubilden, mit der neuen Bestimmung verknüpfte, Priester für die Mitarbeit an einer ganzheitlichen Entwicklung vorzubereiten, weil unter den konkreten Bedingungen des unterentwickelten Nordostens und angesichts der Tatsache, dass das Evangelium nicht abstrakten und überzeitlichen Wesen, die im leeren Raum wohnen, verkündet wird, sondern menschlichen Geschöpfen, die in Raum und Zeit leben, nur theoretisch zwischen dem Einsatz für eine humane Entwicklung und der Verkündigung des Evangeliums unterschieden werden könne. So verstand er die theologische Rede vom geschenkten göttlichen Leben oder der brüderlichen Gleichheit aller, da alle Menschen Kinder desselben himmlischen Vaters seien, als eine den unmenschlichen Charakter der konkreten Verhältnisse aufdeckende Verheißung, die nicht losgelöst und unabhängig von der gesellschaftlichen Wirklichkeit in sich ruhen darf, da sie sonst zu Recht verdächtigt würde, lediglich illusionäre Rede zu sein, sondern die sich erst dann in einem umfassenden und nicht bloß theologisch-dogmatischen Sinn als wahr erweist, wenn sie als Verpflichtung zur Humanisierung der gesellschaftlichen Wirklichkeit begriffen wird und in die befreiende Praxis auf der Seite jener übergeht, die in untermenschlichen Bedingungen leben. Damit bestritt er den Primat des spirituell-religiösen Ausdrucks des Glaubens gegenüber dem welthaft-konkreten Engagement, indem er den christlichen Glauben zentral als jene gesellschaftliche Praxis verstand, die vom unmenschlichen Schicksal der Armen motiviert und durch den Glauben inspiriert im Dienst der ganzheitlichen Entfaltung und der brüderlichen Gleichheit aller steht.

Schließlich ist darauf hinzuweisen, dass Dom Helder in dieser Rede zum ersten Mal die dem marxistischen Vokabular entnommenen Begriffe „Entfremdung" und „Opium des Volkes" verwandte, um daran zu erinnern, dass mit ihnen mögliche Gefahren für die Kirche signalisiert sind, falls diese sich nicht um die Verbesserung der Lebensbedingungen im Nordosten Brasiliens kümmere. Im Zusammenhang mit den Aufgaben des Seminars erwähnte er u. a. auch das Studium von Versuchen eines neuen Sozialismus.

Die Rede Dom Helders anlässlich der Eröffnung des regionalen Priesterseminars von Camaragibe bei Recife löste eine heftige Kontroverse aus und hatte eine Verleumdungskampagne gegen ihn zur Folge. Bei den Behörden stießen vor allem zwei Stellen der Rede auf Kritik. Zum einen seine beiläufig gemachte Anregung, neue Versuche des Sozialismus zu studieren, und zum andern seine Verteidigung der des Kommunismus angeklagten Bischöfe, Priester und Laien.[370] Auch die Presse reagierte auf die Rede. Das konservative Blatt *Estado de São Paulo*, das den Standpunkt der Reichen vertritt, kritisierte Dom Helder in der Nummer vom 6. Mai heftig, wenn es schrieb, die Rede habe einen peinlichen Eindruck hinterlassen und enthalte eine Reihe von Behauptungen, von denen eine beklagenswerter sei als die andere, der Erzbischof von Recife habe seine religiösen Befugnisse überschritten, um eine politische Rede zu halten, und es sei reine Demagogie, Brasilien der Dritten Welt zuzuzählen. Andere Zeitungen bezeichneten Dom Helder als „Analphabeten" oder als „Strohmann der Kommunisten" – wenn er sich auch dessen nicht bewusst sei –, und Vertreter katholischer Organisationen verklagten ihn mit ähnlichen Anschuldigungen beim Nuntius.[371] Angesichts der Kampagne gegen Dom Helder, die sich in Recife auch in Häuserbeschriftungen äußerte, bildete sich eine Solidaritätsbewegung für ihn. In Recife gaben Studenten eine Erklärung gegen die Angriffe auf Dom Helder heraus, in São Paulo lancierte die Studentenvereinigung des Staates eine Unterschriftensammlung, und Gleiches unternahm der lokale Zweig der Bewegung für die Gewaltlosigkeit von Martin Luther King. Der katholische Rechtsanwalt und Gründer der Nationalen Arbeiterfront, Mario Carvalho de Jesu, erklärte, die Kampagne gegen Dom Helder sei Ausdruck des Ärgers jener Katholiken, die die Religion lediglich dazu benützen, um ihre Interessen zu verteidigen.[372]

Hatte Dom Helder innerhalb eines guten Jahres nach dem Militärputsch vor allem in seinen Reden zum Amtsantritt und zur Eröffnung des Regionalseminars engagiert grundlegende Reformen gefordert, für eine Entwicklungspolitik im Dienste der Armen des Nordostens plädiert und sich für die Mitarbeit der Kirche ausgesprochen, so sollte er schon bald in den kommenden politischen Auseinandersetzungen zum Symbol jener ohne Stimme und Zukunft werden.

Im Konflikt mit Militärbehörden, der Regierung und konservativen Kreisen

In chronologischer Reihenfolge wird in diesem Abschnitt auf einige jener Konflikte hingewiesen, die die gespannten Beziehungen zwischen den Militärbehörden und den Konservativen auf der einen und dem für die Armen engagierten Flügel der Kirche sowie den Studenten, Bauern und Arbeitern auf der anderen Seite in den Jahren 1965 bis 1969 kennzeichneten. Dadurch sollen die Auseinandersetzungen Dom Helders mit militärischen Instanzen, mit der Regierung und mit konservativen Kreisen in Gesellschaft und Kirche in einen größeren politischen Kontext gestellt, seine Rolle in den Konflikten zwischen Kirche und Staat und seine Position in den innerkirchlichen Spannungen verdeutlicht sowie jener Hintergrund aufgezeigt werden, vor dem Dom Helder in Reden und andern Verlautbarungen zur politischen und wirtschaftlichen Lage Brasiliens, zur Regierungspolitik sowie zur Aufgabe der Kirche Stellung nahm, wodurch er immer deutlicher zu einem der bedeutendsten Exponenten einer Kirche wurde, die aufgrund ihrer Solidarität mit den Armen und Unterdrückten in Opposition zum herrschenden Regime und zu allen auf Erhaltung des Status quo bedachten gesellschaftlichen, politischen und kirchlichen Kreisen geriet.

Auf der Seite der Arbeiter

Die Rede von Dom Helder anlässlich der Eröffnung des regionalen Priesterseminars von Camaragibe hatte zwar kritische Reaktionen politisch und kirchlich konservativer Kreise ausgelöst, die Beziehungen zwischen Kirche und Staat aber nicht weiter belastet. Ebenso wenig hatten zwei Konflikte zwischen staatlichen Behörden und Vertretern der Kirche im Laufe des Monats Mai eine ernsthafte Krise zur Folge, da sie jeweils nach kurzer Zeit beigelegt werden konnten. Im einen Fall, der als „Ereignisse von Goia" bekannt wurde, hatten ein Priester und drei Bischöfe oppositionelle Gymnasiasten verteidigt[373] und im andern ergriff ein Bischof in einem offenen Brief an den Präsidenten der Republik Partei für Arbeitslose und machte die Regierung für das Schicksal der Arbeiter verantwortlich.[374] Beide Ereignisse zeigten, dass innerhalb der Kirche oppositionelle Kräfte lebendig waren, dass die Regierung gegenüber kritischen Äußerungen z. T. überempfindlich reagierte und dass der Konflikt zwischen Kirche und Staat latent vorhanden war und jederzeit offen ausbrechen konnte. Gleichzeitig wurde die Opposition kirchlicher Kreise gegen die Regierung von den katholischen Integralisten kritisiert, für die die kommunistische Gefahr trotz des Militärputsches noch lange nicht gebannt war, in deren Augen Dom Helder eine führende Rolle im Widerstand gegen die Behörden spielte und die deshalb die Progressiven als „Kohlepapier" Dom Helders bezeichneten.[375]

Die Beziehungen zwischen Kirche und Staat blieben nach den beiden Auseinandersetzungen vom Mai 1965 gut, bis es im Juli 1966 im Nordosten zur ersten ernsthaften Krise seit dem Militärputsch von 1964 kam, in die auch Dom Helder verwickelt war.[376] Dieser hatte bereits im März 1966 seine Vorbehalte gegenüber der Regierungspolitik ausgedrückt, als er sich wegen des politischen Charakters des Anlasses weigerte, eine Messe zum zweiten Jahrestag der Revolution von 1964 zu lesen.[377]

Am 14. Juli veröffentlichten die Bischöfe des Nordostens anlässlich einer Versammlung unter dem Vorsitz von Dom Helder in Recife das Dokument „Aufruf der Bischöfe des Nordostens"[378]. Diese Erklärung stellte eine Antwort der Bischöfe an die ACO und die JAC dar, die im März bzw. im Juli zur Lage der Arbeiter in der Stadt bzw. jener auf dem Lande kritisch Stellung genommen und danach auf Ersuchen der Bischöfe für deren Versammlung Mitte Juli einen zusammenfassenden Bericht über die Situation der Arbeiter im Nordosten verfasst und darin ihre Wünsche an die Adresse der Priester und Bischöfe geäußert hatten.

In ihrer Stellungnahme dankten die Bischöfe den Mitgliedern der Katholischen Aktion für die Berichte und versicherten sie ihres Vertrauens und ihrer Unterstützung. Die Bischöfe bekundeten ihre Solidarität mit den unterdrückten und unter Ungerechtigkeit leidenden Arbeitern und erklärten, es gebe da, wo nicht die Gleichheit aller Menschen verteidigt, nicht das Gemeinwohl vor allem anderen gesucht und die Würde des Menschen nicht über jegliche Ökonomie gestellt werde, weder Entwicklung noch Christentum. Die Bischöfe riefen die Behörden und die Unternehmer zur Mitarbeit am sozialen Fortschritt auf. Sie beklagten und verurteilten alle Ungerechtigkeiten gegenüber den Arbeitern, sei es in Sachen Löhne, Druck auf die Gewerkschaften oder Verletzung der Arbeitsgesetze. Sie erklärten zwar einerseits, die Kirche müsse für alle da sein und die Verurteilung von Ungerechtigkeiten dürfe nicht zur Verschärfung der Gegensätze zwischen Menschen oder Gruppen führen, bekannten aber anderseits, dass ihre Sorge besonders jenen gelte, die das tägliche Brot für ihre Familie nicht verdienen können und die dazu verurteilt scheinen, in untermenschlichen Verhältnissen zu leben. Die Bischöfe ermunterten die Arbeiter, den Gewerkschaften weiterhin zu vertrauen, da die gemeinsamen Interessen nur durch gemeinsames Vorgehen verteidigt werden könnten, und schlossen mit dem Appell: „Richtet euch auf und erhebt eure Häupter; denn eure Befreiung ist nahe' (Lk 21,28)."[379]

Das Dokument wurde zunächst ohne Schwierigkeiten im religiösen Teil einer Lokalzeitung von Recife veröffentlicht, dann aber in der Zeitung *O Jornal do Comércio* heftig angegriffen, weil die Bischöfe darin zu einer Verschwörung anstiften würden. Angesichts dieser Vorwürfe schlug Dom Helder eine Fernsehdebatte zwischen den Bischöfen und Journalisten vor, zog seinen Vorschlag dann aber zurück, um die Gemüter zu beruhigen und den Konflikt nicht noch zu verschärfen.[380] Die Publikation des „Aufrufs der Bischöfe des Nordostens" wurde von den Militärbehörden für kurze Zeit verboten, dann aber wieder zugelassen, worauf das Dokument von der Presse im ganzen Land verbreitet wurde.

Der Konflikt zwischen der Kirche und den Militärbehörden spitzte sich zu, als im August bekannt wurde, dass General Itibiere Gouveia do Amaral Dom Helder in zwei Rundschreiben der

Zusammenarbeit mit kommunistischen Elementen bezichtigt, ihn für den moralischen Zerfall in der Gesellschaft verantwortlich gemacht und sogar mit seiner Verhaftung gedroht hatte, falls er weiterhin dringende Maßnahmen zur Lösung der sozialen Probleme der Region fordern sollte, und als zudem der Erzbischof von Fortaleza erklärte, es sei Druck ausgeübt worden, um Dom Helder als Erzbischof von Olinda und Recife abzuberufen. Am Tag nach der Veröffentlichung der Rundschreiben von General Gouveia do Amaral flog Marschall Castelo Branco persönlich nach Recife, um sich mit Dom Helder zu treffen, und vier Tage später wurde der General versetzt.[381] „Von diesem Augenblick an erreicht[e] das durch diese Affäre erregte Aufsehen ungewöhnliche Ausmaße. Die Stellungnahme zugunsten Dom Helders, die Beschuldigungen der konservativen Kreise, die politischen und militärischen Verwicklungen, der Widerhall im Vatikan, alles dies füllt[e] die erste Seite der Zeitungen fast zwei Monate."[382] Auf der einen Seite griff der konservative Dom Castro Mayer von der TFP alle Bischöfe des Nordostens an und warf ihnen vor, sie würden den Kommunisten in die Hände spielen.[383] Auf der andern Seite erhielten Dom Helder und seine bischöflichen Kollegen Unterstützung von vierzehn Bischöfen, drei verschiedenen Priestergruppen, zwei wichtigen Sprechern der Laien, zwei protestantischen Gruppen, der oppositionellen Brasilianischen Demokratischen Bewegung (MOB) sowie von 20.000 Laien, die innerhalb einer Woche eine Petition unterschrieben hatten. Diese alle erklärten sich mit dem sozialen Engagement der Bischöfe des Nordostens solidarisch und kritisierten die Regierung wegen ihrer Haltung in diesem Konflikt und generell wegen ihrer Politik.[384]

Der Konflikt zwischen Kirche und Staat galt offiziell als beigelegt, nachdem der neue General in Recife, der mit Dom Helder befreundete Souza Aguiar, erklärt hatte, er achte Dom Helder als Friedensstifter, und nach einem Treffen mit Dom Helder am 24. August 1966 am 29. August über ihn sagte, er sei zu einem Schild gegen den Kommunismus geworden und habe das soziale Bewusstsein der Massen geweckt, und hinzufügte, dass die Erklärung der Bischöfe, die den ganzen Konflikt ausgelöst hatte, ein Dokument von großem spirituellem und menschlichem Wert sei.[385]

Der Konflikt hatte ein Zweifaches deutlich gemacht. Zum einen, dass Dom Helder und die Bischöfe des Nordostens nicht so leicht vom übrigen Episkopat isoliert werden konnten und dass die Einheit unter den Bischöfen im Falle einer Bedrohung von außen größer war, als die Regierung angenommen hatte. Zum andern zeigte die unverzügliche Reaktion von Präsident Castelo Branco, dass die Regierung an einer raschen und unauffälligen Beilegung des Konflikts interessiert war.[386]

Im Laufe der Auseinandersetzungen zwischen der Kirche auf der einen und den Militärbehörden und der Regierung auf der andern Seite war Dom Helder nach dem Urteil des Bischofs von Crateus, Dom Antônio Fragaso, in Brasilien zu einem Symbol für jene geworden, die gegenwärtig weder eine Stimme noch eine Chance haben.[387] An Dom Helder schieden sich die Geister, und er forderte die gegensätzlichsten Stellungnahmen heraus, die im August 1966 in verschiedenen Zeitungen erschienen. Auf der einen Seite wurde er vom konservativen Soziologen Gilberto Freyre am 21. und 28. August in zwei Artikeln in der Zeitung *Jornal de Comércio* heftig angegriffen, der ihm seine integralistische Vergangenheit vorhielt und ihn sogar mit Goebbels verglich, wenn er schrieb: „Es scheint, dass Seine Exzellenz von dem berüchtigten Naziführer von dazumal die Kunst der politischen Propaganda und die wirkungsvollen Techniken übernommen hat."[388] Freyre verglich Dom Helder auch mit einem politisch gescheiterten russischen Politiker, wenn er schrieb: „Es gibt in den ausländischen Kreisen Leute, die an Dom Helder als Präsidenten der Republik Brasilien denken. Das wäre der brasilianische Kérenski ..."[389] Wurde Dom Helder auf der einen Seite von Freyre als Faschist und Werkzeug der Kommunisten beschimpft, ergriff auf der andern Seite Alceu Amoroso Lima am 28. und 30. August in zwei Artikeln in der Zeitung *Folha de São Paulo* Partei für ihn: „Die Freimaurerei hat vor einem Jahrhundert versucht, Dom Vital zu vernichten, wie die Plutokratie und der Militarismus heute versuchen, Dom Helder zu vernichten. Die Analogie ist schockierend. Aber die Methoden sind identisch oder ähnlich. ... Ebenso wie Dom Vital den Übergang der konventionellen Kirche in die streitbare und militante Kirche verkörpert hat, so verkörpert Dom Helder den Übergang der streitbaren Kirche zur missionarischen. Er ist das Symbol des größten politischen und sozialen, geistigen und intellektuellen Problems unseres historischen nationalen Momentes: des Zusammenstoßes zwischen den Eliten und der Masse."[390]

Verteidigung und Präzisierung der Position

Dom Helder hatte Gilberto Freyre auf dessen ersten Artikel geantwortet und dabei kurz erklärt, er habe keine Vorurteile gegen die Regierung, außer dass er viel weiter gehe als diese und in Sachen Revolution größere Forderungen stelle.[391] Als er kurzfristig eingeladen wurde, am 27. August 1966 in Salvador im Staat Bahia an der Schlussfeier eines Kurses der Wirtschaftskommission der UNO für Lateinamerika (CEPAL) eine Rede zu halten, nahm er diese Gelegenheit wahr, um auf das seines Erachtens wichtigste Problem der Gegenwart, die weltweit bestehenden Ungerechtigkeiten, hinzuweisen, zu deren Beseitigung aufzurufen und so seine Position zu erläutern.[392] Er tat dies als „Fachmann in Menschlichkeit", würdigte die Initiative der CEPAL zur Durchführung der ersten UNCTAD-Konferenz vom März bis Juni 1964 in Genf, beklagte den auf dieser Konferenz von der UdSSR und den USA an den Tag gelegten Egoismus und erklärte, noch dringender als die Vernichtung der Vorräte an Atomwaffen sei die Beseitigung der Ungerechtigkeiten zwischen der entwickelten und der unterentwickelten Welt. Dann zitierte er aus der Pastoralkonstitution *Gaudium et spes* den Abschnitt 86 c, wo von der Aufgabe der internationalen Gemeinschaft die Rede ist, die wirtschaftliche Entwicklung nach der Norm der Gerechtigkeit zu ordnen, und angeregt wird, geeignete Institutionen zu gründen, um den internationalen Handel zu organisieren und zu fördern, damit die aufgrund der allzu großen Machtunterschiede zwischen den Völkern vorhandenen Unzuträglichkeiten ausgeglichen werden. Im Anschluss daran bekannte er sich zum Glauben an die Wirksamkeit von Ideen, wobei er als Beispiele an den Kampf gegen die Sklaverei und die Errungenschaften der Arbeiter erinnerte und in Bezug auf die gegenwärtige Situation feststellte: „Es gibt zwingende Gründe dafür, dass Don Quichote von Neuem auf dem Kampfplatz erscheint. Und nur die naiven und fantasielosen Leute glauben noch immer, dass ‚Don-Quichotismus' gleichbedeutend sei mit Idealismus ohne praktische Folgen. Denn die Ideen sind es, die die Welt lenken. Es ist also dringend notwendig, eine weltweite Kampagne für die Abschaffung der Sklaverei zu beginnen, das heißt, dass die politische Unabhängigkeit der Völker durch ihre wirtschaftliche Unabhängigkeit ergänzt werde – nicht nur für einige wenige soziale Schichten oder für einige Gegenden der Erde, sondern für den Menschen überhaupt, für alle Menschen. Das ist deswegen von größter Wichtigkeit, weil es keine Übertreibung ist zu sagen, dass der Weltfriede auf dem Spiel steht. [...] Man muss zeigen, dass die demokratischen Methoden etwas wert sind. Es ist unerlässlich, ungeheure Anstrengungen zu machen, um die Völker vor den jammervollen und unmenschlichen Bürgerkriegen zu retten und die Menschheit von einem weltweiten Konfliktstoff zu befreien, dessen Folgen nicht abzusehen sind."[393] Im Weiteren rief Dom Helder die Universitäten, die Massenmedien, die Kirchenleitung und die Intellektuellen, die Arbeitgeber und Arbeitnehmer sowie die führenden Politiker auf, ihre je spezifische Verantwortung im Kampf für eine weltweite Gerechtigkeit wahrzunehmen.

Hatte sich Dom Helder in diesem Vortrag Ende August zu seiner Vision vom Kampf aller Verantwortlichen zur Überwindung der Ungerechtigkeiten im internationalen Handel und der von ihm als internen Kolonialismus bezeichneten Abhängigkeiten in den unterentwickelten Länder im Geiste Don Quijotes bekannt sowie am 19. September in Rio de Janeiro vor der Presse erklärt, er bekämpfe den Kommunismus, indem er die Unterentwicklung bekämpfe,³⁹⁴ verfasste er im Hinblick auf die 10. Jahreskonferenz der lateinamerikanischen Bischofskonferenz in Mar del Plata (Argentinien) vom 9. bis 16. Oktober 1966 eine ursprünglich als Rede vorbereitete, dann aber schriftlich ausgeteilte Studie mit dem Titel „Präsenz der Kirche in der Entwicklung Lateinamerikas", in der er seine Beurteilung der Situation in Lateinamerika und seine Auffassung von der Aufgabe der Kirche erläuterte sowie einige konkrete Vorschläge für die Lösung der anstehenden Probleme zur Diskussion stellte.³⁹⁵

In Bezug auf die Verantwortung der Kirche angesichts der Probleme in Lateinamerika erklärte er in seiner Studie: „Die soziale Revolution, deren die Welt bedarf, ist kein bewaffneter Staatsstreich, sind keine Guerillas, ist kein Krieg. Sie ist ein tiefer und durchgreifender Wandel, der die göttliche Gnade und eine weltweite Bewegung der öffentlichen Meinung voraussetzt. Eine solche Bewegung kann und muss von der Kirche in Lateinamerika und von der Weltkirche Hilfe, Anstoß und Ermutigung erhalten. [...] Von dem Augenblick der Entdeckung Lateinamerikas an haben sich Wachstum und Entwicklung unserer Gesellschaft unter dem Einfluss der Kirche vollzogen. [...] Aus dieser Tatsache ergibt sich für die Kirche eine unbestreitbare Verantwortlichkeit angesichts der neuen Herausforderung. [...] Sie hat [...] die Aufgabe, die kollektive Sünde aufzuzeigen, die ungerechten und stagnierenden Strukturen [...]. Die Erfüllung dieser Mission fordert von der Kirche, dass sie sich bemüht, sich radikal zu reinigen und zu bekehren. Ihre Beziehungen zu den unterentwickelten Massen, zu den verschiedensten Gruppen, zu Organisationen aller Art müssen immer mehr Beziehungen der Dienstleistung werden. Ihre Stärke muss immer weniger in der Stärke des Ansehens und der Macht bestehen und immer mehr in der Stärke des Evangeliums, das im Dienste der Menschen steht."³⁹⁶ Als Hauptprobleme Lateinamerikas bezeichnete Dom Helder zum einen die Unterentwicklung und nicht die Frage der Priesterberufe,³⁹⁷ zum andern den internen Kolonialismus, der sich in der Abhängigkeit unterentwickelter Regionen, in denen die Mehrheit der Landbevölkerung noch wie im Mittelalter lebt, von entwickelten Regionen im selben Land zeigt,[398] zum Dritten die Ungerechtigkeiten in den Beziehungen zwischen entwickelten und unterentwickelten Ländern, die darin bestehen, dass die unterentwickelten Länder wegen der ihnen aufgezwungenen Rohstoffpreise mehr verlieren, als sie an Hilfe von den entwickelten Ländern erhalten, und dass die entwickelten Länder mehr Kapital aus den unterentwickelten Ländern abziehen, als sie dort investieren[399], und schließlich die Tatsache, dass die Länder Lateinamerikas zwar seit mehr als einem Jahrhundert politisch unabhängig sind, aber noch immer einen verzweifelten Kampf um ihre wirtschaftliche Unabhängigkeit führen.[400]

Voraussetzung zur Lösung dieser Probleme war für Dom Helder eine umfassende Bewusstseinsbildung sowohl in den entwickelten als auch in den unterentwickelten Ländern, d. h., dass die betroffenen Menschen selbst zum Subjekt der Entwicklung und der Veränderung werden müssen: „Es handelt sich darum, den Menschen auf die Füße zu stellen, seine Initiative, seine Fähigkeit zu gemeinschaftlicher Arbeit, seine Führungsqualitäten zu wecken und ihn daran zu gewöhnen, nicht alles von der Regierung zu erwarten. [...] Wer in allem von anderen abhängig, wer ein Paria ist, Gegenstand karitativer Fürsorge, aber nicht Subjekt des Rechts und der Gerechtigkeit; wer dem guten oder bösen Willen eines allmächtigen Grundherren ausgeliefert ist [...], der nimmt am Ende die Haltung eines Sklaven an. Wie sollte er auch nicht dem Fatalismus verfallen? Wie sollte er heute der Entmutigung, der Verzweiflung, der Erniedrigung entgehen – und morgen der Auflehnung? Das kann nicht durch reine Alphabetisierung geschehen, selbst dann nicht, wenn sie durch ein Scheinrecht auf Wahlbeteiligung ergänzt wird."[401]

Mit seiner Forderung, die soziale Revolution, d. h. eine umfassende Entwicklung und die Überwindung der Ungerechtigkeiten, müssten von einem neuen Bewusstsein des Volkes getragen sein und von diesem selbst organisiert und durchgeführt werden, war Dom Helder in Mar del Plata zwar nicht allein, doch stand seiner aufgrund der Erfahrungen mit den Bewegungen der Cultura popular im Nordosten Brasiliens entwickelten Konzeption eine andere gegenüber, die sich in den Konferenzbeschlüssen praktisch durchsetzte und die so charakterisiert werden kann: „Als handelndes Subjekt der Entwicklung ist in erster Linie an den Staat gedacht, mit dem die Kirche in einzelnen Programmen und Projekten zusammenarbeiten und den sie supplementär vertreten kann."[402] Eine noch größere Differenz zwischen der von Dom Helder vorgelegten Studie und den Konferenzbeschlüssen zeigte sich darin, „dass sich in den Ausführungen von H. Câmara eine Auseinandersetzung mit dem Problem der ungleichen Entwicklung innerhalb der Entwicklungsländer und eine Analyse der weltwirtschaftlichen Abhängigkeiten findet – in den Konferenzbeschlüssen hingegen nicht"[403].

Die von den Bischöfen in Mar del Plata verabschiedete Schlusserklärung wurde in der lateinamerikanischen Presse recht zurückhaltend aufgenommen und von einer chilenischen Zeitschrift als „Orangensaft angesichts des Elends in Lateinamerika" kritisiert, wogegen ein Teil der konservativen Presse in Brasilien – vor allem der *Estado de São Paulo* – auf die Differenz zwischen der seines Erachtens vernünftigen und gemäßigten Erklärung des CELAM und der Haltung der progressiven Bischöfe – vor allem jener Dom Helders – hinwies.[404]

„Erklärung einiger Bischöfe der Dritten Welt" und weitere Stellungnahmen

Nachdem zwischen der Kirche und den Militärbehörden während der letzten Monate der Regierung Castelo Branco ein gutes Einvernehmen geherrscht hatte und dieses auch noch zu Beginn der Regierung Costa e Silva, die ihr Amt am 15. März 1967 antrat, weiterbestand, sollte es sich im Laufe des Jahres 1967 wieder verschlechtern.

Als zu Ostern am 26. März die Enzyklika *Populorum progressio* von Papst Paul VI. veröffentlicht wurde, stieß sie sowohl bei der Regierung als auch in der Kirche auf begeisterte Zustimmung.[405] Dom Helder nahm das Erscheinen der neuen Enzyklika zum Anlass, die Initiative zur „Erklärung einiger Bischöfe der Dritten Welt" – nach dem Urteil von H.-J. Prien eine der bemerkenswertesten Reaktionen auf diese Enzyklika[406] – zu ergreifen. Die unterzeichnenden Bischöfe aus verschiedenen Ländern Lateinamerikas, Asiens, Afrikas und Europas (allein acht stammten aus Brasilien[407]) wollten sich mit ihrer am 15. August veröffentlichten Erklärung[408] dem Appell Papst Pauls VI. in seiner Enzyklika anschließen, die Aufgabe der Priester und Gläubigen angesichts des Kampfes von Völkern für ihre Entwicklung umschreiben und einige ermutigende Worte an alle ihre Brüder in der Dritten Welt richten.

Zunächst erklärten die Bischöfe, dass die Völker der Dritten Welt das Proletariat der gegenwärtigen Menschheit bilden, dass diese von den Großen ausgebeutet und in ihrer Existenz durch jene bedroht würden, die sich das Recht anmaßen, Richter und Polizisten der materiell Ärmeren zu sein, nur weil sie die Stärkeren sind.[409] Die Bischöfe stellten fest, dass Revolutionen in der gegenwärtigen Situation der Welt keine Überraschungen darstellten. Alle heutigen Regierungen seien einmal aus einer Revolution hervorgegangen, aus dem Bruch mit einer Ordnung also, die das Gemeinwohl nicht mehr garantiert hatte. Die Bischöfe fragten nach der Haltung der Christen angesichts der Weltlage und wiesen darauf hin, dass das Evangelium die erste und radikale Revolution fordere, da es eine vollständige Bekehrung verlange, die allerdings nicht bloß spirituell und persönlich gemeint sei, sondern den ganzen Menschen umfasse und deswegen eine soziale Dimension habe.[410] Die Bischöfe stellten weiter fest, dass die Kirche immer mit politischen, sozialen und ökonomischen Systemen verbunden sei, dass sie sich aber nie mit einem bestimmten System verheiraten dürfe, vor allem nicht mit dem Imperialismus des internationalen Kapitals, ebenso wenig allerdings mit irgendeinem Sozialismus. Da, wo ein System aufhöre, dem Gemeinwohl zu dienen, müsse sich die Kirche von ihm lösen.[411] Die Kirche habe zwar seit einem Jahrhundert den Kapitalismus und dessen den Propheten und dem Evangelium widersprechende Praktiken toleriert. Die Christen hätten aber die Aufgabe zu zeigen, dass der wirkliche Sozialismus in einem umfassend gelebten Christentum bestehe, in der gerechten Verteilung der Güter und in der fundamentalen Gleichheit aller Menschen. Die Kirche freue sich deshalb angesichts einer neuen Menschheit, in der das Geld nicht mehr in den Händen einiger weniger sei, sondern den Arbeitern und Bauern gehöre. Sie freue sich auch angesichts von Entwicklungen im sozialen Leben, die der Arbeit den ihr gebührenden ersten Platz einräume.[412] Die Bischöfe der Dritten Welt sprachen sich dafür aus, dass das Volk der Armen und dass die Armen des Volkes auf sich selbst und auf ihre eigenen Kräfte statt auf die Hilfe der Reichen vertrauen. Die Armen müssten ihre Entwicklung selbst in die Hand nehmen und sich zusammenschließen, da sie nur so stark seien. Die Religion sei nicht Opium für das Volk, sondern eine Kraft, die die Einfachen erhöhe und die Stolzen erniedrige, die den Hungernden Brot und den Satten Hunger gebe.[413] Zum Schluss forderten die Bischöfe die Regierungen auf, jenem Klassenkampf ein Ende zu bereiten, den – entgegen der landläufigen Meinung – die Reichen sehr oft dadurch aufrecht erhalten, dass sie die Arbeiter durch schlechte Entlöhnung und unmenschliche Arbeitsbedingungen ausbeuten. Das Kapital führe seit Langem auf der ganzen Welt einen subversiven Krieg, indem es ganze Völker massakriere. Die Erklärung der Bischöfe der Dritten Welt schloss mit jenem Aufruf, den die Bischöfe des brasilianischen Nordostens am 14. Juli 1966 bereits an die Mitglieder der Katholischen Aktion gerichtet und worin sie die engagierten Christen dazu aufgerufen hatten, standhaft und furchtlos zu bleiben, als Zelle des Evangeliums in der Welt der Arbeiter zu wirken und auf das Wort Christi zu vertrauen: „Richtet euch auf und erhebet eure Häupter, denn eure Befreiung ist nahe.' (Lk 21,28)."[414]

Ebenfalls im Zusammenhang mit der Enzyklika *Populorum progressio* hielt Dom Helder am 19. Juni 1967 an der Katholischen Universität von São Paulo einen Vortrag,[415] in dem er u. a. fragte und erklärte: „Wie lange noch wird Lateinamerika sich zwingen lassen, seine Schwester Kuba als exkommuniziert zu betrachten? [...] Wer ein Volk in bedrängter und ausweglöser Lage belässt, ist für die Abweichungen verantwortlich, zu denen es getrieben wird. Man wird sagen, einen Dialog mit Kuba führen bedeutet, Lateinamerika der schrecklichen Gefahr der ‚Kubanisierung' aussetzen [...]. Wie lange noch werden wir so naiv sein zu vergessen, dass Kuba isolieren und es wegen der Ausübung seines Selbstbestimmungsrechtes, das wir theoretisch verkünden, bestrafen heißt, es immer mehr in den Bannkreis des sowjetischen Imperialismus geraten lassen und so, vor allem für die Jugend, den Mythos von Kuba als einem Modell der Revolution und der Lösung des Problems der Unterentwicklung schaffen?"[416] Erstaunlicherweise gab es auf diese nach dem Urteil von Ch. Antoine aufsehenerregende Erklärung keine Reaktion politischer oder militärischer Kreise. Dies verwundert umso mehr, als Dom Antônio Fragoso eine Welle der Empörung auslöste, als er in einem Interview erklärte, der Mut des kleinen Kuba könne ein Symbol und ein Aufruf für die Befreiung Lateinamerikas sein.[417]

Dagegen kam es zu einem Zwischenfall, als Dom Helder am 25. September 1967 anlässlich der Verleihung der Ehrenbürgerschaft von Pernambuco in Recife eine Rede hielt und darin an einen großen Helden im Kampf gegen die schwarze Sklaverei erinnerte, um einige kritische Bemerkungen über die Zustände im Nordosten zu machen. Er sagte u. a.: „Wenn morgen Joaquím Nabuco nach Recife käme und zum Beispiel unsere Zuckergegend durchzöge, würde er da nicht die Notwendigkeit verspüren, den Abolitionistenfeldzug von Neuem zu eröffnen? Wie würde er auf die so oft zurückbehaltenen Löhne reagieren? Was würde er sagen angesichts des Wegfalls der bezahlten Entlohnung, des dreizehnten Monatsgehalts und sogar der Abschaffung der erreichten Sicherheiten, was angesichts der konkreten Unmöglichkeit für die Menschen unseres Landes, die täglichen Arbeiten zu bewältigen, die offensichtlich ihre Kräfte übersteigen? Würde Nabuco wohl glauben, dass es noch immer Menschen gibt, die den Arbeitern untersagen, Schulen zu besuchen und den Gewerkschaften beizutreten?"[418] Dom Helder wurde während seiner Rede dreiundzwanzig Mal durch Beifall unterbrochen. Dagegen verließ der Oberkommandierende der 4. Armee aus Protest und in Verletzung des Protokolls den Saal, ohne Dom Helder zu grüßen, und die Stadtverwaltung von Recife sowie Großgrundbesitzer und Industrielle protestierten gegen die Rede.[419] Als der Chef der 4. Armee kurz danach ebenfalls Ehrenbürger von Pernambuco wurde, erklärte er in Anspielung auf die Rede Dom Helders, die Massen seien an sich gutmütig und würden nur aufgrund aufrührerischer und falscher Prediger revoltieren.[420]

Hatten weder die „Erklärung einiger Bischöfe der Dritten Welt" trotz der darin enthaltenen profilierten Stellungnahmen zur Frage der Revolution, zum Kapitalismus und zum Klassenkampf noch der Vortrag Dom Helders, in dem er sich gegen die Isolation Kubas ausgesprochen hatte, kritische Reaktionen ausgelöst, und hatte seine Rede in Recife über die sklavenähnlichen Zustände im Nordosten lediglich einen lokal beschränkten Konflikt zur Folge gehabt, so kam es im November in der „Affäre von Volta Retonda", zur schwersten Auseinandersetzung zwischen Kirche und Staat seit der „religiösen Frage" in den 70er-Jahren des 19. Jahrhunderts.[421] Dom Helder war zwar nicht persönlich an diesem Konflikt beteiligt, doch wurde er für ihn insofern bedeutsam, als er die Solidarität in der Kirche verstärkte und deutlich machte, dass Dom Helder mit seiner kritischen Haltung der Regierung gegenüber innerhalb der Kirche nicht allein dastand. Zudem wurde die Zentralkommission der CNBB durch diesen Konflikt veranlasst, sich zum ersten Mal seit 1963 wieder zu sozialen Fragen zu äußern. Sie nahm jene „großen Intuitionen [...] auf, welche die Bewusstwerdung der brasilianischen Kirche in den Jahren 1962 und 1963 gekennzeichnet hatten"[422]. Die „Affäre von Volta Retonda" stellte einen Wendepunkt in der Geschichte der Beziehung zwischen der Kirche und dem Staat dar, weil von da an das „Bewusstsein in der brasilianischen Kirche wuchs, in Opposition zu dem regierenden System zu stehen"[423].

Subversiv und von Dom Sigaud zur Verhaftung empfohlen

Nachdem es in der Affäre von Volta Retonda zur bisher schwersten Krise im Verhältnis zwischen Kirche und Staat gekommen und sich die Kirche ihrer kritischen Haltung dem Regime gegenüber bewusster geworden war, sollten im Laufe des Jahres 1968 nicht nur die Beziehungen zwischen Kirche und Staat schwieriger werden, sondern auch die Konflikte der Studenten, Arbeiter und Bauern mit dem Militärregime zunehmen, da sich nach den Studenten, die bereits 1966 politisch aktiv geworden waren, nun auch die Arbeiter und Bauern von den Verfolgungen im Anschluss an den Staatsstreich von 1964 wieder so weit erholt hatten, dass sie gegen die Regierung vorgehen konnten, wobei die Kirche die Studenten, Arbeiter und Bauern z. T. unterstützen sollte.[424]

Im Januar wurden Kritiker der sozial engagierten Bischöfe des Nordostens auf den Plan gerufen, als ein Finanzskandal aufflog, in den zehn Bischöfe der Region verwickelt waren.[425] Obwohl Dom Helder mit der Angelegenheit nichts zu tun gehabt hatte, wurde er trotzdem zusammen mit Dom Agnelo Rossi als Lügner hingestellt, weil er angeblich schon lange um den Skandal gewusst hätte, aber nichts davon habe verlauten lassen.[426] Am 26. Januar dagegen war Dom Helder Ursache eines Streites im Nordosten, als er in einer in Carpina gehaltenen Rede die im Dienste der Großgrundbesitzer stehenden käuflichen Advokaten als „Geschwüre" bezeichnete und daraufhin vom lokalen Advokatenverband in einen Prozess verwickelt wurde. Die Episode hatte die gewohnten Angriffe und Solidaritätserklärungen zur Folge.[427]

Ende März kam es im Süden Brasiliens zu einer schweren politischen Krise, aus der sich Dom Helder heraushielt und in deren Verlauf es zum vollständigen Bruch der Studenten mit der Regierung kam, den die Kirche durch Vermittlung zwischen den Parteien zwar zu verhindern suchte, dabei aber scheiterte.[428]

Nachdem die Studenten gegen die Regierung rebelliert hatten, kam es am 1. Mai in São Paulo zu einer Auseinandersetzung zwischen dem Militärregime und den Arbeitern, in deren Verlauf auch Priester verhaftet wurden.[429]

In einem weiteren Konflikt setzte sich ein Weihbischof für den verhafteten Leiter der Bewegung für die christliche Familie (MCF) ein,[430] und ein anderer Weihbischof zog sich die Kritik der Militärs zu, als er in einer Predigt die unfreiheitlichen Zustände in Brasilien anprangerte.[431]

Im Juni wurde Dom Helder in einen Konflikt verwickelt, als aus dem Zusammenhang gerissene Teile eines auf seine Veranlassung hin von P. José Comblin im Hinblick auf die Konferenz des CELAM in Medellín (Kolumbien) verfassten Arbeitspapiers mit dem Titel „Anmerkungen über das Grunddokument der 2. Allgemeinen Konferenz des CELAM" durch Indiskretion des mit Dom Helder verfeindeten Wandervolk Wanderlei in die Öffentlichkeit gelangten.[432] Der Belgier Comblin, der zu jener Zeit theologischer Berater Dom Helders war und als Professor am Theologischen Institut von Recife lehrte, ging in seinem Dokument von einer soziopolitischen Analyse der lateinamerikanischen Situation aus und legte seinen Überlegungen die These zugrunde, „dass nur in Mexiko und Kuba die Vorbedingungen der Entwicklung verwirklicht seien: die Sozialrevolution. In allen anderen lateinamerikanischen Staaten [...] müssten zunächst die aristokratischen, feudalistischen Machtstrukturen abgeschafft werden."[433]

Er zählte dann zwölf Elemente der kirchlichen Unterentwicklung auf, die beseitigt werden müssten: Die fehlende Unterstützung der Landbevölkerung und der städtischen Randsiedler durch die Kirche, deren Solidarität mit den herrschenden Gruppen, die schlechte Organisation nach europäischem Muster, Abhängigkeit von ausländischen Geldgebern, schlechte Güterverwaltung, das kirchliche Erziehungswesen im Dienst der Oberschicht, schlechte Behandlung der eigenen Angestellten, neue Kirchenbürokratie, Abwanderung von Priestern nach Europa, primitive Religionslehre ohne Bezug zur Entwicklung und die fehlenden Arbeitsmöglichkeiten von Laien der Unterschicht in den kirchlichen Strukturen. Comblin plädierte in seinem Arbeitspapier für die Heranbildung von charismatischen Führern und kleinen zur Machtergreifung entschiedenen Gruppen durch die Kirche.[434]

Nach der Veröffentlichung der Auszüge des Arbeitspapiers wurden Dom Helder und J. Comblin von konservativen Kreisen als subversiv und eine Gefahr für die nationale Sicherheit bezeichnet sowie als Drahtzieher einer kommunistischen Unterwanderung des Klerus verdächtigt. Die Zeitung *O Globo* schrieb am 17. Juni spöttisch, wenn der Bericht von Comblin ein theologischer Text sei, dann sei das rote Büchlein von Mao eine Abhandlung über den Quietismus.[435] Die Vereinigung „Familie, Tradition, Eigentum" veranstaltete als Protest gegen die Thesen Comblins eine Unterschriftensammlung, in deren Verlauf 1,6 Millionen Unterschriften zusammenkamen.[436] Comblin wurde aber von kirchlichen Kreisen und von Intellektuellen auch unterstützt, die geltend machten, dass es sich bei seinem Dokument lediglich um ein Arbeitspapier gehandelt habe, dessen Publikation deshalb rechtswidrig gewesen sei, und die darauf hinwiesen, dass sich das Dokument auf die Frage nach dem Verhältnis der Kirche zur politischen Wirklichkeit beschränkt habe.[437]

Gegen Dom Helder agitierte nach der Veröffentlichung der Thesen seines theologischen Beraters vor allem der Erzbischof von Diamantina, Dom Geraldo Proença Sigaud, der am 20. August 1968 vor den Offizieren der Vila Militar in Rio einen Vortrag hielt, in dem er ausgehend von den Versuchungen Christi in der Wüste die kommunistische Infiltration in der Kirche anklagte und die Militärbehörden ausdrücklich aufforderte, Dom Helder zu verhaften, und ihnen zudem empfahl, dabei klug und überlegt vorzugehen, da Dom Helder gerissen und bösartig sei.[438] Die Rede Dom Sigauds mit der Aufforderung zur Verhaftung Dom Helders stieß bei einzelnen Bischöfen und Priestern auf heftige Kritik. Der Abt des Klosters vom heiligen Benedikt in Salvador war nach der Rede Dom Sigauds bestürzt und erklärte, dieser betreibe offensichtlich eine Kampagne „zur psychologischen Vorbereitung der Verhaftung Dom Helders, dessen Einfluss in der Kirche, die unabhängig von bedrückenden Oligarchien ist, nicht abzustreiten ist, und ihm wird dabei ständig von einem hohen Mitglied des Nationalen Sicherheitsrates assistiert"[439]. Angesichts der Aktivitäten Dom Sigauds und der TFP wurde die Zentralkommission der CNBB aufgefordert, dagegen Stellung zu beziehen, konnte sich aber bei ihrer Sitzung vom 25. Oktober nur zu einer sehr allgemein gehaltenen Erklärung gegen konservative Tendenzen entschließen.[440]

Die Affäre, die durch die Veröffentlichung der Thesen J. Comblins ausgelöst worden war, hatte für Dom Helder neben den Verdächtigungen und Beschimpfungen insofern Konsequenzen, als er anlässlich der Generalversammlung der CNBB im Juli nicht mehr zum Vorsitzenden des Nationalsekretariats für Soziale Aktion gewählt wurde.[441]

Zu einem weiteren Konflikt zwischen Kirche und Staat kam es im Juli in São Paulo, als sich der französische Arbeiterpriester der Mission Peter und Paul, Pedro Wauthier, weigerte, der Aufforderung einer Unternehmensleitung nachzukommen, während des Streiks eine Messe in der Fabrik zu lesen und streikende Arbeiter zum Abbruch ihres Ausstandes zu bewegen, sondern selbst mitstreikte, worauf er verhaftet, gefoltert und am 27. August als erster ausländischer Priester aus Brasilien ausgewiesen wurde, was heftige Proteste zur Folge hatte, da mit Pater Wauthier nicht nur ein einzelner Priester, sondern eine Kirche getroffen werden sollte, die sich mit unterdrückten und ausgebeuteten Arbeitern solidarisiert hatte.[442]

Nachdem die Studenten Ende März und die Arbeiter Anfang Mai wieder politisch aktiv geworden waren, rebellierten im August 1968 achtzig Pächterfamilien von Santa Fé do Sul gegen die Grundbesitzer, weil diese sie von ihren Feldern vertreiben wollten und ihnen die Pachtverträge gekündigt hatten. Die Mehrheit der Priester der Region sowie Bischof Hortuis unterstützten die Bauern in ihrem Kampf, konnten deren Vertreibung wohl hinausschieben, jedoch auf die Dauer nicht verhindern. Immerhin erreichten die Bauern zusammen mit Vertretern der Kirche, dass ihnen im Inneren des Landes neue Ländereien zur Verfügung gestellt wurden.[443]

Bewegung der Gewaltlosigkeit zur Veränderung der Strukturen

Angesichts eines Klimas weltweit wachsender Gewalt hatte sich Dom Helder am 25. April 1968 in einer Rede in Paris persönlich zur Gewaltlosigkeit bekannt, zugleich aber erklärt, die Erinnerungen an Camilo Torres und Che Guevara verdienten ebensolche Achtung wie jene an Pastor Martin Luther King.[444] In der Folge ging er daran, eine Idee zu realisieren, von der er bereits in einer Rede am 28. November 1965 in Amsterdam gesprochen hatte: die Gründung einer Bewegung der Gewaltlosigkeit, mit deren Hilfe er jene Strukturen zu verändern hoffte, die der ganzheitlichen Befreiung aller Menschen entgegenstehen. Anlässlich der Generalversammlung der CNBB in Rio unterzeichneten am 19. Juli 1968 Dom Helder und zweiundvierzig Bischöfe einen Pakt, in dem sie sich verpflichteten, den Menschenrechten zur Anerkennung zu verhelfen und gewaltlos für die Reform der wirtschaftlichen, politischen und sozialen Strukturen einzutreten.[445] Die Bewegung wurde zunächst „Moralisch befreiender Druck" genannt, hatte in Recife ihr Koordinationszentrum und gab einige Hefte heraus, in denen ihr Selbstverständnis umschrieben, auf die Menschenrechte hingewiesen, an das Beispiel Gandhis erinnert und einige konkrete Anregungen gemacht wurden.[446] Am Jahrestag der Ermordung Gandhis, am 2. Oktober 1968, wurde die in „Aktion Gerechtigkeit und Friede" umbenannte Bewegung auf nationaler Ebene lanciert. Dies geschah in Recife im Rahmen einer Abendveranstaltung, an der dreitausend Personen teilnahmen und an der die Aktion sowie deren Ziele auf Spruchbändern, mit Sprechchören und szenischen Darbietungen vorgestellt wurden.[447] Im Laufe des Abends hielt Dom Helder eine Rede, in der er auf die installierte Gewalt kleiner, privilegierter Gruppen in Lateinamerika hinwies, die für die untermenschliche Lage vieler verantwortlich seien, Regierungen anklagte, die, ohne es zu wissen, die Explosion der schlimmsten Bombe, der M-Bombe, der Bombe der Misere, vorbereiteten, da sie die Bewusstseinsbildung der Massen verhinderten und den Protest der Jugend und der Arbeiter unterdrücken, in der er auf einige Artikel der UNO-Menschenrechtserklärung hinwies und in der er die Strategie der Bewegung erläuterte, sich in kleinen Gruppen zusammenzuschließen und aktiv zu werden.[448]

Dom Helder wurde im Anschluss an den Start der „Aktion Gerechtigkeit und Friede" von der Bewegung „Tradition, Familie und Eigentum" angegriffen, und es wurde ihm vorgeworfen, sich mit Fragen der Gewalt zu beschäftigen.[449] Bereits vor dem 2. Oktober wurden in Recife im Hinblick auf den Start der Bewegung Dom Helders Flugblätter verteilt, auf denen es hieß: „Kommt euch den Teufel ansehen und protestiert!"[450]

Die Grundanliegen der „Aktion Gerechtigkeit und Friede" fasste Dom Helder kurz nach deren Start zusammen, wobei er auch auf die politische Bedeutung der Bewegung hinwies: „Auf der Basis der Gewaltlosigkeit unter Ausübung moralischen Drucks soll allmählich eine Veränderung der Strukturen herbeigeführt werden. Wir haben zunächst zwei Schwerpunkte gewählt: 1. Agrarreform, 2. Universitäts- und Schulreform. Ein drittes Thema steht noch zur Debatte; wahrscheinlich wird es ‚Arbeiter- und Gewerkschaftsprobleme' heißen. Für das Funktionieren der Bewegung haben wir folgendes System ausgearbeitet: Nur Gruppen, nicht ein Einzelner, können der Bewegung beitreten. Der Grundgedanke ist der, dass man sich erst einmal in einer kleinen Kommunität bewährt haben muss [...]. Diese Gruppen werden praktisch und theoretisch geschult. So muss etwa jede Gruppe eine Reihe von Fällen ernster, kollektiver Ungerechtigkeit auffinden und selbst Mittel und Wege erarbeiten, diesen Ungerechtigkeiten auf gewaltlose Weise zu begegnen [...]. Ich persönlich glaube, dass die Bewegung eine Zukunft hat. Zumindest beginnt sie schon so stark zu beunruhigen, dass die Regierung ernsthaft überlegt, sie zu verbieten."[451]

Die Erwartungen, die Dom Helder in die „Aktion Gerechtigkeit und Friede" gesetzt hatte, sollten allerdings nicht in Erfüllung gehen. Die Bewegung konnte sich vor allem deshalb nicht durchsetzen, weil sie nach dem Erlass des Institutionellen Akts Nr. 5 am 13. Dezember 1968 unmöglich gemacht wurde.[452]

Gegen die Politik der Regierung und Angriffe von konservativer Seite

Unter dem Vorwand, es stehe unmittelbar ein kommunistischer Staatsstreich bevor, und unter dem Druck des Militärs erließ die Regierung Costa e Silva, die sich angesichts des unzufriedenen Volkes und der schlechten Wirtschaftslage eingestehen musste, dass die „Revolution von 1964" ihre Ziele bei Weitem nicht erreicht hatte, am 13. Dezember 1968 die Verfassungsurkunde Nr. 5, nachdem es der Kongress abgelehnt hatte, die parlamentarische Immunität des Abgeordneten Marcio Moreira Alves wegen dessen armeekritischer Rede aufzuheben. Durch diese Verfassungsurkunde wurde in Brasilien die Diktatur in der Diktatur errichtet und erfolgte der Staatsstreich im Staatsstreich; denn aufgrund dieses Erlasses wurde der Kongress aufgelöst, die legale Opposition ausgeschaltet, der Regierung unbeschränkte Vollmachten übertragen, die Pressezensur eingeführt und die Habeas-corpus-Akte aufgehoben. Dies bedeutete „die Wiederaufnahme des revolutionären Prozesses von 1964 und den Beginn einer neuen Unterdrückungswelle"[453].

Dom Helder hielt unter dem Eindruck eines Konflikts zwischen Kirche und Staat Ende November in Belo Horizonte, wo mehrere Priester, ein Diakon und zwei Mädchen verhaftet und danach z. T. gefoltert worden waren,[454] und angesichts des erfolgten Staatsstreiches am 15. Dezember anlässlich der Promotion von Ingenieuren in Belo Horizonte eine Rede, in der er als einer der Ersten die verschärfte Diktatur öffentlich hart kritisierte und die deshalb von der Presse in Brasilien zensuriert wurde.[455]

Einleitend erwähnte Dom Helder kurz den Konflikt zwischen Kirche und Staat in Belo Horizonte, von dem die Presse des ganzen Landes voll sei, wies auf die von vielen vertretene Meinung hin, die sich gegenwärtig überstürzenden Ereignisse könnten eine Krise bisher unbekannten Ausmaßes in den Beziehungen zwischen der Kirche und der Regierung vorbereiten, und sagte, er wolle nun an einige entstellte oder vergessene Wahrheiten erinnern.[456]

In einem ersten Teil[457] seiner Rede wandte er sich zunächst gegen den Irrtum jener, die ihn und andere als subversiv, als Agitatoren und als Feinde der Ordnung bezeichneten; denn ohne es zu wissen und ohne sich darüber Rechenschaft zu geben, seien gerade jene die Feinde der Ordnung und die wirklichen Agitatoren, von denen er und andere angegriffen würden. Er machte dann auf die Tatsachen aufmerksam, dass in Brasilien die Hälfte der Bevölkerung zu wenig zum Leben habe, von hundert Brasilianern nur zweiundzwanzig arbeiten könnten, siebzig von hundert Familien nicht einmal über das Minimaleinkommen verfügten und die Hälfte des Grundbesitzes in der Hand einer Minderheit von einem Prozent sei. Dom Helder fragte, ob angesichts dieser Tatsachen noch von Ordnung gesprochen werden dürfe oder ob die Aufrechterhaltung einer solchen Situation nicht vielmehr Aufrechterhaltung von Unordnung und Ungerechtigkeit als Quelle des Hasses bedeute. Er meinte im Weiteren, viele würden zwar zugeben, dass Ungerechtigkeiten und Unordnung überwunden werden müssten, hätten aber Angst vor einem allzu raschen Vorgehen und wendeten deshalb gegen die Konzientisation ein, dass es leichter sei, den Massen die Augen zu öffnen, als Reformen durchzuführen, und bezeichneten jene als subversiv, die trotzdem Konzientisation betreiben, da dies zur Folge habe, dass sich eine Klasse gegen die andere erhebe und so das Spiel der Kommunisten gespielt werde. Dom Helder hielt dieser Auffassung entgegen, dass es angesichts von Transistorradios, Fernsehen und Presse eine Täuschung sei anzunehmen, ohne Konzientisation würden die Massen die Augen geschlossen halten. Es wäre schlecht ums Christentum bestellt, wenn die Massen den Eindruck erhielten, von einer gegenüber der Regierung furchtsamen und mit den Herrschenden liierten Kirche verraten worden zu sein. Er wies dann auf die Enzyklika *Populorum progressio* hin, in der grundlegende Änderungen im Dienste der Entwicklung und unverzüglich zu verwirklichende Reformen gefordert würden, und erklärte sich überzeugt, dass nur durch solche Maßnahmen eine bewaffnete Revolution verhindert werden könne.

In einem zweiten Teil[458] kam Dom Helder auf die seines Erachtens absurde Meldung zu sprechen, wonach ein im Gefängnis verhörter Priester u. a. die Existenz von 40.000 im Nordosten ausgebildeten Guerilleros zugegeben habe. Er meinte, es müsse aus Liebe zur Wahrheit gesagt werden, dass es leider unmöglich sei, irgendwelchen Erklärungen, die Gefangenen zugeschrieben werden, Glauben zu schenken, weil die Folter in diesem Land keine unbekannte Tatsache sei und jedermann wisse, unter welchen Umständen diese Art von Erklärungen zustande kommen. Er fragte, welchen Wert all das habe, was nach vierzig Stunden grellen Lichts in die Augen, nach Drohungen und Versprechungen sowie Hunger und Durst durch eine Gehirnwäsche erzwungen worden sei, die den Methoden kommunistischer Selbstkritik und den Prozessen der Nazis in nichts nachstehe. Dann wandte er sich gegen jene, die die Kirche des Verrats am Evangelium und der kommunistischen Infiltration bezichtigten und sie als gefährliche Trägerin der Subversion bezeichneten, sobald sie Strukturveränderungen fordere und die internationalen Trusts kritisiere.

In einem dritten Teil[459] seiner Rede sagte Dom Helder, es sei naiv und unrealistisch, den Sozialismus für die antizipierte Inkarnation des Antichristen zu halten und zu meinen, der Kapitalismus sei so etwas wie die Übersetzung des Christentums im ökonomisch-politischen Bereich. Er wies auf die egoistische Haltung der USA und der UdSSR in Genf und New Delhi hin sowie auf die Macht der Trusts und erklärte, Brasilien dürfe sich weder einer sozialistischen noch einer kapitalistischen Großmacht anschließen und könne auch nicht irgendeines der bereits realisierten sozialistischen Systeme übernehmen, sondern müsse einen eigenen Sozialismus suchen, der allerdings weder ein Hampelmann des Staates noch einer einzigen Partei sein dürfe, sondern sowohl den einzelnen Menschen als auch die Gemeinschaft zu schützen habe.

Zum Schluss erinnerte Dom Helder an den großen Helden José Joaquim da Silva Xavier, von dem er die Überzeugung bewahren wolle, dass Brasilien es nicht nötig habe, um seines Überlebens willen eine Kolonie zu bleiben.[460]

Mit dieser Rede hatte Dom Helder nur zwei Tage nach dem Staatsstreich im Staatsstreich in einer politisch angespannten Situation eindeutig für grundlegende Strukturreformen und gegen die Aufrechterhaltung unmenschlicher Ungerechtigkeiten im Namen der Ordnung Stellung genommen, das politische Engagement der Kirche für die Bewusstseinsbildung der Massen verteidigt und die Repressionsmaßnahmen der Regierung verurteilt, dem kapitalistischen Wirtschaftssystem eine Absage erteilt und für einen im Einzelnen noch zu entwickelnden Sozialismus für Brasilien plädiert.

Dom Helder, der seit Dezember 1968 keine Möglichkeit mehr erhielt, sich über Radio oder Presse an die Öffentlichkeit zu wenden,[461] jedoch ungehindert Reden halten und ins Ausland reisen durfte, stand mit seinen Ansichten in Opposition zu den Militärs und zur Regierung. Am 15. Dezember erklärte z. B. Marschall Justino Alves Bastos: „Ich halte die gegenwärtige Einstellung der Mitglieder der katholischen Hierarchie und einer großen Anzahl von Priestern für gefährlich, die in ihrer Ungeduld angesichts der sozialen Probleme der Ungerechtigkeit, des Elends und der Verzweiflung der Massen die Predigt der evangelischen Lehre und des geheiligten Bibelwortes vernachlässigen, während wir wissen, dass die Kirche traditionell konservativ ist."[462] Präsident Costa e Silva richtete „verschleierte Kritiken an die Adresse der Kirche, als er in einer Rede an die Streitkräfte ‚von der kommunistischen Infiltration in die diversen Kreise der Nation [sprach], einschließlich jener, die den geistlichen Werten zugewendet sind'"[463].

Regierung und Militär ließen es aber nicht bloß bei verbalen Angriffen bewenden, sondern gingen ab Dezember 1968 vermehrt dazu über, Oppositionelle zu verhaften, und setzten von da an bei den Verhören politischer Gefangener wieder systematisch die Folter ein,[464] wodurch eine Atmosphäre der Unterdrückung und des Terrors geschaffen wurde, die „physisch und moralisch jeden Versuch einer politischen Opposition gegen die grundlegenden Ziele der Nation ausschalten [sollte]"[465].

Die Zentralkommission der CNBB verabschiedete am 19. Februar 1969 ein Kommuniqué zur politischen Lage, hielt es aber nicht für opportun, dieses zu veröffentlichen, sondern ließ es Präsident Costa e Silva durch Kardinal Câmara und den Generalsekretär der CNBB Dom Aloisio Lorscheider überbringen. In ihrer Erklärung wiesen die Bischöfe auf die Grundsätze hin, von denen sie sich leiten ließen, nämlich vom Prinzip einer loyalen Zusammenarbeit mit der Regierung und vom Prinzip einer notwendigen Entwicklung, welche die Realisierung der Grundreformen voraussetze.[466] „Die Erklärung vom Februar [war] klar genug, um nicht als eine systematische Kontestation des Regimes ausgelegt zu werden, und andererseits zugleich nuanciert genug, um der Kirche zu ermöglichen, in der Erwartung einer späteren Entwicklung Distanz zu wahren."[467]

Vom März 1969 an wurden neben Dom Antônio Fragoso, Dom Waldyr Calheiros und Dom Agnelo Rossi vor allem Alceu Amoroso Lima und Dom Helder, der eine als bedeutender Intellektueller und hartnäckiger Verfechter der Öffnung der Kirche zur modernen Welt und der andere als Wortführer der progressiven Geistlichen, zur Zielscheibe politischer Propaganda.[468] Zwischen März und November 1969 erschienen in *O Globo* und im *Jornal da Tarde* nicht weniger als vierunddreißig Artikel von Nelson Rodriguez, in denen dieser in der meistgelesenen Rubrik Dom Helder und Amoroso Lima lächerlich machte. So schrieb er über Dom Helder: „Er predigt den bewaffneten Kampf, das Bündnis von Marxismus und Christentum [...]. Er ist ein Fälscher, dem der Mut fehlt, ein Gewehr in die Hand zu nehmen."[469] Nach der Rückkehr von einer Reise nach England hieß es im *Jornal da Tarde*: „Der Erzbeatle Câmara gründet den Hippiekatholizismus."[470] Der ganze fortschrittliche Flügel der Kirche sah sich einer zunehmenden Flut von Angriffen in der Presse ausgesetzt und hatte wegen der herrschenden Zensur keine Möglichkeit, sich zu verteidigen, sodass das Kräfteverhältnis in der öffentlichen Meinung tiefgreifend zu ihren Ungunsten verschoben wurde. All dies trug „dazu bei, eine äußerst drückende Atmosphäre zu schaffen, in der die ‚gezielte' Unterdrückung nur umso wirksamer [...]"[471] werden konnte.

Das Jahr 1969 war denn auch nicht nur durch Pressekampagnen gegen den fortschrittlichen Flügel der Kirche gekennzeichnet, sondern in diesem Jahr wurden zudem mehrere Prozesse gegen Priester und Bischöfe angestrengt, ein Mitarbeiter von Dom Helder wurde ermordet und Anfang November wurden in São Paulo vier Dominikaner verhaftet.

Mordanschlag gegen Mitarbeiter und Todesdrohung

Anfang 1969 hielten sich Propagandisten der rechtsextremen Bewegung „Tradition, Familie und Eigentum" mehrere Monate in Recife auf, sammelten vor den Kirchentüren Unterschriften gegen den Kommunismus und verwendeten diese Unterschriften anschließend dazu, um in Rom eine Intervention gegen die ihres Erachtens vom Kommunismus infiltrierte Kirche zu erwirken und um die Absetzung von Dom Helder und einiger anderer Bischöfe zu verlangen.[472] Nach der TFP wurde die Geheimbewegung „Kommando für die Jagd auf Kommunisten" (CCC) in Recife aktiv, indem sie das Haus Dom Helders mit Inschriften wie „Tod, er möge sterben, CCC" beschmierten und zweimal mit Maschinengewehren beschossen, ebenso wie die Katholische Universität und den früheren Bischofspalast.[473] Nach diesen Aktionen begann das CCC damit, Dom Helder und weitere Personen schriftlich und telefonisch zu bedrohen.[474]

Ende Mai wurde P. Antônio Henrique Pereira Neto, ein Mitarbeiter von Dom Helder und Beauftragter für die Jugendarbeit in der Diözese Olinda und Recife, nicht nur zweimal telefonisch mit dem Tode bedroht, falls er die Arbeit mit den Jugendlichen nicht aufgebe, sondern in der Nacht vom 26. auf den 27. Mai auch tatsächlich auf grausame Art und Weise ermordet.[475] Seine verstümmelte Leiche wurde an einen Baum gefesselt aufgefunden. Sie trug Spuren von Folterungen, war offensichtlich durch die Straßen geschleift worden und wies drei Kopfschüsse auf.[476] Trotz der Pressezensur verbreitete sich die Nachricht dieses brutalen Mordes binnen kürzester Zeit nicht nur in ganz Brasilien, sondern auch darüber hinaus und löste internationale Proteste aus. Das Begräbnis von Henrique Neto wurde zum Anlass für eine eindrückliche Solidaritätskundgebung, an der fünftausend Personen teilnahmen. Der Papst drückte in einem Telegramm seinen tief empfundenen Schmerz angesichts dieses tragischen Todes aus.[477] Nachdem die Erregung der ersten Tage abgeklungen war, wurde die Frage nach den Urhebern und den Drahtziehern des Mordes öffentlich diskutiert, obwohl die Behörden durch Zensur der Berichte über das Verbrechen versucht hatten, eine solche Diskussion zu verhindern. Zwar ließen die Umstände der Ermordung Henrique Netos auf ein politisch motiviertes Verbrechen schließen, doch die für politische Vergehen zuständige Bundespolizei erklärte drei Tage nach dem Mord, den Fall nicht weiter verfolgen zu wollen, sondern ihn der lokalen Polizei zu überlassen. Anfang Juni wurde aufgrund von Protesten eine Untersuchungskommission eingesetzt, die die Wahrscheinlichkeit eines politischen Verbrechens bestätigte, aber auch die Möglichkeit eines Verbrechens aus „Leidenschaft" offen ließ.[478] Daraufhin verfasste Dom Helder ein Dokument, in dem er auf Lücken und Mängel in der Aufdeckung des Mordes hinwies und eine strenge Untersuchung in den Kreisen des „Jagdkommandos auf Kommunisten" forderte.[479]

Dom Helder war sich bewusst, dass der Mord an einem der Priester seiner Diözese auch ihm selbst gegolten hatte. Im Mai wurde er von einem Mann besucht, der ihm gestand, beauftragt worden zu sein, ihn zu ermorden, ihm aber zugleich erklärte, dazu nicht imstande zu sein.[480] Die Zeitung *O Globo* behauptete am 5. Juni, Pater Antônio Henrique sei das Opfer der Idee des Erzbischofs von Recife geworden.[481] Dom Helder hatte zudem Kenntnis davon, dass sein Name auf einer schwarzen Liste stand, die 32 Personen umfasste, die alle ermordet werden sollten.[482] Als ihm angesichts verschiedener Bedrohungen der Gouverneur anerbot, sich durch Soldaten schützen zu lassen, lehnte er dieses Angebot mit der Begründung ab, er könne es nicht akzeptieren, von derselben Polizei beschützt zu werden, die seine eigenen Mitarbeiter verhafte.[483] Zu den Bedrohungen in Brasilien kamen für Dom Helder ab Mitte 1969 Schwierigkeiten vonseiten des Vatikans hinzu, als in der Presse gemeldet wurde, Rom habe eine Redezensur über ihn verhängt.[484]

In Brasilien erfolgte am 31. August 1969 mit dem Erlass der Verfassungsurkunde Nr. 12 der dritte Staatsstreich seit 1964, als eine aus drei Heeresministern gebildete Junta die Machtbefugnisse des Präsidenten an sich riss, um so die von Costa e Silva beabsichtigte Wiedereinführung demokratischer Regierungsformen zu verhindern, nachdem Costa e Silva am 30. August unerwartet krank geworden war. Neuer Präsident wurde der ehemalige Geheimdienstchef Garrastazu Medici, der am 30. Oktober sein Amt antrat und aufgrund einer Verfassungsreform über unbeschränkte Vollmachten verfügte.[485] Die Amtszeit Medicis (1969–1974) sollte „die grausamste Periode der Unterdrückung in der Geschichte des Militärregimes"[486] werden.

Die neue Regierung machte Anfang November deutlich, dass sie die Unterdrückungsmaßnahmen gegen die nach dem zweiten Staatsstreich vom Dezember 1968 wieder erstarkte Opposition der politischen Linken und des fortschrittlichen Flügels der Kirche weiterführen wollte, als sie gegen den Dominikanerorden vorging. Unter den im November in São Paulo verhafteten Dominikanern befand sich auch der 24-jährige Tito de Alencar, über dessen Schicksal Dom Helder in einer Rede am 26. Mai 1970 in Paris informieren und damit die brasilianische Regierung herausfordern sollte.[487]

Das Ende des Jahres 1969 bildete im Leben Dom Helders insofern eine gewisse Zäsur, als sich die durch den Staatsstreich vom 31. August veränderte politische Situation in Brasilien für ihn im folgenden Jahr konkret auswirken sollte; denn als Reaktion auf seine kritischen Äußerungen über Missstände in Brasilien in Reden im Ausland und als Kritik jener Anerkennung, die ihm ab 1970 als Anwalt der Armen der Dritten Welt und als mutigem Kritiker von Elend und Menschenrechtsverletzungen in Brasilien vermehrt entgegengebracht wurden, nahmen die Verleumdungskampagne konservativer Kreise und die Repressalien vonseiten der Regierung immer massivere Formen an.

Anwalt der Armen der Dritten Welt in den Industrienationen

Nachdem auf die spannungsgeladenen Beziehungen zwischen dem gesellschaftskritischen Flügel der Kirche und den Militärbehörden sowie auf die Konflikte hingewiesen wurde, in die Dom Helder in den Jahren 1966 bis 1969 involviert gewesen war, soll nun über sein Engagement für die Anliegen der Dritten Welt außerhalb Brasiliens, die von ihm hauptsächlich zur Sprache gebrachten Probleme sowie die Folgen, die diese Aktivitäten für ihn hatten, berichtet werden.

Appelle an die Institutionen zwischen 1965 und 1970

Zur gleichen Zeit, da Dom Helder in Brasilien aufgrund seiner Option für die Armen strukturelle Grundreformen auf allen Gebieten forderte, für die ganzheitliche Entwicklung aller Menschen eintrat und für eine gesellschaftskritische Rolle und ein entwicklungspolitisches Engagement der Kirche plädierte, wurde er eingeladen, seine Sicht der Probleme der Dritten Welt und seine Auffassung von der Verantwortung der Industrieländer für die Überwindung von Unterentwicklung und Armut auch außerhalb Brasiliens darzulegen, nachdem er bereits durch seine Bemühungen zur Sanierung der Favelas von Rio de Janeiro und durch seinen Einsatz für einen Dialog der Kirche mit der Welt auf dem Zweiten Vatikanischen Konzil über die Landesgrenzen hinaus bekannt geworden war.

Hatte ihm sein Eintreten für die Entrechteten in Brasilien einerseits die Kritik des Militärregimes sowie des konservativen Flügels der Kirche seines Landes eingetragen, ihm aber anderseits den Ruf eines Anwalts der Armen eingebracht, so sollte sich dieser Gegensatz zwischen der Kritik im eigenen Land und der weltweiten Anerkennung im Laufe der Jahre, da er sich in Reden außerhalb Brasiliens für die Armen der Dritten Welt einsetzte, noch verstärken.

Als er sich nach dem Erlass der Verfassungsurkunde Nr. 5 am 13. Dezember 1968 kaum mehr öffentlich in Brasilien äußern durfte, benutzte er die Reisen ins Ausland, an denen ihn die brasilianische Regierung nie gehindert hat, um in seinen Reden gegen die diktatorischen Unterdrückungsmaßnahmen in seinem Land zu protestieren und für die Opfer von Elend und Folter einzutreten. Dies hatte für ihn allerdings härtere Auseinandersetzungen mit der Regierung und den Militärbehörden, den traditionalistischen Kräften in der Kirche und den nationalistisch gesinnten und an der Erhaltung des Status quo interessierten Kreisen in der brasilianischen Gesellschaft zur Folge und sollte schließlich während der Jahre 1970 bis 1978 zu seinem bürgerlichen Tod in Brasilien führen.

Die ersten Reden außerhalb Brasiliens – abgesehen von jenen in Rom anlässlich des Konzils – hielt Dom Helder im April 1965 in Paris[488] und im November des gleichen Jahres in Amsterdam.[489] Er wurde in den folgenden Jahren zu weiteren Reden in Europa (Belgien, England, Frankreich, Holland, Italien, Schweiz), Amerika (Chile, Kanada, USA), Asien (Japan) und Afrika (Senegal) eingeladen. Dabei sprach er meistens vor einem gemischten Publikum, richtete sich z. T. aber auch an besondere Gruppen wie Unternehmer, Studenten und Professoren, Jugendliche, Juristen, Priester, Theologen und Vertreter verschiedener Religionen. Thematische Schwerpunkte waren die Situation der Entwicklungsländer, das Schicksal der Armen, die Ungerechtigkeiten in den internationalen Handelsstrukturen und die Frage nach den Wirtschaftssystemen, der Problemkreis von Gewalt und Gewaltlosigkeit, der Zusammenhang von Gerechtigkeit und Frieden im Anschluss an die Enzyklika *Populorum progressio*, die Kritik am Antikommunismus, das Wettrüsten sowie die Menschenrechte.[490]

Dom Helder wollte in den Jahren 1965 bis 1970 mit seinen Reden an die Institutionen appellieren: „An die Universitäten, an die Kirchen und religiösen Gemeinschaften, an die Gewerkschaften, an die Verbände der Techniker, an die Jugendbewegungen usw."[491] Er wird später über diese Bemühungen in den Jahren 1965 bis

Mitte 1970 sagen: „Sechs Jahre lang habe ich von einer großen Bewegung des ‚befreienden moralischen Drucks' geträumt. Ich habe die ‚Aktion Gerechtigkeit und Friede' aufgebaut. Ich bin durch die halbe Welt gereist. [...] Nach sechs Jahren bin ich zu dem Schluss gekommen, dass die Institutionen als solche aus zwei Gründen gehindert werden, mutige und entscheidende Akte zu setzen: Sie können nur den mittleren Durchschnitt der Meinungen ihrer Mitglieder wiedergeben; in der kapitalistischen Gesellschaft sind sie, wenn sie überleben wollen, gezwungen, sich direkt oder indirekt in das Räderwerk einzufügen."[492] 1970 sprach er deshalb von einer halben Niederlage, die er erlitten habe, und wandte sich von da an nicht mehr an die Institutionen, sondern ging auf die Suche nach jenen Gruppen in den Institutionen, die Veränderungen anstreben und die er – wenigstens vorläufig – abrahamitische Minderheiten nannte.[493] Bevor darauf eingegangen wird, werden jene Schwierigkeiten und Konflikte erörtert, in die er aufgrund seiner Reden im Ausland geraten ist.

Rede- und Reiseverbote des Vatikans

Am 19. Juli 1969 meldete die peruanische Nachrichtenagentur Noticias Aliadas, Dom Helder sei der vatikanischen Zensur unterstellt worden. Das Staatssekretariat habe durch seinen Substitut Mgr. Benelli Dom Helder mitgeteilt, dass dessen jüngste Erklärungen Missfallen im Vatikan erregt hätten und dass ihm der Vatikan deshalb vorgeschlagen habe, die Texte all seiner Reden und Erklärungen in Zukunft zuerst in Rom vorzulegen. Weiter meldete die Agentur, Dom Helder habe sich daraufhin mit der Frage an Mgr. Benelli gewandt, ob es sich hier lediglich um seine persönliche Meinung handle oder ob diese auch vom Papst geteilt werde. Mgr. Benelli habe geantwortet, der Papst sei ebenfalls dieser Meinung, worauf Dom Helder direkt an den Papst geschrieben und diesen gefragt habe, ob es sich bei dem von Mgr. Benelli gemachten Vorschlag um eine persönliche Anordnung des Papstes handle, und ihm mitteilte, dass er sich fügen würde, sollte dies der Fall sein.[494]

Am 24. Juli veröffentlichte das Staatssekretariat eine Richtigstellung, in der dementiert wurde, von Dom Helder sei verlangt worden, „keine Ansprachen mehr zu halten, die nicht von Mal zu Mal vom Staatssekretariat gutgeheißen worden sind"[495]. Weiter sagte der Vatikan, Mgr. Benelli habe Dom Helder lediglich „in vollkommen freundschaftlicher Weise" gebeten, seine Tätigkeit außerhalb der Diözese jeweils aus Gründen der Fairness dem zuständigen Bischof mitzuteilen.[496] Danach kam es zu einem Austausch mehrerer Briefe zwischen dem Staatssekretariat und Dom Helder, und dieser sagte fünf Verpflichtungen im Ausland ab und nahm auch keine neuen Einladungen mehr an.[497]

Im Anschluss an den Briefwechsel zwischen Rom und Recife wurde eine Übereinkunft zwischen Dom Helder und dem Vatikan getroffen, die vier Punkte umfasste: „Absoluten Vorrang hat die Arbeit in der Erzdiözese. Höchstens 4 oder 5 Reisen jährlich, die insgesamt rund 30 Tage ausmachen dürfen. Niemals in einer Diözese ohne vorherige Autorisierung durch den Ortsbischof sprechen. Alle Reisen gelten der Verteidigung von Gerechtigkeit und Frieden."[498]

In der Folge wurde Dom Helder verschiedentlich auf die Differenzen mit dem Vatikan angesprochen. In seinen Antworten ließ er sich nicht auf Einzelheiten ein, sondern stellte jeweils lediglich fest, es sei ihm vom Vatikan weder ein Reise- noch ein Redeverbot auferlegt worden,[499] und er habe nie eine Rede gehalten, ohne zuvor die Genehmigung des zuständigen Ortsbischofs eingeholt zu haben.[500]

Die Schwierigkeiten des Vatikans mit Dom Helder waren zumindest offiziell überwunden, als Kardinal Maurice Roy von Québec in seiner Eigenschaft als Präsident der päpstlichen Kommission „Justitia et Pax" am 7. Dezember 1971 Dom Helder in einem Brief das Vertrauen aussprach, ihn seiner Freundschaft versicherte und ihm schrieb, der Papst sei ihm wegen seiner klaren und mutigen Verkündigung der Lehre der Kirche über die heutigen Zeitprobleme sehr dankbar. Weiter spielte Kardinal Roy in seinem Brief auf die mögliche Zensur Dom Helders durch den Vatikan an und stellte fest, wenn der Papst ihnen [den Bischöfen, U. E.] zum Voraus sage, was sie zu tun hätten, würden sie ein Stück unveräußerlicher Rechte verlieren, und wenn umgekehrt der Papst alles gutheißen müsste, was sie getan hätten, würde von ihm verlangt, sich an ihre Stelle zu setzen und im Detail für die Verwaltung der Ortskirche verantwortlich zu sein. Kardinal Roy meinte dann, die Verantwortung des Papstes sei zwar sehr groß, sie hebe aber jene der Bischöfe nicht auf. Schließlich teilte er Dom Helder mit, dass der Papst über ihn stets in Worten des Vertrauens und der Zuneigung rede, was für ihn sicher eine Hilfe bedeute, wenn er sein Bestes gebe, um das Werk der Gerechtigkeit und des Friedens zu verwirklichen.[501] Dom Helder dankte in einem Brief vom 25. Januar Kardinal Roy für das Schreiben vom 7. Dezember und teilte ihm mit, er wisse dessen außerordentliche Bedeutung zu schätzen und sehe darin vor allem ein Zweifaches: zum einen eine persönliche Ermutigung, die zur rechten Zeit eingetroffen sei, und zum andern wichtige Hinweise über das Verständnis der Mitverantwortung der Bischöfe und des Papstes in der Kirche.[502] Mit diesem Briefwechsel zwischen Dom Helder und Kardinal Roy war der Konflikt zwischen dem Vatikan und dem Erzbischof von Olinda und Recife zumindest vorläufig beigelegt.

Ende 1977 zeigten sich dann aber erneut Spannungen, als Dom Helder nach Vorträgen in Italien Ende November und Anfang Dezember vor seiner Rückreise nach Brasilien mit dem Papst sprechen wollte, ihm dies aber verweigert wurde.[503] Im Januar 1978 besuchte der Präsident der Brasilianischen Bischofskonferenz, Kardinal Aloisio Lorscheider, Dom Helder und teilte ihm die Bitte des Papstes mit, er möge auf seine nächsten Reisen ins Ausland verzichten.[504] Daraufhin schrieb Dom Helder einen Brief an Papst Paul VI. und fragte ihn darin nach den Gründen für diese Maßnahme. Bereits kurz nach dem Besuch von Kardinal Lorscheider bei Dom Helder hatten der Priesterrat und weitere diözesane Gruppierungen für Dom Helder beim Nuntius interveniert, der erklärte, es sei zwar wünschenswert, wenn Dom Helder mehr Zeit der Verwaltung seiner Diözese widme, doch habe ihm der Vatikan nicht verboten, ins Ausland zu reisen.[505] Weil Dom Helder noch keine Antwort auf seinen Brief an den Papst erhalten hatte und dieses Schweigen als Bestätigung der päpstlichen Bitte um Verzicht auf die Auslandsreisen interpretierte, teilte er an seinem Geburtstag am 7. Februar „Mitarbeitern und Gläubigen in der Tagesmesse mit, er nehme das Opfer auf sich, von weiteren Reisen abzusehen. Seitdem beantwortet er alle die zahlreichen Einladungen aus allen vier Ecken der Welt negativ."[506] In einem persönlich an ein Mitglied des Freckenhorster Kreises im Bistum Münster gerichteten Brief vom 6./7. März 1978 stellte Dom Helder die Bitte des Papstes, die für ihn die Geltung eines Befehls habe, in einen größeren Zusammenhang und deutete sie zusammen mit anderen Ereignissen (wie die Bekämpfung der von der Brasilianischen Bischofskonferenz organisierten „Internationalen Studientage für eine herrschaftsfreie Gesellschaft" und die Attacken gegen Medellín) als Zeichen der Verständnislosigkeit und der Angst, womit die Kurie auf die Art und Weise reagiere, wie in Lateinamerika das Zweite Vatikanische Konzil gelebt werde.[507]

Nachdem aus der holländischen Kirche die Bitte an den Vatikan gerichtet worden war zu erklären, was es mit den Gerüchten um ein Reiseverbot für Dom Helder auf sich habe, und nachdem fünfundzwanzig Professoren und dreihundert Theologiestudenten der Universität Löwen in einer Stellungnahme das Reiseverbot für Dom Helder bedauert hatten, da diese Entscheidung die Armen Südamerikas und der ganzen Welt einer prophetischen Stimme beraube,[508] veröffentlichte der Vatikan am 22. März eine Note, in der er erklärte, Dom Helder sei nie angehalten worden, auf seine Auslandsreisen zu verzichten, doch habe ihn einer seiner Mitbrüder eingeladen, sich vermehrt der Pastoral seiner Diözese zu widmen und seine Auslandsverpflichtungen entsprechend den Anforderungen seines Bistums einzuschränken.[509] In der ersten Maihälfte teilte Dom Helder dem Freckenhorster Kreis auf Anfrage hin telefonisch mit, es sei ihm gesagt worden, das

Ganze beruhe auf einem Missverständnis, und er solle wieder reisen.[510]

Nach einer Begegnung mit Papst Paul VI. Mitte Juni 1978 erklärte Dom Helder, beim Reiseverbot habe es sich lediglich um ein Missverständnis gehandelt, die ganze Angelegenheit sei nun vollständig aufgeklärt, und er werde seine internationalen Aktivitäten wieder aufnehmen, vier oder fünf Reisen pro Jahr machen und nicht länger als einen guten Monat von Recife abwesend sein, dabei aber der Arbeit in der eigenen Diözese Priorität einräumen.[511] Zur Begegnung selbst sagte er: „Am letzten Tag, am 15. 6. 1978, hatte ich eine private Audienz bei Paul VI., die länger als eine halbe Stunde dauerte. Er hätte nicht liebevoller und brüderlicher zu mir sein können. Es genügt zu sagen, dass er mir ein kleines Gefäß für die Heiligen Öle, das sein Wappen trug, sowie einen heiligen Becher, der ebenfalls sein Wappen trug, als Geschenkgabe überreichte. Er sagte mir: ‚Ich habe heute Morgen mit diesem Becher die Heilige Messe zelebriert und ich wünsche, dass du ihn mit auf deine Reisen nimmst, als Zeichen unserer Verbundenheit!'"[512]

Die Hintergründe der vom Vatikan gegenüber Dom Helder ergriffenen, modifizierten oder dementierten Maßnahmen dürften nur schwer aufzudecken sein, doch sind die Initianten am ehesten in jenen Kreisen der Kurie zu vermuten, die dem Aufbruch der lateinamerikanischen Kirche seit Medellín kritisch gegenüberstehen.[513]

Zwischen internationaler Anerkennung und nationaler Ablehnung

Die bereits angesprochene Spannung zwischen den Versuchen, Dom Helder in Brasilien zu isolieren und zum Schweigen zu bringen einerseits, und der weltweit zunehmenden Anerkennung seines Kampfes für die ganzheitliche Entwicklung aller Menschen und seines Widerstandes gegen das diktatorische Militärregime in Brasilien anderseits verstärkten sich im Laufe des Jahres 1970 zunehmend, da er in diesem Jahr zum einen von verschiedenen Organisationen und einzelnen Persönlichkeiten zum ersten Mal als Kandidat für den Friedensnobelpreis vorgeschlagen sowie von mehreren Institutionen mit Auszeichnungen geehrt, zum andern vor allem nach seiner am 26. Mai in Paris gehaltenen Rede in der brasilianischen Presse heftig attackiert wurde und auf Weisungen der Militärbehörden von da an in den Massenmedien totgeschwiegen werden musste.

Kandidat für den Friedensnobelpreis

Als Präsident der Internationalen Pax-Christi-Bewegung und in deren Namen schlug Kardinal Alfrink von Utrecht am 27. Januar 1970 Dom Helder Camara für den Friedensnobelpreis vor. Am 16. Februar unterstützte die Confédération Mondiale du Travail die Kandidatur Dom Helders, nachdem diese bereits von den Christlichen Gewerkschaften Lateinamerikas (CLASC) angemeldet worden war.[514] Der Deutsche Arbeitskreis Entwicklung und Frieden mit Bischof Heinrich Tenhumberg als Präsident schlug Dom Helder ebenfalls für den Friedensnobelpreis vor,[515] und auch Kardinal Landazuri von Lima sowie die Katholische Männerbewegung Österreichs unterstützten die Kandidatur Dom Helders.[516] Dazu kamen der Lutherische Weltbund sowie das internationale Sekretariat des Weltbundes der katholischen Jugend und im Oktober die Weltkonferenz für Religion und Frieden in Kyoto.[517] Zur Begründung der Kandidatur Dom Helders für den Friedensnobelpreis wurde auf seine Bemühungen um die Verbesserung der Beziehungen unter den Menschen in der ganzen Welt, seinen Kampf gegen Unterdrückung und für soziale Gerechtigkeit auf der Seite der Armen, seinen Einsatz für die Entwicklung der Länder der Dritten Welt als Bedingung für Frieden sowie auf seinen Weg der Gewaltlosigkeit hingewiesen.[518]

Trotz oder vielleicht gerade wegen der weltweiten und fast plebiszitären Unterstützung seiner Kandidatur für den Friedensnobelpreis wurde dieser 1970 nicht ihm, sondern dem Vater der „Grünen Revolution", Norman Ernest Borlaug, zugesprochen, und auch 1971 sollte nicht er ihn erhalten, sondern Willy Brandt, obwohl Dom Helder u. a. von Mitgliedern des schwedischen Parlaments und zweiunddreißig niederländischen Senatoren wiederum vorgeschlagen worden war.[519]

Neben der Kandidatur für den Friedensnobelpreis wurde Dom Helder im Jahr 1970 durch drei Auszeichnungen in seinem Engagement für die Armen der Dritten Welt unterstützt. Er erhielt von der Pax-Christi-Bewegung in Spanien den „Orden Johannes XXIII.", von einer Jury in Viareggio den Orden „Versilia" sowie am 12. August von der Southern Christian Leadership Conference die zum Andenken an den Führer der Gewaltlosigkeit und den Friedensnobelpreisträger gestiftete „Martin Luther King Jr. Medaille", die, nachdem sie im Jahr zuvor an den Nachfolger Martin Luther Kings, Ralph Abernathy, gegangen war, zum ersten Mal einem Nicht-USA-Bürger verliehen wurde. „Auf der Medaille war das Motiv für die Verleihung an Helder Camara mit diesen Worten eingraviert: ‚Für den mutigen Beitrag zur Änderung der sozialen Ordnung ohne Gewalt, für den Weltfrieden und die internationale Brüderlichkeit.'"[520]

Wurde Dom Helder in seinem Einsatz für jene ohne Stimme und ohne Chance im Ausland durch verschiedene Auszeichnungen und vor allem durch die Kandidatur für den Friedensnobelpreis unterstützt, so sah er sich in seinem eigenen Land hauptsächlich wegen der Nobelpreiskandidatur starker Kritik ausgesetzt. Neben einem im *O Estado de São Paulo* erschienenen und von der Osloer *Morgenpost* übernommenen Artikel, in dem gegen eine Verleihung des Friedensnobelpreises an Dom Helder mit der Begründung Stellung genommen wurde, er sei ein Ex-Faschist und ehemaliger Anhänger Hitlers, ein Befürworter von Gewalt und gehöre heute zu den Bewunderern von Fidel Castro, Che Guevara und Camilo Torres[521], wandte sich am 11. August der traditionalistische Erzbischof Geraldo Sigaud mit einem Brief an Bischof Heinrich Tenhumberg in dessen Eigenschaft als Präsident des Arbeitskreises „Entwicklung und Frieden", um den deutschen Bischöfen nahezulegen, die Kandidatur Dom Helders für den Friedensnobelpreis nicht zu unterstützen, da Dom Helder während einer ersten Periode seines Lebens gegen den Kommunismus gewesen sei und dem Faschismus angehangen habe, dann in einer zweiten unpolitischen Periode zwischen 1940 und 1952 vom Faschismus zum Kommunismus übergegangen sei und seit 1952 in der dritten Periode mit dem Kommunismus zusammenarbeite und diesem heute in Lateinamerika die Pforten öffne. „Indem er anscheinend den Frieden predigt, billigt und fördert er die Guerrilla, den revolutionären Krieg, den Volksaufstand und das Chaos, damit der Kommunismus Lateinamerika erobern kann. Früher oder später wird die Welt erfahren, wer Monsignore Camara ist. Es würde sehr schlecht für den deutschen Episkopat sein, wenn es einer der Verantwortlichen für die Verleihung des Friedens-Nobelpreises an eine Person mit so wenig empfehlenswerter Vergangenheit und einer so fragwürdigen Gegenwart sein würde."[522]

Angesichts solch massiver Anschuldigungen schrieb Dom Helder am 29. September 1970 einen Brief an die Deutschen Katholiken, nachdem der Brief von Erzbischof Sigaud durch eine Indiskretion auf dem 83. Deutschen Katholikentag in Trier bekannt geworden war.[523] Dom Helder erklärte in seinem Schreiben, er wolle aus folgenden Gründen nicht auf die gegen ihn von seinem Bruder im Herrn und Mitbischof Dom Geraldo erhobenen Vorwürfe eingehen: „Es erscheint mir ehrlos in einem Augenblick, da es todernste Probleme gibt, Probleme weit wichtiger und dringlicher für die Menschheit, dass ich nur für meine Person spreche. Es ist über die Maßen traurig, dieses Schauspiel zu verlängern, das der Besuch meines Bruders in Europa bietet: gekommen zu sein einzig, um mich zu diskriminieren und mich anzuschwärzen."[524] Dann wies er auf seinen Vortrag hin, den er am 23. Oktober in der Beethovenhalle in Bonn halten werde: „Wer mir die Aufmerksamkeit schenken wird, meine ‚Plauderei' in Bonn mit Sorgfalt zu lesen […], wird sehen, dass mein Gespräch mit den reichen Ländern im Namen der armen Länder den Lesern genügend Stoff bieten wird, sich über mich eine persönliche Meinung zu bilden."[525] Bevor er den deutschen Katholiken für die ihm gewährte Unterstützung dankte, fügte er eine Bitte an: „Sie betrifft die Anschuldigungen; haben Sie die Güte, den Episkopat Brasiliens und nicht einmal die Person Dom Geraldos an dessen wenig glücklicher Haltung, die er in Trier eingenommen hat, zu beurteilen. Niemandem gelingt sein Leben hundertprozentig, wir alle können Fehler machen."[526]

Die Rede in Paris über Folterungen und der bürgerliche Tod in Brasilien

Sah sich Dom Helder bereits wegen der Kandidatur für den Friedensnobelpreis der Kritik einiger seiner Landsleute ausgesetzt, so folgte für ihn auf seine am 26. Mai 1970 in Paris gehaltene Rede, in der er u. a. über Folterungen an zwei politischen Gefangenen in Brasilien berichtete, jene Periode, die er als die härteste in seinem Leben bezeichnet hat, da er nun nicht mehr nur äußerst heftig angegriffen, sondern recht eigentlich als Feind des Vaterlandes zum bürgerlichen Tod verurteilt und amtlich praktisch totgeschwiegen wurde.[527]

Dom Helder hielt am Abend des 26. Mai vor 15.000 Zuhörern im Palais des Sports in Paris nicht den schriftlich vorbereiteten Vortrag, sondern eine freie Rede, nachdem er von Freunden auf die seit einiger Zeit in der französischen und internationalen Presse erschienenen Meldungen über Folterungen an politischen Gefangenen in Brasilien angesprochen und gefragt worden war, ob diese der Wahrheit entsprächen, und er sich entschlossen hatte, dazu Stellung zu nehmen. Er begann deshalb seine für ihn folgenreiche Rede mit den Worten: „Wenn ich heute Abend nicht den Mut hätte, frei und offen darüber zu reden, was in Brasilien geschieht, hätte ich den tiefen Eindruck, in Paris jegliche Glaubwürdigkeit zu verlieren. Wie könnte ich in der Tat noch die moralische Kraft haben, die Wahrheit über andere Länder zu sagen, wenn ich Angst hätte, die Wahrheit über mein eigenes Land auszusprechen? Wie könnte man noch auf die weltweite Entwicklung einer ‚Bewegung der Macht der Gewaltlosen' hoffen, wenn ich durch mein Schweigen die offensichtliche Ohnmacht der Gewaltlosigkeit demonstrieren würde? Ich werde deshalb reden. Und wie immer werde ich als Hirte meines Volkes zu sprechen versuchen. Dies wird mich nicht daran hindern, mit Kraft und Nachdruck die ganze Wahrheit zu sagen. Sie werden erkennen, dass in meinem Herzen kein Hass ist und dass es in meiner Stellungnahme keine politischen Hintergedanken gibt. Ich werde damit beginnen, alles zu sagen über das, was sich heute in Brasilien ereignet. Gibt es Folterungen? Ich werde mit zwei Beispielen antworten."[528] Zuerst berichtete Dom Helder über das Schicksal des Studenten Luis Mateus,[529] den er zusammen mit dem Weihbischof im Krankenhaus von Recife besucht hatte. Aus Angst vor weiteren Folterungen hatte sich Luis Mateus aus dem Fenster gestürzt, nachdem ihm Nägel ausgerissen und die Hoden zerquetscht worden waren. Dom Helder und sein Weihbischof protestierten nach ihrem Besuch beim Gouverneur gegen diese Folterungen und hinterlegten eine Beschwerde, die jedoch folgenlos blieb. Dann kam Dom Helder in seiner Rede auf das Schicksal des 24-jährigen Dominikaners Tito de Alencar Lima zu sprechen, der nach der im Rahmen der „Affäre der Dominikaner" in São Paulo im November 1969 erfolgten Verhaftung gefangen genommen und ebenfalls grausam gefoltert worden war, da er sich geweigert hatte, Geständnisse zu machen oder Namen zu nennen. Dom Helder zitierte im Weiteren aus einem Bericht, den Tito de Alencar im März 1970 an Bekannte weiterleiten konnte und den er vom Provinzial der Dominikaner erhalten hatte.[530] Er zitierte in seiner Rede jene Passagen des Berichtes, in denen Tito de Alencar einige Foltermethoden beschrieb, denen er und seine Mitgefangenen ausgesetzt gewesen waren: Papageienschaukel, Elektroschocks, polnischer Korridor und Drachenstuhl.[531] Nachdem Dom Helder erklärt hatte, die von ihm berichteten Schicksale stellten keine Einzelfälle dar (er verwies im Laufe seiner Rede auf den Bericht der Internationalen Juristenkommission, der von 12.000 politischen Gefangenen in Brasilien sprach und der neun verschiedene Foltermethoden beschrieb), sondern dass in Brasilien Folterungen für politische

Gefangene an der Tagesordnung seien, kam er auf das Phänomen der Gewalt zu sprechen und unterschied zwischen der Gewalt der Unterdrücker und jener der Unterdrückten. Er verteidigte die Gewaltlosigkeit und forderte die Abschaffung jeglicher Folter, betonte aber zugleich, dass dies allein noch nicht genügen könne, denn entscheidend müsse es darum gehen, alle unterentwickelten Länder aus Unterentwicklung und Elend herauszuführen.

Zum Schluss seiner Rede zählte Dom Helder drei mögliche, konkrete Aktionen für die Franzosen auf, nämlich zum einen, auf die Ungerechtigkeiten im eigenen Land aufmerksam zu werden, zum andern die Rolle zu analysieren, die Frankreich im Gespräch der Industriestaaten mit den Entwicklungsländern spiele, und zum Dritten die von einem neopaternalistischen Geist geprägte Politik der Europäischen Gemeinschaft kritisch zu befragen.[532]

Als sich Dom Helder entschloss, die Fragen nach den Vorgängen in Brasilien zu beantworten und zu den Folterungen in seinem Land Stellung zu nehmen, wusste er durchaus, welches Risiko er damit einging. Auf die möglichen Folgen seiner Rede angesprochen, sagte er denn auch unmittelbar vor der Rückreise nach Brasilien: „In Brasilien darf seit Dezember keine Zeitung und kein Radiosender über mich berichten. Aber in Predigten, in meinen Pastoralbesuchen, auf kirchlichem Grund, in meiner Eigenschaft als Bischof, war ich vollkommen frei. Was die Reisen betrifft, hatte ich stets völlige Freiheit. ... Ich darf nicht naiv sein. Ich weiß, dass die Regierung die im Ausland erhobenen Anklagen gegen die Folterungen als Verbrechen gegen den Staat betrachtet. Diese Interpretation lehne ich ab. Das Verbrechen gegen mein Land bestünde vielmehr darin, wenn ich schweigen würde. Was die Folgen betrifft. ... Ich wäre weder der Letzte noch der Erste, der wegen einer Sache zu leiden hätte. Das Wahrscheinlichste dürfte sein, dass ich meiner zivilen Rechte beraubt werde. ... Ich werde kein Recht mehr haben, politisch zu reden. Und alles kann als politisch bezeichnet werden, was ich sage. Ich werde in meiner Diözese bleiben und weiterhin als Bischof reden. Und ich denke, es wird sehr schwierig sein, mich zum Schweigen zu bringen."[533]

Dom Helder sollte sich nicht getäuscht haben. Nach der Rede in Paris wurde gegen ihn in Brasilien eine enorme Verleumdungskampagne geführt und es wurden konkrete Repressalien ausgeübt: „Es wurde mir strikt untersagt, die geringste Berichtigung, die geringste Verteidigung erscheinen zu lassen, in keiner Zeitung, keiner Revue, keinem Radio- oder Fernsehsender. Dann fand man, es sei noch zu viel, ein Opfer aus mir zu machen. Deshalb wurde sogar die Erwähnung meines Namens verboten. Ich war und bin zum bürgerlichen Tod verurteilt. Ich existiere nicht."[534]

Dom Helder war nach seiner Rückkehr nicht nur Repressalien der Regierung ausgesetzt, sondern auch Angriffen vonseiten konservativer Kollegen in der Bischofskonferenz, die in der Frage der Folterungen politischer Gefangener nicht einer Meinung war. Am gleichen Tag, da Dom Helder in Paris über Folterungen in Brasilien sprach, lag der in Brasilia tagenden Generalversammlung der CNBB ein Bericht über Folterungen an politischen Gefangenen vor.[535] In ihrem „Pastoraldokument von Brasilia", das die Bischöfe zum Abschluss der Versammlung verabschiedeten, nahmen sie in Kapitel fünf über „Aspekte des nationalen Lebens" gegen die Folterungen politischer Gefangener Stellung.[536]

Trotz der von den Bischöfen mit 159 Ja-Stimmen, 21 Nein-Stimmen und zwei Enthaltungen verabschiedeten Erklärung[537] schrieb Kardinal Agnelo Rossi am 7. Juni in der Zeitung *O Estado de São Paulo*, Dom Helder habe in Paris lediglich seine private Meinung geäußert und keineswegs die Ansicht des ganzen Episkopats wiedergegeben[538], und im Gegensatz zur Stellungnahme der brasilianischen Bischofskonferenz sagte Dom Geraldo Sigaud Anfang Juli in einem Vortrag in Rom, es gebe in Brasilien keine politischen Gefangenen und das, wovon Dom Helder gesprochen habe, existiere überhaupt nicht. Dom Sigaud fügte hinzu: „Man kann nicht mit Zuckerstückchen aus diesen Leuten Informationen herausholen."[539]

Entgegen den Äußerungen von Kardinal Rossi und Dom Sigaud gaben am 26. August fünfzehn Bischöfe des Nordostens eine Erklärung zur politischen Lage heraus, nachdem im Laufe des Sommers 1970 weder Verhaftungen noch Folterungen aufgehört hatten und u. a. zwei Priester – der Brasilianer José Antonio Magalhaes Monteiro und der Franzose Gilles de Maupeou – verhaftet und José Antonio auch gefoltert worden war.[540]

Neben Erklärungen kirchlicher Kreise, die u. a. auch vom Oppositionspolitiker M. Lucena unterstützt wurden und die die Situation der politischen Gefangenen ebenfalls kritisierten, wodurch die Äußerungen Dom Helders in Paris bestätigt wurden, nahm auch der regierungstreue Politiker M. Padilha Stellung und erklärte, es gebe in Brasilien weder politische Gefangene noch würde gefoltert. Weiter gab er bekannt, dass die Regierung bereits exemplarische Maßnahmen gegen Dom Helder vorbereite, weil dieser Brasilien in Paris verleumdet habe. Der rote Erzbischof sei bis jetzt bloß wegen seiner guten Verbindungen zum Vatikan und zum Papst einer Bestrafung entgangen. Die Regierung werde beweisen, dass er keinen Rückhalt mehr habe bei den brasilianischen Katholiken.[541]

Zu solchen Angriffen gesellten sich weitere in der Presse. So schrieb *O Cruzeiro* am 15. September polemisch-beleidigend, indem er auf die Vergangenheit Dom Helders und auf seine jüngsten Äußerungen anspielte: „Wenn unser Helder, in der Aufmachung eines wurmstichigen Heiligen, magere Fratze vom São-Franzisco-Strom, den Pilgerstab in der Hand, in seinem roten Mantel auszieht in die Alte Welt, die die junge Welt hasst, dann fragt sich der Brasilianer: Wo war Dom Helder, als die siegreichen Truppen Hitlers Brasilien mit dem Einmarsch bedrohten? Der kleine Pater trug das grüne Hemd [der Faschisten, U. E.] unter der schwarzen Soutane und beklatschte mit dem Hakenkreuz die Morde Hitlers, die Konzentrationslager, die Gaskammern ..."[542] Im Oktober nannte ihn der Gouverneur von São Paulo, M. Abreu Sode, einen „Fidel Castro in Soutane" und beschuldigte ihn, dem internationalen Propagandaapparat der Kommunisten anzugehören und mit seinen von der kommunistischen Partei bezahlten Reisen dem Ruf Brasiliens im Ausland zu schaden.[543]

Die Angriffe auf Dom Helder beschränkten sich nicht nur auf diffamierende und wahrheitswidrige Anschuldigungen, sondern nahmen auch konkretere Formen an. So wurde sein Telefon abgehört, und er erhielt mehrere anonyme Anrufe, in denen ihm seine Ermordung angedroht wurde.[544] Da Dom Helder seit Mitte 1970 keine Möglichkeit mehr hatte, sich in den Massenmedien zu den gegen ihn erhobenen Vorwürfen zu äußern, nahm er in vervielfältigten Erklärungen dazu Stellung.[545]

Im Jahr 1963 hatte in Brasilien die Kampagne gegen Dom Helder eingesetzt, nachdem er sich im amerikanischen Fernsehen kritisch über die Allianz für den Fortschritt geäußert hatte, und erreichte ihren Höhepunkt in den Monaten September und Oktober des Jahres 1970, wobei ihm hauptsächlich seine integralistisch-faschistische Vergangenheit, seine jetzige vermeintliche Nähe zum Marxismus sowie seine Kritik an Brasilien im Ausland vorgeworfen wurden.[546]

Kritik an sozialen, wirtschaftlichen und politischen Missständen

Trotz der massiven Anschuldigungen, persönlichen Verleumdungen und trotz der staatlichen Zensur fuhr Dom Helder fort, die sozialen und politischen Missstände in seinem Land zu kritisieren.[547] Am 1. Mai 1972 veröffentlichte er zusammen mit seinem Weihbischof José Lamartine Soares einen Brief an den „Episkopat und an das Volk Gottes in der Erzdiözese Olinda und Recife", nachdem am 24. März der Theologe J. Comblin aus Brasilien ausgewiesen worden war,[548] mehrere willkürliche Verhaftungen erfolgt waren und die Folterungen nicht aufgehört hatten.[549] In ihrem Brief verurteilten Dom Helder und sein Weihbischof die Ausweisung Comblins, das Verschwinden, die Entführung und Verhaftung von Arbeitern und Studenten, warfen den Behörden Gesetzesübertretungen vor und wiesen auf den Schrecken und die Angst der Familien hin, die im Ungewissen gelassen werden über das Schicksal ihrer Angehörigen.[550] Dann stellten sie fest, dass ständig unglaubliche Folterungen physischer und moralischer Art vorkommen und vor allem auf die Mitglieder der Katholischen Aktion der Arbeiter Druck ausgeübt werde. Sie erklärten, sie könnten sich nicht weiterhin im Namen der Aufrechterhaltung der Ordnung mit Unterdrückungsstrukturen abfinden, die die Kinder Gottes in einer untermenschlichen Situation belassen würden, und fragten, wie lange man sich noch des Vorwands der kommunistischen Gefahr bedienen werde, um Ungerechtigkeiten aufrechtzuerhalten, die zum Himmel schreien. Schließlich erklärten Dom Helder und sein Weihbischof, sie hätten ihren Brief absichtlich am 1. Mai veröffentlicht, um damit darauf aufmerksam zu machen, dass das wirtschaftliche Wachstum Brasiliens von den Kleinen bezahlt werde, von jenen, die keine Hoffnung hätten und über keine Stimme verfügten und deren Proteste durchaus gerechtfertigt seien.[551]

In einer Erklärung vom 11. Januar 1973 kritisierte Dom Helder die willkürliche Verhaftung eines Mitarbeiters in der pastoralen Arbeit, verurteilte erneut das Klima der Unsicherheit und der Unterdrückung sowie die Folterungen, wandte sich gegen den Vorwurf, die Kirche protestiere nur, wenn es um ihre eigenen Leute gehe, und betonte, seine Kritik gelte allen willkürlichen Maßnahmen, gegen wen sie auch immer gerichtet sein mögen; im Falle eines Angehörigen der Kirche verfüge diese lediglich über bessere Informationen. Weiter stellte er fest, dass es zur Aufgabe der Kirche gehöre, für Gerechtigkeit und Liebe einzutreten, denn die Ewigkeit beginne hier und heute. Die Religion dürfe nicht in eine entfremdete und entfremdende Macht verwandelt werden.[552]

Anfang Mai veröffentlichten dreizehn Bischöfe und fünf Ordensobere des Nordostens aus Anlass des 25-jährigen Jubiläums der Menschenrechtserklärung und des 10. Jahrestages der Enzyklika *Pacem in terris* unter dem Titel „Ich habe das Schreien meines Volkes gehört" ein Dokument über die sozialen Verhältnisse im brasilianischen Nordosten, in dem die Politik der Regierung scharf kritisiert wurde.[553] Das von Fachleuten erarbeitete Dokument wurde zuerst von Dom Helder unterschrieben. Es stellte „zweifellos die bisher schärfste Verurteilung des politischen, sozialen und wirtschaftlichen Systems des Landes aus dem Lager der katholischen Kirche" dar und schien „das Militärregime empfindlich getroffen zu haben. Bald nachdem das Dokument in den Kirchen des Nordostens verlesen und 8000 Exemplare verteilt worden waren, wurde seine Verbreitung von den Zensurbehörden verboten. [...] Der Weihbischof von Olinda und Recife, José Lamartine, sowie weitere Priester wurden für kurze Zeit in Haft genommen und verhört. Seitdem kursiert[e] das Dokument in Brasilien nur unter der Hand."[554]

In der durch die Veröffentlichung dieses Dokuments gespannten Atmosphäre war es ein außerordentliches Ereignis, als Dom Helder, der seit Jahren nicht mehr öffentlich außerhalb der Kirche sprechen konnte, nicht einmal mehr zu den Militärgottesdiensten eingeladen worden war oder dann nur unter der für ihn unannehmbaren Bedingung, dass er keine Predigt halte, und dessen Artikel in keiner Zeitung erscheinen durften, am 31. März im Landesparlament von Pernambuco eine klare und mutige Rede hielt, in der er einen Text aus *Gaudium et spes* auf die konkrete politische Situation anwandte.[555] In dieser Rede beklagte er den durch die Exekutive den Parlamenten aufgezwungenen Funktionsverlust: „Es ist hart und schwierig, anderthalb Jahrhunderte seit der Errichtung der Legislative in Brasilien zu feiern, wenn die Parlamentarier eine Zeit der schrecklichen Entleerung der politischen Aufgabe in unserem Vaterland mitmachen. Und wohlgemerkt, diese Entleerung berührt keineswegs nur Abgeordnete und Senatoren. In dem Maße vielmehr, in dem sie Vertreter des Volkes sind, ist auf diese Weise das ganze Volk betroffen und verstümmelt."[556] Nachdem er einen Abschnitt aus *Gaudium et spes* zitiert hatte, in dem auf die Verantwortung der Politiker hingewiesen wird,[557] verteidigte er das Interesse der Kirche an Politik, verstanden als Sorge um das Allgemeinwohl, und gab seiner Hoffnung Ausdruck, „unser Vaterland so bald wie möglich frei von Absolutismus zu sehen, der da verkündet, das Regime stehe außerhalb und über jeglicher Beurteilung"[558]. Weiter wünschte er die Wiederherstellung der Immunität des Parlaments, um „im Namen des Volkes seine kritische Funktion gegenüber der Exekutive auszuüben, Ungerechtigkeiten und Unterdrückung anzuprangern, darüber zu wachen, dass das offiziell übernommene Entwicklungsmodell der ganzheitlichen Entwicklung des brasilianischen Menschen und aller Brasilianer gerecht wird, anstatt der unangemessenen Bereicherung privilegierter Gruppen zu dienen, die in höchstem Maße mit multinationalen Großunternehmen verbunden sind, was wie immer um den Preis der Proletarisierung ständig breiterer Massen unseres Volkes geschieht"[559]. Dann rief Dom Helder die Parlamentarier auf, für die Freiheit an den Universitäten einzutreten, sich für die Pressefreiheit einzusetzen und dafür zu kämpfen, dass die Gewerkschaften ihre authentischen Funktionen zurückerhalten.[560] Bevor Dom Helder seine Rede mit einem Gedenken Marias der Friedenskönigin beschloss, wies er auf die Pflicht der Christen hin, angesichts der institutionalisierten Ungerechtigkeiten nicht zu schweigen und die Stimme jenen zu leihen, „die durch verschiedene paralegale Einrichtungen, die in traurigster Weise die entsetzlichen Zeiten von Stalin und Hitler wieder heraufbeschwören, barbarisch gefoltert und nicht selten getötet werden"[561].

Diese Rede war „eine echte Sensation für das Landesparlament in Pernambuco. Eine größere Publizität wurde von der Regierung durch eine rigorose Unterdrückung jeglicher Pressemeldungen über diese Rede verhindert. Helder Câmara selbst wurde eine Zeitlang in seiner Bewegungsfreiheit behindert, sodass er Recife nicht verlassen konnte."[562]

Verleihung des Volksfriedenspreises und Überreichung des Câmara-Fonds

Als die fünfköpfige Kommission des norwegischen Parlaments mit drei gegen zwei Stimmen beschlossen hatte, den Friedensnobelpreis des Jahres 1973 dem amerikanischen Außenminister Henry Kissinger und seinem vietnamesischen Kollegen Le Duc Tho zu verleihen und nicht dem für diesen Preis seit 1970 immer wieder von verschiedener Seite vorgeschlagenen Dom Helder Camara, wurde gegen diese Entscheidung zunächst in Norwegen und danach in vielen europäischen Ländern nicht nur heftig protestiert, sondern es wurden auch alternative Preise gestiftet, um Dom Helders Einsatz für einen auf Gerechtigkeit gegründeten Frieden anzuerkennen. Die beiden unterlegenen Mitglieder der norwegischen Parlamentskommission traten aus Protest zurück, und die Arbeiterpartei, die Christdemokraten sowie die Sozialdemokraten missbilligten die Entscheidung ebenfalls. Norwegische Jugendorganisationen ergriffen die Initiative für einen Volksfriedenspreis und wurden von etwa vierzig politischen, konfessionellen und humanitären Organisationen unterstützt. Die Initiative fand in der Presse ein breites Echo, und in den Kirchen sowie auf der Straße wurden für den Volksfriedenspreis über 320.000 Dollar gesammelt. Die Aktion der Norweger regte verschiedene Gruppen in Schweden, Finnland, Dänemark, Belgien, Frankreich, Holland, Österreich, Italien und der Schweiz an, sich ebenfalls für einen Volksfriedenspreis für Dom Helder einzusetzen. In Deutschland wurde auf Initiative der Zeitschrift *Publik-Forum* und der Katholischen Studentengemeinde Münster mit Unterstützung verschiedener Organisationen und namhafter Persönlichkeiten für einen „Câmara-Fonds" gesammelt, der sich auf 380.000 Mark bezifferte. Damit erreichte die für Dom Helder zusammengetragene Summe ein Mehrfaches des ihm vorenthaltenen Friedensnobelpreises.[563]

Am 10. Februar wurde Dom Helder im Osloer Rathaus der Volksfriedenspreis überreicht. Anlässlich dieser Feier hielt er eine Rede, in der er an Mahatma Gandhi und Martin Luther King und deren gewaltlose Kämpfe erinnerte und fragte: „Wie lange wollen wir noch vom ‚gerechten Krieg' reden – obwohl gerade im Namen der Gerechtigkeit die größten Verbrechen verübt worden sind? Wie lange wollen wir noch das Hinschlachten von Menschen dulden und die Ausrede anhören, man verteidige die Menschlichkeit?"[564] Er plädierte dafür, dass Probleme sozialer Unordnung nicht mit Waffengewalt gelöst werden, und sagte: „Lösungen findet man vielmehr durch stetiges Forschen; durch vertiefte Untersuchungen über die Wurzeln psychischer Störungen, sozialer Unordnung und pseudokultureller Wertmaßstäbe."[565]

Nachdem er die Machtzusammenballung von Regierung, Wirtschaft, Technik und Militär für die Kriegsführung verantwortlich gemacht hatte, wies er auf den weltweit herrschenden Egoismus in den Beziehungen unter den Menschen und die Ungerechtigkeiten in den internationalen Handelsbeziehungen hin, „die zwei Drittel der Menschheit unterdrücken und zu Elend und Hunger verurteilen – Elend und Hunger, die mehr Menschen töten und verkrüppeln als der blutigste Krieg"[566]. Dann fragte er: „Kann es also sein, dass ich hergekommen bin, um eine Totenklage auf den Frieden anzustimmen? Kann es sein, dass ich gekommen bin, meine Stimme den Pessimisten zu leihen, die die Welt für heillos halten und dem Menschen alle Hoffnung absprechen? Keineswegs. In allen Ländern, unter allen Religionen und allen Rassen vermehren sich Minderheiten, die entschlossen sind, zum Aufbau einer gerechteren, menschlicheren Welt beizutragen."[567] Er trat dann für einen weltweiten und nicht bloß auf die Religionen beschränkten Ökumenismus und für ein Bündnis mit den atheistischen Humanisten ein, damit sich alle Menschen der Ungerechtigkeiten bewusst werden, auf Ungerechtigkeiten reagieren und so die Regierungen veranlassen, sich zu ändern und menschlicher zu empfinden, und die Techniker und Militärs befreien, ihre Fähigkeiten in den Dienst des Lebens statt des Todes zu stellen. Dom Helder zitierte danach aus dem Buch des Propheten Jesaja: „Eure Schwerter werdet ihr zu Pflugscharen umschmieden und eure Lanzen zu Sicheln. Kein Volk wird gegen das andere das Schwert erheben, und keines wird in den Krieg treten." Er erklärte sich überzeugt, dass diese Verheißung weder ein Traum noch eine Utopie sei, denn es habe bereits eine Revolution der Nächstenliebe begonnen, da mit der Zahl der Unterdrückten auch die Zahl jener Minderheiten zunehme, die einen befreienden moralischen Druck ausübten. Dom Helder schloss seine Rede mit einem Versprechen: „Den Preis, den Sie mir zu treuen Händen geben, werde ich in den Dienst dieser Träume, dieser Utopien stellen. Er wird dazu dienen, einen neuen Krieg voranzutreiben – einen gewaltlosen Krieg – für die Vermenschlichung der Welt."[568]

In Frankfurt wurde Dom Helder am 11. Februar im Rahmen einer Kundgebung im Zoo-Gesellschaftshaus aus dem Câmara-Fonds 300.000 Mark überreicht. Auch hier hielt Dom Helder eine Rede, in der er eingangs auf die Verantwortung der Erzieher und vor allem der Religionen für die Vermenschlichung des Menschen hinwies und sagte: „Zwar haben alle Religionen [...] mehr als genügend Grund zur Demut. Wir Christen müssen die traurigste Bilanz ziehen. Schauen wir uns in der Welt um, so müssen wir feststellen – und das gilt besonders für Lateinamerika, den christlichen Teil der armen Welt: Die winzige Minderheit, die ihre Mitbürger ausbeutet und in unmenschlichen Bedingungen leben lässt, ist christianisiert."[569] Dann kam er auf die Sinnlosigkeit von Krieg und Waffenhandel zu sprechen und betonte im Weiteren: „Blutiger als jeder biochemische und nukleare Krieg, der erst als Drohung besteht, ist der Krieg des Elends und des Hungers. Er ist die Folge einer verzweifelten Profitgier der sogenannten Konsumgesellschaft, die man besser Verschwendungsgesellschaft nennt."[570] Dom Helder bekannte, er glaube an die Vermenschlichung des Menschen trotz all dem, da „in allen Ländern, Rassen, Religionen und menschlichen Gruppen Minderheiten zahlreicher werden, die hungern und dürsten nach Gerechtigkeit. [...] Diese nach Gerechtigkeit hungernden Minderheiten, die der Geist Gottes hat entstehen lassen, werden Tausende, ja Millionen von Menschen guten Willens mitreißen."[571] Schließlich wies Dom Helder auf den theologischen Grund seiner Hoffnung hin: „Der Sohn Gottes ist Fleisch geworden, er wurde Mensch und damit unser Bruder. Was kann uns nach diesem Wunder noch verwundern? Der Vater, der die Vergöttlichung des Menschen vorbereitet, wird uns sicher bei der dringenden und unaufschiebbaren Arbeit der Vermenschlichung des Menschen helfen."[572]

Das Ende von Zensur und Repression

In den Monaten vor dem Amtsantritt von General Ernesto Geisel als Nachfolger von Garastacu Medici am 1. März 1974 erwachte in Brasilien die Hoffnung auf einen politischen Klimawechsel, der mit dem Schlagwort „descompressão" (Aufhebung des Druckes) bezeichnet wurde.[573] Die Hoffnung auf etwas mehr Freiheit und Demokratisierung knüpfte sich an die Tatsache, „dass Geisel zum inneren Kreis Castelo Brancos gehört hatte, der die Phase von Hoffnung und relativ jugendlicher Unschuld der ‚Revolution von 1964' repräsentiert[e]"[574]. Tatsächlich erfolgte 1974 eine gewisse Liberalisierung der Presse, doch unterstand Dom Helder nach wie vor einer absoluten Zensur. Am 15. November wurden ein Drittel der Senatoren, das gesamte Bundesparlament und alle Landesparlamente neu gewählt, nachdem die Regierung einen echten Wahlkampf zugelassen hatte.[575] In diesen Wahlen hatte die oppositionelle Partei MDB (Movimento Democrático Brasileiro) einen überwältigenden Sieg errungen, der als Protest gegen die herrschende Diktatur interpretiert werden musste.[576] Die Hoffnungen auf einen anhaltenden Liberalisierungsprozess wurden allerdings enttäuscht; denn „im Oktober 1975 lief die erste größere Verhaftungs- und Folterungswelle unter der Präsidentschaft Geisels an, die sich gegen Mitglieder des MDB und besonders gegen Journalisten richtete und ihren Schwerpunkt in São Paulo hatte"[577].

Die Repressalien der Regierung gegen oppositionelle Kräfte hatten im Oktober 1975 zwar auf breiter Front wieder eingesetzt, doch waren sie nie ganz eingestellt worden. So durfte Dom Helder Camara in der Presse weiterhin nicht genannt werden, als er mit drei andern Bischöfen die Brasilianische Bischofskonferenz an der Bischofssynode 1974 in Rom vertreten sollte.[578] Im Oktober wurde in Recife der amerikanische Methodisten-Missionar Fred B. Morris durch militärische Sicherheitsorgane verhaftet und im Gefängnis grausam gefoltert. Morris berichtete später über die Folterungen und deren Gründe: „Endlich wurde der wahre Grund für ihr [der Folterer, U. E.] Interesse an mir deutlich: Meine Peiniger begannen ein schier endloses Verhör über den kath. Erzbischof Dom Helder Camara, einen wortgewaltigen Kritiker des Regimes, mit dem ich befreundet bin. Sie verfluchten Dom Helder und behaupteten, er sei ein Lügner, wenn er die Regierung beschuldige, dass sie Folterungen zulasse."[579]

Als nach der Verhaftungs- und Folterungswelle im Oktober 1975 in Brasilien wie in vielen Teilen Lateinamerikas eine Verschärfung der Repression und damit erhöhte Spannungen im Verhältnis von Kirche und Staat eintraten, veröffentlichte die Vertreterkommission der CNBB am 15. November 1976 einen „Hirtenbrief an das Volk Gottes", dessen Verbreitung von den Behörden unverzüglich verboten wurde.[580] Konkret ausgelöst wurde dieser Brief „durch die wachsende Repression, die Ermordung von zwei Priestern und die Entführung des Bischofs Adriano Hipolito, Bischof von Nova Iguaçu"[581]. Nach einer Einführung berichteten die Bischöfe in einem ersten Teil ihres Briefes über verschiedene Ereignisse und Fakten.[582] In Bezug auf Dom Helder hieß es: „Helder Camara, Erzbischof von Olinda und Recife, dessen Name in der ganzen Welt bekannt ist, ist seit Langem Opfer der offiziellen Zensur. Schon die bloße Nennung seines Namens in Presse, Rundfunk oder Fernsehen wurde in einer schriftlichen Anordnung der Abteilung Bundespolizei im Justizministerium verboten."[583] In einem zweiten Teil ihres Briefes nahmen die Bischöfe zu diesen Fakten Stellung. Dabei wurde die Ideologie der Nationalen Sicherheit zum ersten Mal in einem kirchlichen Dokument kritisiert und als unchristlich verurteilt.[584] Im dritten Teil ihres Hirtenschreibens fragten die Bischöfe nach der pastoralen Verantwortung angesichts dieser Situation und bekannten sich zur Solidarität mit den Schwachen, Unterdrückten und an den Rand Geschobenen und forderten eine gerechte Verteilung der Güter und die Mitbestimmung des Volkes.[585]

H.-J. Prien urteilt über diesen „Hirtenbrief an das Volk Gottes": „Noch nie hat die CNBB ein Hirtenwort veröffentlicht, das, inspiriert vom evangelischen Ziel der Befreiung, den Unrechtscharakter der bestehenden staatlichen Ordnung so unmissverständlich zum Ausdruck bringt und im Sinne einer Theologie des Kreuzes die Gläubigen auffordert, dem Unrecht mutig zu widerstehen, auch auf die Gefahr hin, sich damit der Verfolgung und dem Leiden auszusetzen."[586] Dass nicht die Gesamtheit der Brasilianischen Bischofskonferenz den Tenor dieses Hirtenbriefes unterstützte, wurde deutlich, als die Bischöfe anlässlich ihrer XV. Generalvollversammlung vom 8. bis 17. Februar 1977 in Itaicí zum 25. Jahrestag der Nationalen Konferenz der Bischöfe Brasiliens und zum 10. Jahrestag der Veröffentlichung von *Populorum progressio* ein Lehrschreiben über „Die christlichen Forderungen an eine politische Ordnung" verabschiedeten, das gemäßigter war als die Erklärung vom Vorjahr, weil es von abstrakten grundsätzlichen Überlegungen ausging und nicht von einer kritischen Analyse der politischen und ökonomischen Verhältnisse.[587] Trotzdem war das Dokument für das Militärregime anstößig; „denn es lancierte über den erzkonservativen Erzbischof von Diamantina, Geraldo de Proença Sigaud SVD, der in Itaicí der Erklärung zugestimmt hat, noch vor deren Veröffentlichung über Fernsehen und Presse die Beschuldigung, seine Bischofskollegen Pedro Casaldáliga Pla (São Felix) und Tomás Balduíno (Goiás, Präsident des CIMI) seien Marxisten und Kommunisten, ein Vorwurf, den er auch dem Papst schriftlich mitteilte. Seine Anklage stützte er auf ein offensichtlich vom Geheimdienst zusammengestelltes, gefälschtes kirchliches Blatt, das man ihm zugespielt hatte. Dieser unerhörte Vorgang fesselte monatelang die Aufmerksamkeit der Presse und brachte die Erklärung der CNBB um die wünschenswerte Publizität, was nach dem Urteil Eingeweihter die Absicht des Regimes war, das sich dazu Sigauds bediente."[588] Am Tag nach der Publikation des „Hirtenbriefes an das Volk Gottes" veröffentlichte Dom Helder zum 300. Jahrestag der Gründung der Diözese Olinda eine Botschaft, in der er u. a. die Rolle der Kirche in der Vergangenheit als Stütze einer institutionalisierten Unordnung kritisierte und für ein gesellschaftspolitisches Engagement der Kirche mit dem Volk plädierte.[589] Einen Monat nach der Erklärung der CNBB kam es zur schwersten Verfassungskrise seit dem Erlass des Institutionellen Akts Nr. 5 am 13. Dezember 1968, als Präsident Geisel am 1. April 1977 die Schließung des Kongresses verfügte.[590] Trotz dieser und weiterer „Repressionsmaßnahmen machte sich das *Verlangen wachsender Gruppen der brasilianischen Eliten nach einer demokratischen Öffnung des Regimes* publizistisch immer wieder Luft. [...] Anfang

Dezember 1977 kündigte Geisel das *Ende der Ausnahmegesetze von 1968* an."[591] Nachdem die Bischöfe anlässlich einer außerordentlichen Vollversammlung Ende April 1978 an die Behörden appelliert hatten, „in einer ehrlichen Anstrengung zum Rechtsstaat und zur nationalen Versöhnung umzukehren und dabei denen Amnestie zu gewähren, die in Situationen politischer und gesellschaftlicher Unordnung eines derartigen Ausmaßes verwickelt worden sind, dass sie nicht als dafür einzig Schuldige angesehen werden können"[592], stimmte der Kongress Ende September 1978 einer Verfassungsänderung zu, wodurch das 1968 beschlossene Ermächtigungsgesetz auf den 1. Januar 1979 aufgehoben wurde.[593]

Für Dom Helder persönlich änderte sich die Lage in Brasilien insofern, als er am 28. Juni 1978 nach über acht Jahren strengster Zensur eine öffentliche Stellungnahme abgeben konnte, nachdem am 9. Juni die Pressezensur aufgehoben worden war. In dieser Erklärung kritisierte Dom Helder die Ermittlungsmethoden der Bundespolizeibehörden von Recife und nahm damit Stellung gegen eine offizielle Erklärung des Polizeichefs von Recife, José Antonio Hahn, vom 12. Juni, in der dieser bestritten hatte, dass in Recife gefoltert werde. Die Erklärung Dom Helders „wurde in der Tageszeitung *Diario de Pernambuco* vermeldet und fand nationale und internationale Beachtung [...]. Gemeinsam mit vier brasilianischen Bischöfen hatte Câmara die Erlaubnis erhalten, am 7. Juni den in Haft befindlichen Studenten *Edival Nunes* zu besuchen. Nunes ist Mitglied der Kommission für Jugendpastoral sowie der Kommission für Gerechtigkeit und Frieden der Erzdiözese Recife. Auf Bitten von Nunes gab Erzbischof Câmara dessen Aussagen an die Öffentlichkeit weiter. Nunes, der am 12. Mai zusammen mit drei anderen Studenten verhaftet worden war, sei gefoltert und in einem elfstündigen Verhör mehrfach zur letzten Vollversammlung der Bischöfe im April und zur bevorstehenden Generalversammlung der lateinamerikanischen Bischöfe in Mexiko befragt worden. Er sollte zugeben, dass innerhalb der katholischen Kirche am Aufbau der kommunistischen revolutionären Partei gearbeitet werde

[...]. Nunes habe dies abgelehnt."[594] Noch bevor die staatliche Zensur für Dom Helder eingestellt wurde, hatte sich seine Situation in Brasilien verändert, sodass er 1977 sagen konnte, dass die „auf dem Umweg über mir nahestehende Menschen gegen mich gerichteten Praktiken, die mehrere Jahre andauerten, jetzt aufgehört haben. Meine Mitarbeiter sind nicht mehr direkt bedroht. Aber es bleibt die Unterdrückung des Volkes. Ich denke dabei nicht mehr nur an die Folter. Ich denke daran, was ich an Elend, Hunger, Ungleichheit in der Einkommensverteilung kenne. Und ich denke nicht nur an Brasilien, sondern an all die armen Opfer von Ungerechtigkeiten in der ganzen Welt."[595]

Suche nach abrahamitischen Minderheiten seit 1970

Nachdem Dom Helder Anfang 1970 zur Erkenntnis gelangt war, dass seine seit Jahren an verschiedene Institutionen gerichteten Appelle zur Verwirklichung von mehr Gerechtigkeit und zur Überwindung von Unterentwicklung und Armut keine Folgen hatten, da die Institutionen keine mutigen Schritte unternehmen können und wollen, entdeckte er neue Adressaten seiner Aufrufe: „Während ich so feststelle, dass es praktisch ergebnislos ist, an die Institutionen als Institutionen zu appellieren, entdecke ich überall – und ich denke, hier darf ich die Länder des Ostens einbeziehen – Minoritäten, und diese Minderheiten scheinen im Dienste der Gerechtigkeit und Liebe eine Kraft zu bilden, die mit der Kraft der Nuklearenergie zu vergleichen ist, die Millionen Jahre im Innersten der Atome auf die Stunde wartet, entdeckt zu werden."[596]

Seit 1970 hielt Dom Helder Reden in Europa (Belgien, Deutschland, England, Frankreich, Griechenland, Holland, Italien, Norwegen, Österreich, Schweden, Schweiz), in Amerika (USA und Kanada) sowie in Asien (Japan).

Thematische Schwerpunkte seiner Reden waren die strukturellen Ursachen der Unterentwicklung und die Verantwortung der Industrienationen, der Problemkreis von Gewalt und Gewaltlosigkeit sowie Krieg und Frieden, das Verhältnis des Christentums zu Sozialismus, Kommunismus und Marxismus sowie die Aufgaben der Kirche und die abrahamitischen Minderheiten als mögliche Subjekte einer verändernden Praxis im Interesse der Armen und Unterdrückten.[597] Später – vereinzelt bereits in den Jahren 1970 und 1971 und ab 1972 mit einer einzigen Ausnahme im Jahre 1973 – bezeichnet er sie [die abrahamitischen Minderheiten] als kleine oder prophetische oder entschiedene Minderheiten oder einfach als Gruppen guten Willens. Diese Minderheiten sind seines Erachtens vom Herrn berufen und das Werk des Geistes Gottes und hoffen wider alle Hoffnungslosigkeit. Sie fordern Freiheit und Gerechtigkeit für alle als Voraussetzung für Frieden, üben moralisch befreienden Druck aus und arbeiten mit der Gewalt der Friedfertigen am Aufbau einer gerechteren, menschlicheren und freieren Welt ohne Rassismus, Krieg und Hass mit. Dazu sind sie bereit, sich selbstlos einzusetzen, persönliche Opfer zu bringen und den eigenen Egoismus zu überwinden. Sie heben sich damit sowohl von der unkritisch angepassten Masse als auch von den herrschenden Minoritäten ab, ohne sich deswegen aber pharisäerhaft über die anderen zu erheben. Sie verstehen sich weder als neue politische Partei noch als neue religiöse Sekte. Solche Minderheiten gibt es überall auf der Welt: in jeder Stadt, jeder Region, jedem Land und jedem Kontinent. Sie finden sich in allen Religionen: unter den verschiedenen christlichen Konfessionen, unter Juden, Muslimen sowie Buddhisten und selbst unter humanistischen Atheisten. Sie sind in allen Gruppen, Institutionen und Berufen sowie in allen Sprachen und Rassen vertreten.

V.
Die Bekehrungen eines Bischofs

In diesem letzten Kapitel sollen die Aspekte und Etappen des Weges, den Helder Camara im Laufe seines Lebens in Bezug auf seine politische Position und seine theologische Reflexion gegangen ist, zusammengefasst werden, um so den biografisch-persönlichen Hintergrund und den historisch-politischen Kontext zu verdeutlichen, von denen her Dom Helders Engagement in den Industrienationen als Anwalt der Armen in der Dritten Welt gesehen werden muss.

Äußere Faktoren und innere Motive

Das kirchen- und entwicklungspolitische Engagement und das sozio-ökonomische Problembewusstsein, die Sicht der Verantwortung der Christen und der Kirche sowie das theologische Denken Helder Camaras wurden im Laufe seines Lebens sowohl von äußeren Anstößen und politischen Ereignissen als auch von inneren Motiven und persönlichen Entscheidungen beeinflusst und können als Folge des Zusammenwirkens dieser Faktoren verstanden werden.

Nachdem Helder Camara in einem zwar religiösen, aber unkirchlichen Elternhaus aufgewachsen, von einer in ihrer Menschlichkeit beispielhaften Mutter und einem durch seine weltanschauliche Toleranz überzeugenden Vater beeinflusst worden war, wurde er im Priesterseminar von einer europäisch bestimmten neuscholastischen Theologie und defensiv-apologetischen Kirchlichkeit geprägt, die in Opposition zu den neuzeitlichen Geistesströmungen standen und die die politischen wie kulturellen Erneuerungsbewegungen der 1920er-Jahre in Brasilien ablehnten. Die letzten Studienjahre Helder Camaras und die erste Zeit seiner priesterlichen Tätigkeit fielen zusammen mit einem politischen Umbruch in Brasilien, der mit der Revolution von 1930 durch Getúlio Vargas und mit dem Beginn einer kirchlichen Restauration durch den Ausbau des konservativen Modells der „Neuen Christenheit" einsetzte, in dessen Rahmen die Kirche ihr Verhältnis zum Volk in der bürgerlichen Gesellschaft über den Staat definierte und mit der herrschenden Klasse gemeinsame Sache machte. Helder Camara wurde von diesen politischen und kirchlichen Ereignissen und Strömungen wohl beeinflusst, ließ sich jedoch nicht bloß passiv treiben, sondern war selbst aktiv tätig, zunächst im Priesterseminar und danach in seinem ersten Aufgabenbereich als Priester.

Sein parteipolitisches Engagement in der integralistischen Partei Brasiliens lag zwar auf der Linie seines damaligen Denkens, doch wurde es konkret ermöglicht durch die Anfrage Plinio Salgados und den ausdrücklichen Wunsch von Bischof Gomes, diese Anfrage positiv zu beantworten. Obwohl Helder Camara die Tätigkeit eines integralistischen Parteifunktionärs nicht selbst gesucht hatte, engagierte er sich überzeugt und überzeugend für die Sache der Partei, die damals zugleich auch jene der Kirche war. Ebenso wenig wie Helder Camara den Posten eines Parteifunktionärs gesucht hatte, strebte er nach einem Amt in der Regierung des Staates Ceará, sondern wurde Erziehungsverantwortlicher seines Heimatstaates, nachdem er auf Wunsch von Bischof Gomes im Rahmen des Katholischen Wahlbundes für die der Kirche genehmen Kandidaten geworben und das ihm nach dem Wahlerfolg vom Gouverneur angebotene Amt eines Erziehungsverantwortlichen in der Regierung des Staates Ceará mit dem Einverständnis seines Bischofs angenommen hatte.

So wie der Beginn des politischen Engagements Helder Camaras von außen angestoßen und durch seinen kirchlichen Vorgesetzten gewünscht worden war, so waren auch sein Austritt aus der integralistischen Partei und sein Rückzug aus der aktiven Politik die Folgen äußerer Faktoren, nämlich des Verbots Dom Lemes für Priester, sich parteipolitisch zu betätigen, und des Verbots der integralistischen Partei durch Getúlio Vargas im Zusammenhang mit der Ausrufung des Estado Novo Ende 1937.

Mit der Übernahme der Leitung der Katholischen Aktion Brasiliens wurde Helder Camara mit den sozialen Verhältnissen und der kirchlichen Wirklichkeit seines Landes konfrontiert. Die Erfahrungen, die er in seinem neuen Tätigkeitsfeld machte, führten ihn einerseits dazu, die Initiative zur Gründung der Brasilianischen Bischofskonferenz zu ergreifen, und anderseits brachte ihn die Mitarbeit an den Entwicklungsplänen der Regierung seit Beginn der 1950er-Jahre in Kontakt mit den sozialen Problemen Brasiliens und weckten sein Interesse für diese Fragen. Die für sein Leben entscheidende Wende von 1955 war wiederum die Folge eines Anstoßes von außen; denn erst durch die Frage von Kardinal Gerlier wurde Dom Helder, der bis dahin für soziale Fragen wohl aufgeschlossen gewesen war, jedoch weder für sich noch für die Kirche im sozialen Engagement eine zentrale Aufgabe gesehen hatte, auf das Elend in den Favelas von Rio de Janeiro aufmerksam und betroffen vom Schicksal der Menschen, die dort ihr Leben fristen mussten. Die Erfahrungen, die Dom Helder im Zusammenhang mit dem Kreuzzug des hl. Sebastian sammelte, ließen ihn nationale Strukturprobleme als Ursachen des zunehmenden Elends erkennen, und durch die Mitarbeit an den staatlichen Entwicklungsplänen als Vertreter der Kirche und Vertrauter von Staatspräsidenten wurde sein entwicklungspolitisches Engagement gefördert. Der Schritt Dom Helders hin zu einer kritischen Beurteilung der technokratischen Entwicklungskonzepte der 1950er-Jahre wurde zum einen durch die Wirklichkeit herausgefordert, die er als Lehrmeisterin bezeichnet – die Revolution in Kuba, die Situation der Länder der Dritten Welt usw. –, und zum andern durch das ermöglicht, was er als Entwicklung der Ideen bezeichnet – die kirchlichen Verlautbarungen *Mater et Magistra*, *Pacem in terris*, *Gaudium et spes*, aber auch das Denken des Dominikaners Louis-Joseph Lebret. Hatte Dom Helder bereits bis zum Amtsantritt als Erzbischof von Olinda und Recife ein kritisches Problembewusstsein in sozialen, ökonomischen, politischen und kirchlichen Fragen erlangt, so wurde er in einer durch den Staatsstreich von 1964 politisch gespannten Lage herausgefordert, eindeutig Stellung zur sozialen, ökonomischen und politischen Situation Brasiliens und zur Verantwortung der Kirche zu beziehen.

Nachdem er ab 1955 grundsätzlich für die Armen Partei ergriffen und diese Option in den folgenden Jahren weiter vertreten hatte, zwangen ihn der Staatsstreich und die eskalierenden diktatorischen Maßnahmen und Repressalien der Militärs, in die Opposition zu gehen und immer entschiedener auf der Seite der Armen und der vom Regime Verfolgten grundlegende wirtschaftliche und politische Strukturveränderungen zu fordern.

Aufgrund von Einladungen, die er aus aller Welt erhielt, um aus der Sicht der Dritten Welt auf die Verantwortung der Industrienationen und der Kirche hinzuweisen, wurde er zum Anwalt der Armen und zur Stimme jener ohne Stimme und Zukunft.

Das anfängliche Interesse an sozialen Fragen und eine gewisse Offenheit für die Probleme unterprivilegierter Gruppen verdichteten sich in der Begegnung mit Kardinal Gerlier zur grundsätzlichen Option für die Armen, radikalisierten sich aufgrund von sozial- und entwicklungspolitischen Misserfolgen zur kompromisslosen Forderung nach grundlegenden Strukturreformen und führten ihn von da an zur konsequenten Kritik sowohl der untermenschlichen Zustände als auch all derer, die am Status quo festhalten wollten. Der Weg Dom Helder Camaras kann so als ein Prozess verstanden werden, in dessen Verlauf sich persönliche Option und Anstöße von außen angesichts von Elend, Ungerechtigkeit und Abhängigkeit konkret zum politischen Engagement verbanden.

Berufliche Tätigkeit – Vom konservativen Parteifunktionär zum prophetischen Bischof

Bereits während seiner Studienzeit betätigte sich Helder Camara politisch aktiv an der Erhaltung der bestehenden Ordnung, zunächst in der Gruppe der Jacksonianer und dann als Propagandist der von ihm mitbegründeten Arbeiterliga. In seinem ersten Tätigkeitsbereich als Priester war er für die Seelsorge an Jugendlichen, Arbeitern und Lehrern verantwortlich, trat schon bald der integralistischen Partei bei, wurde deren Erziehungssekretär, warb im Rahmen des Katholischen Wahlbundes für die der Kirche genehmen Kandidaten im Hinblick auf die verfassunggebende Versammlung und wurde nach dem Erfolg seines Propagandafeldzuges vom Gouverneur mit dem Einverständnis seines Bischofs in die Regierung des Staates Ceará berufen. Nach Schwierigkeiten mit dem Gouverneur verließ er Fortaleza, um in Rio de Janeiro im Bundesministerium für Erziehung zu arbeiten und danach in der Diözese Rio im Bereich der Katechese tätig zu sein. In den ersten beiden Jahren seines Aufenthalts in Rio gab er den Austritt aus der integralistischen Partei bekannt und zog sich aus der aktiven Politik zurück, weil dies von Dom Leme gewünscht worden war.

Ab 1947 übernahm er die Leitung der Katholischen Aktion Brasiliens und wurde 1952 Generalsekretär der auf seine Initiative hin gegründeten Brasilianischen Bischofskonferenz, nachdem er im selben Jahr zum Weihbischof der Diözese Rio ernannt und geweiht worden war. Im Jahr 1955 wurde er Koadjutor-Erzbischof von Rio, organisierte den Kreuzzug des hl. Sebastian zur Sanierung der Elendsviertel von Rio de Janeiro und arbeitete während der Präsidentschaft Kubitscheks als dessen Berater und als Exponent der Kirche an der Realisierung der Entwicklungspläne der Regierung mit. Wegen seiner Sympathien für die Kritik einzelner Zweige der Katholischen Aktion an den sozialen, wirtschaftlichen und politischen Verhältnissen Brasiliens wurde er 1962 als Verantwortlicher der Katholischen Aktion nicht wiedergewählt.

1964 wurde er zum Erzbischof von Olinda und Recife ernannt, nachdem es zwischen ihm und seinem Kardinal zum Bruch gekommen war. In seiner Rede zum Amtsantritt erklärte er sich in erster Linie als Mensch mit den Bewohnern des Nordostens solidarisch und sah sich erst in zweiter Linie als Christ und Bischof der Kirche. Noch im gleichen Jahr wählte ihn die CNBB nicht zu ihrem Generalsekretär, weil er nach der Machtübernahme der Militärs nicht aufgehört hatte, für ein entwicklungspolitisches Engagement der Kirche einzutreten, die Lebensbedingungen in Brasilien zu kritisieren und grundlegende Strukturveränderungen zu fordern. Immer deutlicher artikulierte er in den folgenden Jahren sein Selbstverständnis als Stimme jener ohne Stimme und Zukunft sowie als Anwalt der Opfer von Ungerechtigkeit, Elend und Repression. Im Rahmen seiner kirchlichen Aufgaben und seiner politischen Aktivitäten nahm er aufgrund seiner Parteinahme für die Armen und Verfolgten und seiner Einsicht in die Problemzusammenhänge sowie herausgefordert durch bestimmte Situationen und konkrete Ereignisse immer eindeutiger und kompromissloser Stellung.

Eine ganze Reihe von Interventionen in Situationen, die Dom Helder für entscheidend wichtig gehalten hat, zeigen, in welcher Weise er seine Verantwortung jeweils wahrzunehmen suchte.

Anlässlich des von ihm angeregten Treffens von nord- und lateinamerikanischen Bischöfen im November 1959 in Washington hielt er eine Rede, in der er die Probleme der Entwicklungsländer in einen weltweiten Zusammenhang stellte und eine Bewegung zur Bewusstseinsbildung in Nordamerika anregte, sodass er dem seines Erachtens mehr als nur unzulänglichen Vorschlag von Erzbischof Samoré, die nordamerikanische Kirche solle der lateinamerikanischen lediglich Geld und Personal zur Verfügung stellen, heftig widersprach und sich anschließend bei Erzbischof Samoré entschuldigen musste.

Ende September 1960 war für ihn der Zeitpunkt gekommen, aufs Ganze zu gehen und Kardinal da Barros Câmara, der kurz zuvor öffentlich im Fernsehen den Kommunismus als größte Gefahr bezeichnet hatte, in der Predigt zum Fest des hl. Vinzenz von

Paul mitzuteilen, dass das seines Erachtens vordringliche Problem die Verwirklichung von Gerechtigkeit sei, und dass das Elend angeprangert werden müsse und nicht der Kommunismus. Dom Helder nahm in Kauf, durch diese Äußerung den Bruch mit seinem Kardinal zu provozieren, der dann auch endgültig wurde, nachdem Dom Helder im US-amerikanischen Fernsehen die Allianz für den Fortschritt kritisiert hatte.

Ein entscheidender Moment kam für ihn mit seinem Amtsantritt als Erzbischof von Olinda und Recife im April 1964, nachdem das Militär durch einen Staatsstreich an die Macht gekommen und in der Presse eine Fotografie erschienen war, die Dom Helder und Kardinal Motta zusammen mit dem gestürzten Präsidenten Goulart zeigte. Angesichts dieser Lage entschied er sich, deutlich seine Meinung zu sagen. Ohne Rücksicht zu nehmen auf mögliche Konsequenzen, erklärte er sich solidarisch mit den Armen des Nordostens, forderte grundlegende Reformen und befürwortete das entwicklungspolitische Engagement der Kirche.

Er nahm die Eröffnung des regionalen Priesterseminars von Camaragibe im Mai 1965 zum Anlass, um seine ganzheitliche und umfassende Sicht der Entwicklungsproblematik und der damit verbundenen Verantwortung der Kirche darzulegen, die des Kommunismus angeklagten Christen zu verteidigen und u. a. das Studium eines neuen Sozialismus anzuregen.

Neben Erklärungen, die Dom Helder zusammen mit andern Bischöfen veröffentlichte und die er z. T. selbst angeregt hatte (am 16. Juli 1966 der „Aufruf der Bischöfe des Nordostens" mit einer Kritik der Lage der Arbeiter, im August 1967 die „Erklärung einiger Bischöfe der Dritten Welt" über Revolution, Kapitalismus, Klassenkampf usw., im Mai 1973 der Hirtenbrief „Ich habe das Schreien meines Volkes gehört" mit der bis dahin schärfsten Verurteilung des sozialen, wirtschaftlichen und politischen Systems Brasiliens), nahm er verschiedentlich besondere Gelegenheiten oder bestimmte Ereignisse zum Anlass, klar Position zu beziehen, ohne sich von möglichen Repressionen einschüchtern zu lassen. In seiner Rede zur Verleihung des Ehrenbürgerrechts des Staates Pernambuco am 25. September 1967 kritisierte er die sklavenähnlichen Zustände im brasilianischen Nordosten; am 15. Dezember 1968 hielt er zwei Tage nach dem Staatsstreich im Staatsstreich in Belo Horizonte eine Rede, in der er seine Gegner frontal angriff, indem er die gegen ihn und gegen all jene, die für rasche und grundlegende Strukturreformen eintreten, erhobenen Vorwürfe, subversiv, Agitatoren und Feinde der Ordnung zu sein, an die Kritiker selbst richtete; am 26. Mai 1970 hielt er im Palais des Sports in Paris nicht seinen vorbereiteten Vortrag, sondern im Wissen um mögliche und zu erwartende Vergeltungsmaßnahmen in Brasilien eine freie Rede, in der er zu den Meldungen in der internationalen Presse über Folterungen an politischen Gefangenen in Brasilien Stellung nahm, diese Meldungen bestätigte und von zwei ihm persönlich bekannten Fällen von grausamen Misshandlungen von Häftlingen berichtete; am 31. März 1973 prangerte er in einer als sensationell und als eine Art Husarenstreich bezeichneten Rede im Landesparlament von Pernambuco die das Volk verstümmelnden politischen Verhältnisse Brasiliens an.

Die erwähnten und prophetisch zu nennenden Interventionen Dom Helders kamen jeweils durch das Zusammenwirken dreier Faktoren zustande. Zum einen hatte er ein bestimmtes Problembewusstsein erlangt und eine grundsätzliche Option getroffen; zum andern lag ein konkreter Anlass vor oder bot sich eine bestimmte Gelegenheit; drittens fühlte er sich angesichts einer bestimmten Situation und aufgrund seines Problembewusstseins sowie seiner Option unausweichlich verpflichtet, Stellung zu nehmen oder Partei zu ergreifen, ohne Rücksicht auf mögliche Folgen.

Aufgrund seiner kompromisslosen Parteinahme für die Armen, Unterdrückten und Verfolgten, seiner mutigen Kritik der sozioökonomischen und politischen Verhältnisse in Brasilien, seiner wiederholten Forderung nach weltweiten, raschen und grundlegenden Strukturreformen wurde er einerseits als roter Erzbischof, subversiver Agitator und verkappter Kommunist diffamiert, anderseits aber als Anwalt der Armen, Stimme jener ohne Stimme und Zukunft und Symbol des gewaltlosen Widerstandes gegen staatliche Repression geachtet.

Sicht der Wirklichkeit – Von der Verteidigung des Status quo zur strukturellen Revolution

Isoliert von der Lebenswirklichkeit des Nordostens, studierte Helder Camara im Priesterseminar von Fortaleza eine Theologie, die so sehr auf die Widerlegung von Häresien und die Bekämpfung neuzeitlicher Irrtümer fixiert und vom Primat des Geistlichen gegenüber dem Zeitlichen beherrscht war, dass soziale Fragen vollständig ausgeblendet wurden. So wenig Helder Camara während seines Studiums mit sozialen Fragen konfrontiert worden war, so naiv war seine damalige Weltsicht. Beeinflusst vom jungen Konvertiten Jackson de Figueiredo und von der integristisch orientierten und an der Erhaltung der bestehenden Ordnung interessierten Erneuerungsbewegung der katholischen Kirche Brasiliens, hielt er die schlimmste Legalität für besser als die beste Revolution, teilte die Welt in ein kommunistisches und ein kapitalistisches Lager ein, wobei der Kommunismus als Inbegriff alles Bösen und jeglichen Übels galt, dagegen Kapitalismus und Faschismus wegen ihres Antikommunismus als Stützen der christlichen Ordnung betrachtet wurden, vertrat ein privatisiertes Christentum, das mit sozialen Ungerechtigkeiten vereinbar zu sein schien, und war überzeugt, dass soziale Probleme letztlich auf individuell-moralische zu reduzieren und nicht auf politisch-struktureller Ebene zu lösen seien. Als integralistischer Parteifunktionär bekämpfte Helder Camara den Liberalismus und die Freiheit der Französischen Revolution und trat für einen nationalistischen und totalitären Staat ein. Im Rahmen der Kampagne des Katholischen Wahlbundes diffamierte er all jene Kandidaten für die verfassunggebende Versammlung, die nicht die Forderungen der Kirche unterstützen wollten, als kommunistisch, sozialistisch, freimaurerisch oder häretisch. Nach seinem Austritt aus der integralistischen Partei, seinem Abschied vom Integrismus und seinem Rückzug aus der aktiven Politik lernte er als verantwortlicher Leiter der Katholischen Aktion Brasiliens die sozialen Verhältnisse seines Landes und vor allem die Lage der Landarbeiter kennen, die er als Verfasser der ersten sozialkritischen Stellungnahme in der brasilianischen Kirche in neuerer Zeit 1950 als untermenschlich bezeichnete. Bereits zu jener Zeit forderte er die Großgrundbesitzer auf, für Gerechtigkeit zu sorgen statt bloß Almosen zu verteilen. Im Zusammenhang mit den Entwicklungsplänen der Regierung Anfang der 1950er-Jahre erwachte sein Problembewusstsein für ungerechte Grundbesitzverhältnisse, die er 1954 mit der Sklaverei im 19. Jahrhundert verglich.

Nachdem er durch die Begegnung mit Kardinal Gerlier im Jahr 1955 auf das Elend der Favelas von Rio aufmerksam geworden war und ein Programm zur Sanierung der Slums gestartet hatte, entdeckte er die strukturellen Ursachen von Armut und Elend. Im Laufe der Zusammenarbeit mit dem Staat im Rahmen der Entwicklungskonzeption der Regierung Kubitscheks gingen ihm die weltweiten Verflechtungen Brasiliens auf und trat er für eine im Unterschied zu den staatlichen Vorstellungen ganzheitliche und nicht bloß ökonomische Entwicklung ein. Ende der 1950er-Jahre bezeichnete er die Tatsache, dass zwei Drittel der Menschheit in Armut leben, als Skandal des 20. Jahrhunderts, machte für diesen den Egoismus der westlichen Welt verantwortlich und sah im Nord-Süd-Konflikt und nicht im Ost-West-Gegensatz das eigentliche und vordringliche Problem in der Welt. Deshalb kritisierte er den in der brasilianischen Kirche und Gesellschaft vorherrschenden Antikommunismus, der unter dem Vorwand, der kommunistischen Gefahr entgegenzutreten, die Interessen der Privilegierten verteidigte und jene soziale, wirtschaftliche und politische Ordnung unangetastet lassen wollte, die wegen ihrer Ungerechtigkeiten den Kommunismus begünstigte. Er war 1960 so sehr davon überzeugt, dass aus christlicher Verantwortung heraus nicht der Kommunismus bekämpft werden muss, sondern die Verwirklichung von Gerechtigkeit gefordert werden sollte, dass er es in dieser Frage auf einen Bruch mit seinem Kardinal ankommen ließ. Zu Beginn der 1960er-Jahre wurde Dom Helder deutlich, dass das Volk weder an der Konzeption der technokratischen, von der Regierung ausgearbeiteten Entwicklungspläne beteiligt wurde noch von dem durch die Zusammenarbeit mit ausländischen Investoren erzielten Wirtschaftswachstum profitierte. Einerseits kritisierte er deshalb immer deutlicher das kapitalistische Wirtschaftssystem mit seiner am ökonomischen Wachstum orientierten Entwicklungshilfekonzeption, den Ungerechtigkeiten in den internationalen Handelsbeziehungen, der neokolonialistischen wirtschaftlichen Abhängigkeit politisch unabhängiger Staaten und dem internen Kolonialismus reicher Minderheiten gegenüber der Masse des armen Volkes, ohne allerdings die Lösung der Probleme Brasiliens durch eines der bereits realisierten sozialistischen Systeme verwirklicht zu sehen, trat anderseits für eine Bewusstseinsbildung der unterdrückten Massen ein, die auch die soziale und politische Dimension umfassen sowie die Subjektwerdung des Volkes fördern sollte, und befürwortete eine gewaltlose Revolution im Sinne einer raschen und grundlegenden Veränderung der sozialen, ökonomischen und politischen Strukturen mit dem Ziel der Realisierung eines personalen Sozialismus. Parallel zur Kritik an den sozialen und wirtschaftlichen Missständen in Brasilien und den andern Ländern der Dritten Welt, in deren Verlauf er z. T. statt von „Entwicklung" von „Befreiung" zu reden begann, geriet er aufgrund seiner Kritik an dem sich zunehmend diktatorischer und willkürlicher gebärdenden Militärregime in Opposition zur Regierung und sah sich deren Repression ausgesetzt.

Kirche und Theologie – Vom Bündnis mit der Macht zur kritischen Funktion religiöser Rede

Überzeugt vom Grundsatz, dass die schlimmste Legalität besser sei als die beste Revolution, und vom Primat des Geistlichen gegenüber dem Zeitlichen, sah Helder Camara in den 1930er-Jahren die Kirche als Stütze der bestehenden Ordnung, innerhalb derer diese ihre Interessen durchzusetzen versuchte. Die Theologie beschränkte sich auf die Verteidigung der kirchlichen Lehre und diente der Vertröstung der Armen auf eine jenseitige Erfüllung. Gott galt als Garant der bestehenden Ordnung, die nicht als eine geschichtlich gewordene in der Verantwortung des Menschen gesehen, sondern als gottgewollte tabuisiert wurde. So stand eine das Christentum privatisierende, spiritualisierende und verjenseitigende und eine vor allem ihre eigenen institutionellen Interessen verteidigende Kirche im Bündnis mit den Herrschenden.

Für Helder Camara begann sich diese integralistische Sicht der Kirche in der zweiten Hälfte der 1930er-Jahre im Zusammenhang mit seinem Abschied vom Integrismus und unter dem Einfluss einer die Eigenständigkeit von Staat und Gesellschaft gegenüber der Kirche betonenden Konzeption Jacques Maritains zu ändern. Aufgrund seiner Erfahrungen als Leiter der Katholischen Aktion entdeckte er die sozialen Missstände in Brasilien und ging ihm immer deutlicher die Verantwortung der Kirche für die Gestaltung der sozialen, wirtschaftlichen und politischen Wirklichkeit auf. So bezeichnete er im November 1948 die Landarbeiter als vernachlässigte Kinder der Kirche, rechtfertigte das Engagement der Kirche in sozialen Fragen und für die Beachtung der Menschenrechte mit dem Hinweis auf die unteilbare Einheit der menschlichen Person, arbeitete Anfang der 1950er-Jahre an den staatlichen Entwicklungsplänen mit und suchte deren rein ökonomische und technokratische Ausrichtung um die menschliche Dimension zu ergänzen, und gab eine auf karitative Hilfe reduzierte Sicht der Verantwortung der Kirche zugunsten einer umfassenderen auf, wenn er für eine Landreform eintrat, um die Lebensbedingungen der Landarbeiter zu verbessern.

Nach der Begegnung mit Kardinal Gerlier, die seine politische Option und in Funktion davon die theologische Reflexion sowie die Sicht der Verantwortung der Kirche entscheidend bestimmten, bezeichnete er das Elend in den Favelas von Rio als Kollektivsünde, an der alle mitschuldig seien und für die eine konstruktive Buße geleistet werden müsse, versprach, Christus von jetzt an in den Armen zu ehren, nachdem er in der Eucharistie verehrt worden sei, und lancierte im Namen der Erzdiözese Rio den Kreuzzug des hl. Sebastian. Damit wandte er theologische Kategorien auf die gesellschaftliche Wirklichkeit an, setzte liturgische Feiern in Beziehung zu sozialen Missständen und engagierte die Kirche in einem konkreten Sozialprojekt.

Nachdem die Zusammenarbeit von Kirche und Staat im Rahmen von Entwicklungsplänen bereits Anfang der 1950er-Jahre begonnen hatte und im Zusammenhang mit der Sanierung der Favelas von Rio weitergeführt worden war, wurde sie auf der Versammlung der Bischöfe des Nordostens im Mai 1956 in Campina Grande, die einen Markstein in der Geschichte der Kooperation von Kirche und Staat bildete und eine Wende in der Auseinandersetzung der Kirche mit der sozialen Wirklichkeit bedeutete, intensiviert und führte 1959 zur Gründung der SUDENE.

Bereits Ende der 1950er- und vor allem Anfang der 1960er-Jahre wurde für Dom Helder deutlich, dass er den integralistischen Irrtum der Bevormundung von Staat und Gesellschaft durch die Kirche mit jenem einer harmonischen Partnerschaft von Kirche und Staat vertauscht hatte, da die Entwicklungskonzeption die ungerechten Strukturen, unter denen die Mehrheit des Volkes zu leiden hatte, nur noch verstärkte. Dom Helder sympathisierte Anfang der 1960er-Jahre mit der immer schärfer werdenden Kritik einzelner Zweige der Katholischen Aktion an den sozialen Verhältnissen in Brasilien, war Mitinitiator der von der Kirche gegründeten Bewegung für die Basisbildung (MEB) und fasste in seiner Person die Entwicklung einer Kirche zusammen, die mit ihrer traditionellen Rolle als Stütze der Ordnung und Verbündete der Herrschenden brach und sich auf der Seite der Armen des Volkes für grundlegende Strukturreformen einzusetzen begann. Auf dem Zweiten Vatikanischen Konzil engagierte er sich für einen Dialog der Kirche mit der Welt und trat für eine arme Kirche ein, die ihre bürgerlich-kapitalistische Haltung aufgibt und solidarisch mit den Armen wird. Herausgefordert durch den Staatsstreich von 1964 und die darauf folgende neofaschistische Politik der Militärregierungen, gab Dom Helder seine unkritische Sicht einer harmonischen Partnerschaft zwischen Kirche und Staat auf und wurde zusammen mit einem Teil der Brasilianischen Bischofskonferenz zur Stimme jener ohne Stimme und Zukunft, zum Anwalt der von der Regierung Verfolgten, Inhaftierten, Gefolterten und Ermordeten und zum Befürworter eines entwicklungspolitischen Engagements der Kirche sowie zum Kritiker einer Kirche, die auf der Seite der Privilegierten die bestehende Ordnung verteidigt.

Mit dem Weg in die Opposition veränderte sich für Dom Helder auch die Funktion theologischer Reflexion. Diese stand für ihn nun nicht mehr im Dienst ideologischer Spiritualisierung, Privatisierung und Verjenseitigung des Christentums zur Legitimation bestehender Ordnungen, sondern er elementarisierte aufgrund seiner Option für die Armen, seiner Überzeugung von der untrennbaren Einheit des Menschen und im Wissen um den möglichen Missbrauch des Christentums als Opium des Volkes grundlegende theologische Aussagen in der Weise, dass er die in ihnen behauptete Gleichheit aller Menschen vor Gott und die Berufung des Menschen zu verantwortlicher Gestaltung der Welt als Gottes Mit-Schöpfer und Jesu Mit-Erlöser zum einen in Beziehung zur konkreten sozialen, ökonomischen und politischen Wirklichkeit setzte, zum andern angesichts der bei diesem Vergleich festgestellten Differenz zwischen den theologischen Behauptungen und der weltlichen Wirklichkeit diese im Namen jener kritisierte und deshalb grundlegende Strukturveränderungen forderte, zum Dritten die Wahrheit der theologischen Aussagen an eine die soziale, ökonomische und politische Wirklichkeit verändernde und die Opfer dieser Wirklichkeit befreiende Praxis knüpfte und so schließlich angesichts der untermenschlichen Lebensbedingungen nur mehr theoretisch zwischen Evangelisierung und Humanisierung unterschied.

Die Option für die Armen und deren Implikationen[598]

Dom Helder Camara ist im Laufe seines Lebens einen Weg der Bekehrungen gegangen vom integralistischen Parteifunktionär über die Rolle des einflussreichen Exponenten der Kirche in ihrer Zusammenarbeit mit dem Staat bis hin zum Verbündeten des armen und unterdrückten Volkes in Opposition zum brasilianischen Militärregime und zu jenen Strukturen und Subjekten der Ausbeutung und der Unterdrückung, die die Welt beherrschen. Auf diesem Weg, in dessen Verlauf er sich entschieden hat, sein ganzes Leben für die Sache der Armen einzusetzen, hat er insofern einen radikalen Ortswechsel vorgenommen, als er nicht mehr auf der Seite der Herrschenden steht, sondern für die Beherrschten Partei ergriffen hat. Damit haben sich seine Optik und sein Interesse verändert. Er sieht die soziale, wirtschaftliche und politische Wirklichkeit nicht mehr als Komplize der Mächtigen gleichsam von oben und ist nicht mehr vom Interesse geleitet, die bestehende Ordnung zu verteidigen, sie religiös zu rechtfertigen und die Kirche als Stütze dieser Ordnung zu betrachten. Vielmehr analysiert er die wirklichen Lebensverhältnisse als Verbündeter des armen und unterdrückten Volkes gleichsam von unten und ist vom Interesse geleitet, sie menschlicher und gerechter zu gestalten, d. h. grundlegend umzuwandeln. Es geht ihm nicht mehr um das möglichst reibungslose Funktionieren wirtschaftlicher und politischer Ordnungen, sondern um die Frage, ob diese Ordnungen Armut und Unterdrückung verursachen oder ob sie die elementaren Grundbedürfnisse aller Menschen zu befriedigen vermögen.

    Entscheidend ist, dass die Option für die Armen, der damit verbundene Ortswechsel und das dadurch veränderte Interesse keine Angelegenheit bloß neuer Erkenntnisse auf der Ebene der Theorie sind, sondern eine neue gesellschaftliche und kirchliche Praxis mit entsprechend veränderten sozialen und theologischen Theorien darstellen. In diesem Sinn ist seine Option für die Armen praktisch, sein Ortswechsel konkret und sein Bruch mit früheren Interessen radikal.

Der Options- und Ortswechsel sowie die dadurch veränderte Optik und das damit verbundene umorientierte Interesse haben auf verschiedenen Ebenen weitreichende Konsequenzen. Die Materialisierung dieser Konsequenzen soll anhand seines Selbstverständnisses, seiner Gegenwartsanalyse, seiner theologischen Reflexion und der von ihm genannten Aspekte der Realisierung herausgearbeitet werden. Dadurch wird deutlich werden, dass die Bearbeitung vielfältiger Fragen und Probleme durch Dom Helder Camara einer durchgehenden und konsequenten Logik folgt und darin ihre Einheit findet.

Sein Selbstverständnis ist grundlegend von seiner Solidarität mit den wirtschaftlich armen, politisch ohnmächtigen und kulturell-religiös entfremdeten Menschen im brasilianischen Nordosten, in ganz Brasilien und Lateinamerika sowie in der gesamten Dritten Welt bestimmt. Er weiß sich als Bruder aller. Deshalb ist für ihn seine liturgische und lehrende kirchenamtliche Funktion als verantwortlicher Leiter einer Erzdiözese sekundär gegenüber der säkularen Herausforderung untermenschlicher Lebensverhältnisse und in dem Sinn relativ, dass er seine Aufgabe als Erzbischof von Olinda und Recife primär von der Notwendigkeit her versteht, das vielfältige Elend des Volkes überwinden zu helfen. Den Freiraum, den ihm sein Amt als Bischof gewährt, stellt er in den Dienst der Schaffung menschenwürdiger Lebensbedingungen für alle. Die in einem umfassenden Sinn politisch verstandene und gelebte Option für die Armen prägt durch und durch sein Verständnis der Aufgaben eines Bischofs im brasilianischen Nordosten. Das säkulare Interesse an der Veränderung ökonomischer und politischer Verhältnisse hat ein ebenso säkulares Selbstverständnis zur Folge.

Seine Gegenwartsanalyse ist durch eine radikale Kritik der unmenschlichen Lebensverhältnisse, des ungerechten Weltwirtschaftssystems und der imperialistischen Politik der Großmächte charakterisiert. Seine Kritik der sozialen Verhältnisse – sowohl der unmenschlichen Armut in weiten Teilen der Dritten Welt als auch des entmenschlichenden Reichtums in der Ersten – ist in einem doppelten Sinn radikal. Einmal ist sie konsequent und kompromisslos. Er ist in keiner Weise bereit, den für mehrere Hundert Millionen Menschen anhaltenden Mangel an elementaren Voraussetzungen für ein menschenwürdiges Leben, die zu Lasten der Entwicklungsländer weiterbestehenden Ungerechtigkeiten in der internationalen Handelspolitik und die gegenüber der Dritten Welt von den kapitalistischen und sozialistischen Großmächten gemeinsam betriebene imperialistische Politik sowie die die Gefahr eines Kollektivsuizids der Menschheit heraufbeschwörende, sich ständig rascher drehende Rüstungsspirale zu rechtfertigen oder auch nur auf Zeit zu dulden. Zum andern bleibt er nicht bei der Kritik der beschreibbaren unsozialen Phänomene stehen, sondern fragt nach deren Wurzeln und analysiert die diese Phänomene verursachenden Strukturen und organisierenden Subjekte. Diese Strukturen identifiziert er als kapitalistische Produktionsweise, und als hauptverantwortliche Subjekte bezeichnet er auf der wirtschaftlichen Ebene die multinationalen Konzerne sowie auf der politischen die Großmächte in Ost und West. Aufgrund der Option für die Armen untersucht er die wirtschaftlichen und politischen Verhältnisse der Gegenwart aus der Optik der Opfer der herrschenden Strukturen und kritisiert diese radikal. Die Strukturen sind seines Erachtens nicht naturhaft unveränderbar, sondern von Menschen gemachte historische Größen und müssen deshalb auch von Menschen umgewandelt werden.

Seine theologischen Reflexionen der Gegenwartssituation, der Weltverantwortung der Christen und aller Menschen guten Willens sowie der Praxis der Kirche versteht er zentral als theologische Kritik der bestehenden sozialen Verhältnisse sowie der ökonomischen und politischen Strukturen und als theologische Begründung des politischen Einsatzes der Christen, der Menschen guten Willens und der Kirche für die Armen und Unterdrückten. Das sozialkritische Potenzial religiöser Kategorien, biblischer Gleichnisse und theologischer Reflexionen legt er frei, indem er mit der Tradition eines privat verkürzten, spirituell weltabgehobenen und aufs Jenseits ausgerichteten Christentums bricht und stattdessen ein gesellschaftsbezogenes, welthaft konkretes und gegenwärtiges Verständnis des Glaubens als ganzheitlich befreiende Praxis der Nachfolge Jesu vertritt. Aufgrund seiner Option für die Armen ist er nicht an theologischen Erkenntnissen um ihrer selbst willen interessiert, wohl aber daran, religiöse Verheißungen und theologische Aussagen in der Weise zu materialisieren und auf konkrete gesellschaftliche Verhältnisse zu beziehen, dass sie nicht mehr zur Legitimation unmenschlicher und ungerechter Ordnungen missbraucht, sondern als praktisch zu realisierende Hoffnungen verstanden werden. Deshalb will er weder die in der Optik der Armen und Unterdrückten negative Wirklichkeit in ihrem Wesen erklären noch den Gegensatz zwischen dieser Wirklichkeit und der von Gott gewollten menschlicheren und gerechteren Welt theologisch versöhnen und damit auf der theoretischen Ebene aufheben, sondern in der gesellschaftlichen Praxis beseitigen.

Obwohl sich Dom Helder Camara nicht als Fachtheologe versteht und explizit keine methodologischen Überlegungen anstellt, sind seine theologischen Reflexionen in einem doppelten Sinn von jenem epistemologischen oder erkenntnistheoretischen Bruch bestimmt, der für die Theologie der Befreiung aufgrund ihrer Option für die Armen und der von ihr in praktischer Absicht bearbeiteten Dialektik von Unterdrückung und Befreiung[599] konstitutiv ist. Einmal weiß er um die Bedingtheit theologischer Reflexionen durch die jeweilige politische Option und Praxis des Theologen und zum andern stellt er seine theologischen Überlegungen in den Dienst einer die negative Wirklichkeit verändernden Praxis.[600]

Sein Verständnis und seine Beurteilung der Praxis der Kirche sind in dem Sinn von seiner Option für die Armen geleitet, dass er eine Aufspaltung der Kirche in eine spirituell-vertikale und eine politisch-horizontale ablehnt, weil dadurch die von Jesus gelebte Einheit von Gottes- und Menschenliebe aufgelöst würde, und dass er nicht an der institutionellen Selbsterhaltung und -darstellung der Kirche interessiert ist, sondern an ihrem Beitrag für die Befreiung der Armen und Unterdrückten; denn seines Erachtens wird die Kirche dadurch zur Kirche Jesu Christi, dass sie sich konkret – und das heißt immer auch politisch – auf die Seite der Armen und Unterdrückten stellt und mit ihnen für ihre Befreiung kämpft. Weil er aufgrund seiner Option für die Armen keine institutionellen Interessen vertritt und keine weltanschaulichen Abgrenzungsstrategien verfolgt, befürwortet er die Zusammenarbeit der Christen und der Kirche mit Vertretern anderer Religionen und mit humanistischen Atheisten im Einsatz für die Armen und Unterdrückten und im Kampf gegen ungerechte Strukturen.

Seine Überlegungen und Vorschläge in Bezug auf die Realisierung einer menschlicheren Welt orientieren sich durchgehend an den Interessen der Armen und Unterdrückten. Diese können seines Erachtens weder von der Erhaltung noch von der Reform der bestehenden Weltwirtschaftsordnung und der herrschenden politischen Machtverhältnisse eine wesentliche Verbesserung ihrer unmenschlichen Lebensbedingungen erwarten. Hoffnung auf ein menschenwürdiges Leben durch die Befriedigung der elementaren Grundbedürfnisse besteht für sie nur in der raschen und grundlegenden Umwandlung der ökonomischen, politischen und kulturellen Strukturen. Diese Umwandlung sieht er in einem menschlichen, freiheitlichen und pluralistischen Sozialismus realisiert, in dem es keine Herrschaftsverhältnisse mehr gibt. Damit kündet er das auf weite Strecken faktisch bestehende Bündnis zwischen Christentum und Kapitalismus auf und kritisiert die Ansicht, Christentum auf der einen und Sozialismus als Teilhabe aller an Besitz, Macht und Wissen auf der andern Seite seien grundsätzlich nicht miteinander zu vereinbaren.

Zwischen der negativen Wirklichkeit und der aufzubauenden menschlicheren Welt gibt es für ihn keine Gemeinsamkeit, sondern es besteht zwischen ihnen ein radikaler Widerspruch. In Bezug auf die Subjekte grundlegender Strukturveränderungen zeigt sich ein ebenso radikaler Bruch. Nicht die wirtschaftlich Mächtigen, politisch Herrschenden und kulturell-weltanschaulich Bestimmenden werden strukturelle Reformen realisieren, sondern nur jene ausgebeuteten, unterdrückten und manipulierten Menschen, die unter den gegenwärtigen Verhältnissen leiden, und jene, die für die Opfer der herrschenden Systeme und Ordnungen Partei ergreifen.

Dom Helder Camaras Option für die Armen, sein damit vollzogener Ortswechsel, seine dadurch veränderte Optik und sein grundlegend anders ausgerichtetes Interesse bestimmen durchgehend seine Lebenspraxis, sein Selbstverständnis, seine Gegenwartsanalyse, seine theologischen Reflexionen und seine Sicht der Realisierung einer menschlicheren Welt. Der Einsatz für die Armen und Unterdrückten, der gewaltlose Kampf gegen Armut und Unterdrückung verursachende ökonomische, politische und kulturelle Strukturen und das Engagement für eine menschlichere, gerechtere, freiere und solidarischere Welt sind die zentralen Anliegen seines Lebens und bilden die inhaltlich bestimmende Achse seiner Reden.

Das Leben Dom Helder Camaras war in praktischer Absicht Gegenstand dieses Buches. Sein Weg soll als Anfrage an die Praxis der Christen und der Kirchen im metropolitanen Kapitalismus Europas und Nordamerikas verstanden werden. Vor dem Hintergrund der Option Dom Helder Camaras für die Armen, seiner Kritik der herrschenden Strukturen und seiner Vorschläge für den Aufbau einer menschlicheren Welt können die Christen und die Kirchen in den reichen Industrienationen sowohl ihre Option, ihren Ort und ihr Interesse kritisch überprüfen, als auch ihre Praxis soweit nötig verändern. Nur in dem Maße, wie dies geschieht, werden Dom Helder Camara und seine Anliegen und werden vor allem jene wirtschaftlich ausgebeuteten, politisch unterdrückten und kulturell entfremdeten Menschen ernst genommen, als deren Anwalt er sich versteht.

Gespräch mit Dom Helder Camara[601]

U. E.: Herr Bischof, man hat – und Sie selbst haben es getan – von verschiedenen Etappen in Ihrem Leben gesprochen. Es war zum Beispiel die Rede vom Integralismus, seit 1955 vom Bischof der Favelas und dann vom Anwalt oder der Stimme der Dritten Welt. Was mich vor allem interessiert, ist, wann Sie entdeckt haben, dass die Abhängigkeit der unterentwickelten Länder von den entwickelten Ländern, also die ungerechten Strukturen in den Beziehungen zwischen den entwickelten Ländern und der Dritten Welt, die wirklichen Probleme in der Welt sind. Erinnern Sie sich?

Dom Helder: Ja, d. h. es gibt eine erste Phase in meinem Leben. Ich habe 27 Jahre im Ceará gelebt, im Land meiner Geburt. Dann wurde ich nach Rio de Janeiro versetzt, wo ich 28 Jahre gelebt habe. Dort war ich zuerst ein Mitarbeiter von Kardinal Leme und von Kardinal Câmara. Aber als Priester. Es war Kardinal Câmara, der mich schließlich zu seinem Weihbischof gemacht hat, zu einem seiner Weihbischöfe, und sogar zum Weiherzbischof. Aber ein Weihbischof hat nicht die volle Verantwortung in einer Diözese. Erst 1964 bin ich als Diözesanerzbischof nach Recife versetzt worden. Von da an trug ich die ganze Verantwortung.[602]

Ich habe den Eindruck, dass mich der Herr durch die erste Phase in Ceará und die zweite in Rio de Janeiro für die dritte Phase in Recife vorbereitet hat. Wie ich dort als Sohn des brasilianischen Nordostens ankam, kehrte ich mit mehr Erfahrung und größerer Reife zurück. Sogleich nahm ich das Elend wahr, das immer noch zunimmt. Man hat zwar in Brasilien von einem gewissen brasilianischen Wirtschaftswunder gesprochen. Doch offensichtlich handelt es sich nicht um eine wirkliche Entwicklung, sondern um ein ökonomisches Wachstum privilegierter, hiesiger Gruppen. Sie wissen, dass sogar die Weltbank die Regierung des Landes und die Verantwortlichen des Landes manchmal darauf aufmerksam gemacht hat, dass es in Bezug auf das Einkommen eine schreckliche und abscheuliche Diskriminierung gibt. Ein Prozent der Brasilianer ist wirklich zu reich, vier Prozent sind immer noch hinreichend reich. Während ein kleiner Prozentsatz reich ist, herrscht daneben praktisch das Elend.

Ich entdeckte also das Gewicht dieser Strukturen, weil wir wie in ganz Lateinamerika einen wirklichen Kolonialismus haben, einen internen Kolonialismus unserer Reichen, die den Reichtum aufrechterhalten, indem sie ihre Mitbürger zugrunde richten. Die Ankunft der multinationalen Unternehmen verstärkte noch die Strukturen, die wirklich 75 % der Menschen unserer Völker zermalmen. Ich erkannte sogleich, dass es offensichtlich für mich als Hirte von Olinda und Recife eine lokale Arbeit von höchster Wichtigkeit gibt. Aber diese Arbeit muss wie die Arbeit der anderen Bischöfe des Landes, der anderen Bischöfe des Kontinents, der anderen Bischöfe der Dritten Welt notwendigerweise durch eine Arbeit in den Industrieländern ergänzt werden. Ohne Veränderungen in den Industrieländern sind die notwendigen Änderungen bei uns unmöglich.

Indem ich von den Kontakten profitiere, die während des Zweiten Vatikanischen Ökumenischen Konzils geknüpft worden sind, beginne ich Einladungen aus aller Welt zu erhalten. Ich regle das ein wenig mit meinem Volk und dem Heiligen Vater. Obwohl ich im Schnitt jedes Jahr achtzig Einladungen bekomme, um ins Ausland zu gehen, unternehme ich im Jahr nur vier bis fünf internationale Reisen. Insgesamt nehmen sie mich nicht mehr als einen Monat und ein paar Tage in Anspruch. Diese Arbeit scheint mir unerlässlich zu sein, die heute nicht nur durch einen einzelnen Bischof unternommen wird. Es gibt verschiedene Bischöfe. Wir haben jetzt auch Bischofskonferenzen auf nationaler Ebene im Land wie im unsrigen, das sehr groß ist. Innerhalb des Landes haben wir regionale Konferenzen. Nach den verschiedenen nationalen Konferenzen haben wir für Lateinamerika den CELAM, in diesem Fall eine Konferenz auf kontinentaler Ebene. Nach dem CELAM, dem lateinamerikanischen Bischofsrat, haben wir heute für jeden Kontinent Bischofskonferenzen auf kontinentaler Ebene. Und es gibt die Bischofssynode. Wir profitieren von allen diesen Begegnungen. Aber wenn ich reise, mache ich dies nicht nur, um mich mit den Bischöfen zu treffen. Mich interessiert sehr, dem Publikum zu begegnen, besonders jenen, die mir aufmerksamer und interessierter erscheinen. Und ich sage Ihnen, es sind fast fünfzehn Jahre oder mehr als fünfzehn an Reisen, immer um für die Gerechtigkeit und die Liebe als Bedingungen für den Frieden zu arbeiten. Und ich sage Ihnen, ich begegne ziemlich überall in den Ländern Europas und Nordamerikas, USA und Kanada, immer mehr Gruppen, die sich vermehren, verschiedene Namen tragen, unter unterschiedlicher Leitung stehen, mit einigen verschiedenen, spezifischen Anliegen, aber einem gemeinsamen Nenner. Da ist die Entschlossenheit, eine erträglichere, gerechtere und menschlichere Welt aufbauen zu helfen.

Das ist das, was ich Ihnen als Zusammenfassung dieser Arbeit präsentieren kann, die nicht nur meine Arbeit ist. Wenn ich ankomme, und ich begegne sehr oft sehr großen Auditorien, habe ich glücklicherweise nicht die Illusion, es handle sich um persönliches Prestige. Nein, wirklich, die Menschen kommen, weil es einen weit verbreiteten Hunger und Durst nach einer erträglicheren und gerechteren Welt gibt. Und meines Erachtens gibt es auch eine Arbeit des göttlichen Geistes. Er ist es, der uns bei uns zu Hause ermutigt, er ist es, der bei Ihnen die kleinen Basisgruppen hervorruft. Und in Ihren Industrieländern erweckt er immer zahlreichere Gruppen, die arbeiten, um eine gerechtere und menschlichere Welt zu schaffen.

U.E.: Als Sie im Seminar Theologie studiert haben, war das eine mehr oder weniger traditionelle Theologie. Seit jener Zeit hat sich in der Theologie viel verändert. Welches sind Ihres Erachtens die wichtigsten Unterschiede zwischen der Theologie, die Sie im Seminar gelernt haben, und den Diskussionen in der gegenwärtigen Theologie? Könnten Sie Ihre eigene Theologie charakterisieren, vor allem in Bezug auf das Wesentliche über Jesus Christus und die Kirche?

Dom Helder: Ja, wie Sie wissen, bin ich kein Theologe. Wirklich nicht. Ich habe zwar einige Ehrendoktorate. Aber wenn man lediglich Ehrendoktorate hat, kommt man nicht durch die Türe in die Universität, sondern durch das Fenster. Ich kann Ihnen etwas sagen über meine Vision der Kirche. Ich versuche nicht zu diskutieren. Ich bemühe mich nur, diese Vision zu leben. Natürlich ist es unser großes Bemühen, stark zu sein, um die lebendige Gegenwart Christi inmitten der Menschen und im Dienst der Menschen zu bezeugen. Und die Kirche muss im Dienst der Menschen stehen, dies selbstverständlich um der Ehre Gottes willen. Auf unserem Kontinent Lateinamerika tragen wir riesige Verantwortungen; denn wenn man die Weltkarte betrachtet, erkennt man, dass es eine kleine Gruppe reicher, immer reicher werdender Länder gibt, die auf ungerechte Weise den größten Teil der Menschheit zugrunde richtet. Für uns Christen besteht das Schreckliche darin, dass es sich dabei um Länder handelt, die zumindest vom Ursprung her christlich sind. Der christliche Teil der armen Welt Lateinamerikas hat dieselben Ungerechtigkeiten des christlichen Nordamerikas und des christlichen Europa wiederholt. Aber wir lateinamerikanischen Bischöfe – und ich versichere Ihnen dies, weil ich es in der besten Absicht selbst erlebt habe – waren so sehr damit beschäftigt, die Autorität der sozialen Ordnung aufrechtzuerhalten, dass wir ein zu passives Christentum bezeugten: „Habt Geduld! Versucht zu gehorchen! Oh, die Leiden dieses Lebens sind nichts im Vergleich zu den Freuden der Ewigkeit!" Natürlich waren die Regierungen und die reichen und privilegierten Gruppen von der Kirche begeistert. Die Kirche war die große Stütze der sozialen Ordnung. Weshalb jetzt eine Veränderung der Positionen? Wenn Sie diese Frage den Regierungen Lateinamerikas oder einem Angehörigen des Militärs stellen, wird man Ihnen sagen, dass nach den Revolutionen in Lateinamerika das Militär der Kirche keine Komplimente gemacht und diese nicht aufgesucht habe. Deswegen seien wir jetzt frustriert und würden so reagieren. Oder aber die Regierungen und Herrschenden sagen, die Kirche drohe im Volk an Prestige zu verlieren und gebe sich deswegen einem gewissen Populismus in der Hoffnung hin, Terrain gut zu machen.

Meines Erachtens sind dies die wirklichen Gründe: Und um damit zu beginnen: Nicht nur in meinem Land unseres Kontinents, sondern im Blick auf die ganze Welt beginnen die Vereinten Nationen zur Kenntnis zu nehmen, dass sich in diesem Zeitalter des Computers und der Weltraumfahrt mehr als zwei Drittel der Welt in einer untermenschlichen Lage und in einem Zustand des Elends und des Hungers befinden. Und jetzt verstehen Sie. Diese Situation ist schwerwiegend, vor allem weil es – wie ich Ihnen angedeutet habe – eine besondere Verantwortung der christlichen Länder gibt. Ein anderer Grund, der uns sehr geholfen hat, sind die christlichen Dokumente, katholische, aber auch solche von unseren evangelischen Brüdern. Auf katholischer Seite gibt es die großen Enzykliken, vor allem von Leo XIII. bis Johannes Paul II., die immer dringender Gerechtigkeit als Bedingung für Frieden fordern. Ein wahrer Friede wird ohne Gerechtigkeit nicht möglich sein. Und wir haben das Vatikanum II erlebt. Ich versichere Ihnen, wie wir als Bischöfe der Welt zusammen waren, kannte jeder Bischof nur die Probleme seines Landes und seines kleinen Bereiches. Wie wir als Bischöfe der ganzen Welt zusammen waren, war es leicht, zu einer globalen Sicht der Probleme der Welt zu gelangen. Als wir 1968 in Medellín in Kolumbien ankamen, um zu versuchen, die Beschlüsse des Vatikanum II auf unseren Kontinent zu übertragen, schien es uns unmöglich, weiterhin eine falsche soziale Ordnung aufrechtzuerhalten. Eine Ordnung, die nicht wirklich existiert, ist eher eine Unordnung. Es war für uns also offensichtlich, dass wir als menschliche Geschöpfe, als Christen und als Hirten die Verpflichtung haben, den Ungerechtigkeiten entgegenzutreten und die menschliche Entwicklung der Massen zu fördern, die sich in einer untermenschlichen Lage befinden. Wir haben rasch erkannt, dass die Lage untermenschlich bleibt; aber darin gibt es keine Untermenschen, es sind Menschen, Kinder Gottes, Brüder in Christus. Es gibt keine Untermenschen, so wie es keine Supermenschen gibt. Natürlich waren weder die Regierungen noch die privilegierten Gruppen mit diesem Positionswechsel der Kirche zufrieden. Ich rede von Positionen der Kirche, weil Medellín eine wirklich offizielle Versammlung war. Die Bischöfe waren von ihren Mitbrüdern gewählt worden, und der Heilige Vater war da. Es war eine Versammlung, die vom Papst einberufen worden war. Er war an der Eröffnung der Versammlung anwesend, und alle Beschlüsse wurden vom Papst geprüft und gutgeheißen. Es war wirklich ein Kirchenkonzil, und es handelt sich nicht nur um eine kleine Gruppe von Bischöfen mit heißen Köpfen. Nein. Und jetzt stößt Puebla auf ein großes Interesse, vor allem nachdem Medellín heftige Reaktionen ausgelöst hatte und die Regierungen nicht zufrieden waren. Diese Reaktion war voraussehbar. Weder die Regierungen noch die privilegierten Gruppen sind gegen Christus oder die Kirche. Sie beanspruchen sogar, die christliche Zivilisation zu verteidigen, und prangern deshalb die kommunistische Infiltration in der Kirche an. Und Sie wissen: Wenn man da ist und sich für die Rechte der Unterdrückten einsetzt, die Stimme jenen ohne Stimme leiht, jenen, die keine Möglichkeit zum Sprechen haben, also dann wird man als subversiv und kommunistisch hingestellt. Aber ich ziehe es tausendmal vor, diese Art von Kirche zu leben, die mir näher derjenigen zu sein scheint, die Christus angekündigt hat. Er hat gesagt, wer ihm nachfolgen wolle, müsse jeden Tag sein Kreuz tragen. Und er hat gesagt, wir würden als Schafe unter die Wölfe gesandt. Und er hat sogar gesagt: Wenn ihr vor das Gericht gestellt werdet, sollt ihr euch nicht um die Antworten sorgen, denn der Geist wird für euch sprechen. Wenn es heute auch einige Unannehmlichkeiten und Leiden gibt, dann ist das eine Freude, weil es – wie es in der achten der von Jesus verkündeten Seligpreisungen heißt – um einen Geist der Liebe und der Gerechtigkeit geht. Also für uns ist Christus sicher der Sohn Gottes, der Mensch geworden ist.

Was es vielleicht an Besonderem zum Beispiel für mich gibt, ist der wichtigste Zeitpunkt des Tages, selbst wenn ich Vorträge halte und wenn ich Begegnungen mit verantwortlichen Personen habe, immer die Messe; denn dieser Zeitpunkt ist eine Begegnung mit Christus. Mit ihm sind wir da im Namen der ganzen Menschheit, aller Menschen, aller Rassen und aller Religionen. Wir versuchen, unsere Stimme dem Vater und Schöpfer zu leihen und ihm die

Ehre zu geben. Wir bitten im Namen aller Sünder von gestern, von heute und aller Zeiten um Vergebung. Das ist ein wichtiger Moment. Aber wenn wir kommunizieren, indem wir Christus in der Eucharistie empfangen, bitte ich selbst stets darum, meine Augen mögen sich immer mehr öffnen, denn ich glaube, es gibt noch eine andere Eucharistie. Natürlich bin ich kein Theologe. Ich bleibe freier im Umgang mit den Begriffen. Wenn ich mich daran erinnere, dass sich Christus bei der Ankündigung des letzten Gerichts mit den Leidenden identifizierte, dann ist Christus wirklich gegenwärtig, wenn jemand leidet. Also ich denke, je mehr ich die Eucharistie schätze, je mehr ich die Messe liebe, desto mehr muss ich die Augen offen halten, um den lebendigen Christus in denen zu entdecken, die leiden und unterdrückt sind. In diesem Sinn empfing ich eines Tages Menschen, die verängstigt waren, weil es einem Dieb gelungen war, in eine Kirche einzudringen. Er hatte sogar die Frechheit, den Tabernakel aufzubrechen. Natürlich wollte er nicht die Hostien, sondern die Ziborien. Am folgenden Tag sah man, dass die Kirche ausgeraubt worden war und der Tabernakel offen stand. Man suchte überall die konsekrierten Hostien und entdeckte, dass der Dieb sie in den Dreck geworfen hatte, um sich von ihnen zu befreien, weil er die Ziborien wollte. Als ich ankam, sagten sie mir: „Mein Bischof, welch ein Skandal, welch ein Skandal! Christus im Dreck!" Also wünschten sie eine Zeremonie der Wiedergutmachung. Wir machten eine Prozession und feierten eine schöne Messe. Ich liebe es, das Volk dort zu unterrichten, wo es ist. In einem bestimmten Moment sagte ich: „Ihr habt zu Recht diese Prozession verlangt und diese Messe, obwohl ich hoffe, Gott werde dem Dieb vergeben, weil er nicht wusste, was er tat. Aber wie sind wir doch blind! Wie sind wir doch blind! Wir waren da und zitterten vor Trauer, weil man die konsekrierten Hostien im Dreck gefunden hat. Aber Christus ist dort gegenwärtig im Dreck. Man muss die Augen öffnen. Es gibt Arme, es gibt Elende, es gibt da Menschen, die keinen Arbeitsvertrag haben, keine Lebensmittel, die nicht respektiert werden, die kein Recht haben, ausreichend respektiert zu werden. Es gibt all dieses enorme Leiden."

Ich versuche also diese Art der Gegenwart Christi, diese soziale Gegenwart Christi, zu leben. Und was auch ganz wichtig ist in meinem Leben, das ist die Überzeugung, dass wir seit unserer Taufe eins mit Christus sind. Deshalb liebe ich ein Gebet von Kardinal Newman. Es sind nicht die Worte des Kardinals, aber sie enthalten seinen Geist. Er sagte: „Herr, verbirg dich nicht so in meinem Innern. Verwandle dich in mir, schau durch meine Augen, höre durch meine Ohren, sprich mit meinem Mund, gehe mit meinen Füßen. Gib Herr, dass meine armselige menschliche Gegenwart etwas an die göttliche Gegenwart erinnert." Es scheint mir sehr wichtig zu sein, dass ich, egal auf welcher gesellschaftlichen Stufe, inmitten der Menschen bin. Ich versuche mich daran zu erinnern, dass wir eins in Christus sind. Und selbst dann, wenn ich vor einer großen Zuhörerschaft stehe, sage ich, denke ich – um mit Christus zu sprechen, braucht es keine Worte – beim Hineingehen, um irgendwelche Gefahren von Eitelkeit zu vermeiden: „Herr, es ist dein triumphaler Einzug in Jerusalem. Ich bin lediglich dein kleiner Esel." Dann trete ich ohne Weiteres ein. Also ich bin ein ganz einfacher Mann. Ich bin kein Theologe. Ich habe keine Schwierigkeiten. Wissen Sie, es ist ein sehr schlichter Glaube, sehr kindlich. Ich achte die Theologen sehr. Als wir in Puebla waren, gehörte ich der Gruppe von Bischöfen an, die das Verlangen nach Fachleuten zur Konsultation hatten. Jeden Tag hatten wir stets am Abend Texte, die es uns ermöglichten, bei der Versammlung Vorschläge unserer Fachleute einzubringen. Ich selbst aber bin kein Theologe. Ich bin ein sehr einfacher Mann.

U.E.: Ich habe gelesen, dass Sie im Mai 1970 in Lyon im Palais des Sports gesagt haben: „Priester, die hier in Europa schöne Predigten halten, das löst nichts." Was heißt das für Ihre Predigten, Ihre Predigten für uns hier?

Dom Helder: Nein, wissen Sie, es geht nicht darum, Vergleiche zwischen der Predigt in Lateinamerika und der Predigt in Europa anzustellen. Fast überall gibt es Menschen, die die Religion auf eine eher bequeme Weise darstellen. Das heißt, sie wollen keine

Probleme schaffen. Sie versuchen, die Religion so darzustellen, dass alle zufrieden nach Hause gehen. Man spricht über die Sünde, man spricht über die Buße, man spricht über den Frieden. Es gibt Predigten, die so berührend sind, so schön – und alle bleiben zufrieden. Mir scheint aber, dass das Evangelium uns alle herausfordert. Mir scheint, dass das Evangelium uns infrage stellt und Probleme macht. In diesem Sinn sagte Christus, er sei nicht gekommen, Frieden zu bringen. Natürlich hat er Frieden gebracht und sehr oft hat er den Frieden verheißen. Aber das war vielleicht zu hart. Wenn das Evangelium gelebt wird, wenn man versucht, es zu leben, schafft das Probleme. Ich erinnere mich noch sehr gut an meine Kindheit. Mein Vater war zur damaligen Zeit noch kein praktizierender Katholik. Er war ein Mann, der natürlich seinen Glauben bewahrt hatte. Erst später ist er wiederum praktizierend geworden. Aber eines Tages stellte er mir die Frage: „Mein Sohn, so weit ich mich erinnere, sprichst du immer davon, Priester werden zu wollen. Aber weißt du auch wirklich, was das ist und was das heißt?" Und dann entwarf dieser Mann, der nicht praktizierte, das Bild eines Priesters, das bemerkenswert war. Ich habe das in Erinnerung behalten: „Priester und Egoismus gehen nicht zusammen. Es ist unmöglich, dass ein wahrer Priester Egoist bleibt. Der Priester gehört nicht sich selbst. Er gehört Gott und den Menschen." Er sagte und fügte hinzu: „Mehr den Menschen als Gott, weil Gott uns nicht nötig hat." Und nach ihm wird dem Herrn die Ehre gegeben, indem man den Menschen dient.

Und wenn man versucht, den Egoismus zu besiegen und zu helfen, geschieht es oft, dass man ein wenig beunruhigt. Man bleibt etwas unbequem, man beunruhigt, man macht Probleme. Natürlich möchte ich immer mehr versuchen, die Wahrheit in der Liebe darzulegen. Das heißt, wenn man anfängt, die Wahrheit auf eine verletzende Art zu predigen, wenn man hart auftritt, Sie wissen, dass es so schwierig ist, Wahrheiten auszusprechen, die Probleme schaffen und Forderungen stellen. Wenn man also sogar die Wahrheit auf eine zu harte Weise darlegt ... Ich denke, je schwieriger die Wahrheit anzunehmen ist, je herausfordernder sie ist, desto mehr darf man nicht einmal den Eindruck erwecken, man habe Freude zu verletzen. Man muss überzeugen. Es geht nicht einfach darum, Probleme zu schaffen. Wenn wir Probleme machen, dann geschieht das durch Liebe und Freundschaft. Wenn z. B. Christus von der Gefahr des Reichtums spricht, schafft er damit für die Reichen Probleme. Wenn man die Sprache des Evangeliums sprechen muss, die Sprache der Kirchenväter, muss man wirklich – ich wiederhole es – nicht bloß den Eindruck erwecken, sondern spürbar werden lassen, dass, wenn wir auf diese Weise sprechen, dies nicht aufgrund von Hass und nicht aus Freude am Verletzen geschieht, sondern aus Liebe. Wir haben die Verpflichtung, dazu beizutragen, die Augen für die Wahrheit zu öffnen. In diesem Sinn habe ich von schönen Predigten gesprochen. Ich bin nicht gegen die Schönheit, im Gegenteil, ich liebe die Universalien, das Wahre, das Gute und das Schöne. Aber Predigten, die nur schön sind, die bloß wohlklingen, die lediglich aus Phrasen bestehen oder die nur sehr bequeme Wahrheiten enthalten und wenig beunruhigen, entsprechen nicht dem Sinn des Evangeliums.

U. E.: Ein Schweizer Journalist, es ist ein Jesuit, hat versucht, Ihre Rolle auf den drei großen Versammlungen der lateinamerikanischen Bischöfe zu charakterisieren. Er sagte, und ich möchte Sie fragen, ob das zutrifft: In Rio 1955 waren Sie mehr oder weniger der Organisator, in Medellín 1968 mehr oder weniger der Inspirator und in Puebla hat er den Eindruck gehabt, Sie seien der Vermittler der Gegensätze gewesen.

Dom Helder: Ich achte die Urteile der andern. Ich weiß nicht, wie er die Arbeit verfolgen konnte, die mehr oder weniger eine versteckte Arbeit war. Was wir in Puebla versucht haben, war keine Arbeit des Ausgleichs. Ich persönlich möchte lernen, zu dialogisieren. Andere haben dialogisiert. In der Kirche haben die Priester und auf eine besondere Weise vielleicht vor allem die Bischöfe keine Haltung des Dialogs. Sehr oft, wenn man scheinbar einen Dialog führt, hat man die Lösung bereits in seiner Tasche. Man ist einverstanden unter der Bedingung, dass unser Gegenüber besiegt wird. Mir scheint die Wahrheit so vielfältig zu sein, dass jeder über ein Stück Wahrheit verfügt. Man muss die Demut haben, auf die Lösungen zu hören. Der Schöpfer und Vater hat die menschliche Intelligenz so ausgestattet, dass sie nur dort hängen bleibt, wo es einiges an Wahrheit gibt. Wenn es ein ökonomisches, philosophisches, theologisches oder literarisches System gäbe, was weiß ich davon? Wenn es darin nur Irrtümer gäbe ohne jede Wahrheit, wäre die menschliche Intelligenz unfähig, von diesem System angezogen zu werden. Wir suchen im Gegenteil innerhalb der Systeme Wahrheiten, die darin gefangen gehalten sind. Es ist schön, die vorhandenen Wahrheiten befreien zu helfen. Ich erinnere mich zum Beispiel an die Arbeit von Thomas von Aquin in Bezug auf Aristoteles. Sie wissen besser als ich, dass zur Zeit von Thomas von Aquin Aristoteles als ein Verdammter, als ein Heide, ein Materialist galt, sodass es verboten war, über ihn zu lehren, weil das System als so geschlossen galt, dass die Annahme des kleinsten Teils der aristotelischen Philosophie zur Annahme des Ganzen verpflichtete. Doch Thomas von Aquin machte sich nichts daraus und tauchte in die Philosophie von Aristoteles ein. Er hat die Wahrheiten befreit, die darin gefangen gehalten waren. Er hat die Wahrheiten vertieft. Natürlich hatte er in seiner Zeit ernsthafte Gegner, doch später wurde er zum „doctor communis", zum „doctor angelicus". Ich frage mich, ob man heute nicht dasselbe machen müsste. Ich sage nicht, von irgendjemandem, sondern ich spreche zum Beispiel von den Theologen, von den Universitäten. Und ich denke an Marx. Natürlich nicht naiv und nicht von irgendwelchen Leuten müsste das unternommen werden, sondern von wirklichen Theologen. Selbst Universitäten könnten sehr gut vom Prinzip ausgehen, dass, wenn die Marxismen – im Plural – die Aufmerksamkeit von so großen Massen auf sich ziehen, dann deswegen, weil es darin ganz gewiss gefangen gehaltene Wahrheiten gibt. Aber man sagt auch hier, was man in Bezug auf Aristoteles sagte: Achtung, das ist ein geschlossenes Ganzes. Wenn man einzelne Wahrheiten akzeptiert, muss man den ganzen Rest annehmen.[603]

Wir waren also in Puebla. Meine Hauptsorge richtete sich darauf, immer wieder zu sagen: „Weshalb hören wir nicht zu, weshalb haben wir nicht den Mut, jenen zuzuhören, die anders denken als wir, und richten nur?" Und ich sage Ihnen, die größten Siege, die wir in Puebla errangen, bestanden darin, dass wir uns auf den Weg des Dialogs machten. So sind wir in der bischöflichen Kollegialität vorangekommen. Vielleicht ist es das, was mein journalistischer Freund Ausgleich nennt. Es ist ein Prozess des Dialogs, eine Entwicklung in der bischöflichen Kollegialität.[604]

U. E.: Gibt es eine Liste Ihrer Predigten und Vorträge, die bereits veröffentlich sind?

Dom Helder: Wissen Sie, es gibt da und dort an einigen Universitäten Dissertationen und Studien. Aber ich sage Ihnen ganz einfach, im Grunde genommen mache ich mir nichts daraus. Denn wenn Sie dazu kommen, die Ideen kennenzulernen, die ich unterstütze und zu verbreiten suche, es sind nicht meine Ideen. Es gibt nichts Originelles in dem, was ich vertrete. Ich lege nur das Evangelium, das Zweite Vatikanum, Medellín oder Puebla dar. Es gibt nichts Persönliches. Ich weiß nicht. Vielleicht besteht die Überraschung darin, jemanden zu sehen, der mit der Hierarchie und vor allem mit dem Episkopat verbunden ist und der die Kühnheit hat, sich an Massen zu wenden und freier zu reden. In diesem Sinn hat man mich manchmal einen Propheten genannt. Ich beanspruche keineswegs, eine besondere prophetische Mission zu haben, weil allen Christen eine prophetische Berufung eigen ist, vor allem den Priestern und Hirten.

Soviel ich weiß, gibt es in Brasilien Priester, deren Namen ich nicht kenne, die eine anscheinend vollständige Liste haben. Mein Sekretariat in Recife hat eine Liste der Bücher.

U. E.: Herr, Bischof, haben Sie vielen Dank für dieses ausführliche Gespräch.

Anmerkungen

1 Dom Helder Camara schrieb seinen eigenen Namen konsequent ohne Akzente. Dem wird in diesem Buch gefolgt. Bei bibliografischen Angaben und in Zitaten wird die entsprechende Schreibweise übernommen.
2 Vgl. U. Eigenmann, Politische Praxis des Glaubens 9–210. Lediglich die Abschnitte über die abrahamitischen Minderheiten (S. 93) und über die Option für die Armen (S. 212–217) werden durch andere Teile der Dissertation ergänzt, was entsprechend vermerkt ist.
3 Vgl. N. Piletti/W. Praxedes, Dom Hélder Câmara 675.
4 L. C. Luz Marques, Dom Helder Camara – Biografische Informationen 50.
5 Vgl. H. Camara, Briefe aus dem Konzil.
6 Vgl. U. Eigenmann, Hinführung.
7 Ehrendoktorat, in: Helder Câmara in der Schweiz 37–39.
8 S. Scatena/J. Sobrino/L. C. Susin, Kirchenväter Lateinamerikas 514f.
9 J. Comblin, Lateinamerikas Kirchenväter 526f.
10 Helder Camara hat in Interviews und Gesprächen ausführlich über sein Leben und die Entwicklung seines politischen Problembewusstseins und seines theologischen Denkens berichtet: J. de Broucker, Dom Helder Camara; E. Bailby, L'Express; H. Camara/U. Stockmann, Umsturz; H. Câmara, Hélder por Dom Hélder; ders., Un regard; ders., Les conversions. Verschiedene Autoren haben aufgrund von selbst geführten Gesprächen mit Helder Camara, bereits publizierten Berichten oder Interviews Dom Helders über sein Leben, Auskünften seiner Bekannten und Freunde sowie Auszügen aus seinen Reden Lebensbeschreibungen oder Kurzbiografien veröffentlicht: H. Goss-Mayr, Die Macht 186–196; G. Weigner/B. Moosbrugger, Stimme; J. González, Dom Helder Camara; H. Guske, Helder Camara; E. Dussel, Histoire 127f.; H. Lüning, Hélder Câmara; B. Tapia de Renedo, Hélder Câmara; J.-L. Gonzalez-Balado, Helder Camara; M. Hall, The impossible dream; H. U. Jäger, Ein Faschist; C.-J. Pinto de Oliveira, Helder Camara. Zwei theologische Dissertationen enthalten biografische Angaben über Helder Camara: P. J. Leonard, Dom Helder Camara; M. Hall, Dom Helder Camara. Je nach dem gewählten Kriterium kann das Leben Helder Camaras grob in drei oder vier Hauptphasen eingeteilt werden. Geht man von den verschiedenen Konzeptionen des Verhältnisses der Kirche zu Staat und Gesellschaft und den jeweils diesem Verhältnis entsprechenden Positionen Helder Camaras aus, wie es in dieser Arbeit geschieht – nämlich zum einen integralistische Bevormundung des Staates und der Gesellschaft durch die Kirche, zum andern partnerschaftliche Zusammenarbeit der Kirche mit dem Staat und der hegemonialen Klasse ohne Einbezug des Volkes und zum Dritten kritische Opposition

der mit dem unterdrückten Volk verbündeten Kirche gegenüber dem diktatorischen Militärregime und der unterdrückenden Klasse – ergeben sich drei Etappen. Wenn die zweite Phase durch die Begegnung Dom Helders mit Kardinal Gerlier nochmals aufgeteilt wird, kann man von vier Etappen in seinem Leben sprechen (vgl. C.-J. Pinto de Oliveira, Helder Camara). Die Frage, ob drei oder vier Hauptphasen unterschieden werden sollen, ist aber insofern nicht zentral, als sie das Leben Helder Camaras ohnehin nur grob gliedern und die differenzierten Schritte seiner Entwicklung innerhalb der Grobeinteilung im Einzelnen aufgezeigt werden müssen.

11 „Câmara" ist der Familienname des Vaters, „Pessoa" jener der Mutter. Den Vornamen „Hélder" fand der Vater in einem Wörterbuch. „Den Helder" ist eine Stadt im Norden Hollands und „helder" bedeutet im Holländischen soviel wie wolkenlos, klar, hell (vgl. J. de Broucker, Dom Helder Camara 10 [8]; H. Camara/U. Stockmann, Umsturz 3).

12 Vgl. J. de Broucker, Dom Helder Camara 11 (9); H. Camara, Les conversions 29 (36). 31f. (38); E. Bailby, L'Express 138; H. Câmara, Hélder por Dom Hélder 10. Zum heutigen kaum verbesserten Schulwesen vgl. H. Camara u. a., J'ai entendu les cris de mon peuple 32f.

13 Vgl. H. Camara, Les conversions 29 (36); in der deutschen Übersetzung ist von dreißig statt von fünfunddreißig Jahren die Rede.

14 Vgl. H. Camara, Les conversions 34 (41f.); J. de Broucker, Dom Helder Camara 11 (9); E. Bailby, L'Express 138.

15 Vgl. S. Wegener, Die katholische Kirche 49–51.

16 Vgl. ebd. 86.

17 Vgl. ebd. 69–79. Zu den Arbeitsverhältnissen in der Landwirtschaft vgl. H. Füchtner, Arbeitergewerkschaften 122–126.

18 Vgl. S. Wegener, Die katholische Kirche 89.

19 Vgl. ebd. 79f.; H. Camara, Les conversions 18f. (21f.).

20 Vgl. ebd. 29 (36). 141 (184); P. J. Leonard, Dom Helder Camara 156.

21 Vgl. S. Wegener, Die katholische Kirche 41; E. Galeano, Die offenen Adern 76.

22 Vgl. J. de Broucker, Dom Helder Camara 10 (8).

23 Vgl. ebd.; H. Camara, Les conversions 30f. (37f.).

24 Vgl. J. de Broucker, Dom Helder Camara 10f. (9f.); H. Camara, Les conversions 30 (37). 40f. (50f.); H. Camara/U. Stockmann, Umsturz 4; P. J. Leonard, Dom Helder Camara 12.

25 Vgl. J. de Broucker, Dom Helder Camara 11 (9).

26 Vgl. H. Camara, Les conversions 32 (39); E. Bailby, L'Express 138f.

27 Vgl. H. Camara, Les conversions 31 (38f.). Die erste Loge der Freimaurer in Brasilien wurde 1797 gegründet (vgl. S. Wegener, Die katholische Kir-

che 87). Nach dem Urteil von E. Hoornaert war die brasilianische Freimaurerei weder antireligiös noch antichristlich (vgl. H.-J. Prien, Geschichte 425). Sie wurde im Kaiserreich zwischen 1822 und 1889 zur Trägerin der kulturellen Werte der Oberschicht sowie eines Teiles des Klerus und zählte wegen ihrer Opposition gegen Portugal neben vielen Priestern auch drei Bischöfe zu ihren Mitgliedern (vgl. H.-J. Prien, Geschichte 431; T. C. Bruneau, The political transformation 22).

Nachdem um die Mitte des 19. Jahrhunderts die „irmandades" (Bruderschaften) als institutionelle Trägerinnen des kirchlichen Lebens in den Städten immer mehr zu Zentren freimaurerischer Aktivitäten geworden waren, kam es in den Jahren 1872–1875 zwischen Kirche und Staat zu einem entscheidenden Konflikt, als der in Frankreich ausgebildete und im Mai 1872 neu ernannte 26-jährige Bischof von Olinda und Recife, Dom Vital Maria Gonçalves de Oliveira OFMCap, das kirchliche Verbot der Freimaurerei und die kanonischen Sanktionen gegen deren Mitglieder entgegen der bis zu diesem Zeitpunkt in Brasilien herrschenden Praxis, wonach aufgrund der gesetzlich verankerten regalistischen Herrschaft des Staates über die Kirche (zum Regalismus in Brasilien vgl. T. C. Bruneau, The political transformation 21, Anm. 31) das 1864 erlassene kirchliche Verbot der Freimaurerei weder verkündet noch beachtet worden war, durchsetzen wollte. Der Konflikt, der als „religiöse Frage" in die Geschichte Brasiliens eingegangen ist, erreichte seinen Höhepunkt mit der Verurteilung von Dom Vital und seines bischöflichen Kollegen Dom Antônio de Macedo Costa zu je vier Jahren Zuchthaus mit Zwangsarbeit im Jahre 1874 und endete mit der Begnadigung der beiden Bischöfe anlässlich eines Regierungswechsels 1875. Der bereits 1878 verstorbene Dom Vital wurde wegen seines Widerstandes gegen die Bevormundung der Kirche durch den Staat zu einer außerordentlichen moralischen Autorität in der künftigen Entwicklung der brasilianischen Kirche, und der Konflikt der Jahre 1872–1875 sollte eine der Hauptursachen für die mit einem Dekret vom 7. Januar 1890 erfolgte und in der Verfassung der ersten Republik von 1891 verankerte vollständige Trennung von Kirche und Staat darstellen. Zu den Einzelheiten des Konflikts zwischen Kirche und Staat und zur Freimaurerei in Brasilien vgl. H.-J. Prien, Geschichte 432f.; T. C. Bruneau, The political transformation 25–29; M. Hall, Dom Helder Camara 83–86; L. A. de Boni, Kirche auf neuen Wegen 19; M. M. Alves, L'Eglise 22–24; S. Wegener, Die katholische Kirche 31f.; H. Camara, Les conversions 33 (40).

28 Vgl. ebd. 33 (41).
29 Vgl. ebd. 32 (39f.); H. Camara/U. Stockmann, Umsturz 4f.; E. Bailby, L'Express 138f.

30 Vgl. ebd.
31 Vgl. P. J. Leonard, Dom Helder Camara 14; J. González, Dom Helder Camara 30.
32 In einem berühmt gewordenen Hirtenbrief zu seinem Amtsantritt als Erzbischof von Olinda und Recife im Jahre 1916 beklagte Dom Sebastião Leme de Silveira Cintra das mangelnde Interesse an der Kirche und die Tatsache, dass diese im traditionell katholischen Land Brasilien weder politisch-sozialen noch literarisch-künstlerischen Einfluss ausübe und unter den Intellektuellen kaum vertreten sei. Dom Lerne machte für diesen Zustand mangelnde religiöse Bildung der Gläubigen verantwortlich und unternahm als Erzbischof von Olinda und Recife (1916–1921), als Koadjutor von Rio de Janeiro (1921–1930) und als Kardinal Erzbischof von Rio bis zu seinem Tod im Jahre 1942 große und erfolgreiche Anstrengungen, um die Kirche Brasiliens neu zu beleben. Er gilt deshalb als der bedeutendste brasilianische Kirchenführer in der ersten Hälfte des 20. Jahrhunderts (vgl. H.-J. Prien, Geschichte 561; T. C. Bruneau, The political transformation 36f.; E. de Kadt, Catholic Radicals 56; L. A. Boni, Kirche auf neuen Wegen 53; M. Hall, Dom Helder Camara 88; H. Camara, Les conversions 107 [138]).
33 Vgl. P. J. Leonard, Dom Helder Camara 15.62. Seine Eltern konnten lediglich die Hälfte des Pensionspreises bezahlen; die andere Hälfte wurde durch ein Werk für Priesterberufe finanziert (vgl. H. Câmara, Hélder por Dom Hélder 10).
34 Vgl. H. Camara, Les conversions 53 (66).
35 Vgl. H. Camara, Les conversions 56f. (70); H.-J. Prien, Geschichte 565f.; E. G. Jacob, Grundzüge 218–220; E. de Kadt, Catholic Radicals 55.
36 Der harte Kern dieser Opposition bestand hauptsächlich aus Leutnants, weshalb die Bewegung „tenentismo" (von „tenente" = Leutnant) genannt wurde. Nachdem eine erste bewaffnete Rebellion gescheitert und die herrschende Oligarchie wieder an der Macht war, gingen die Offiziere vom anfänglichen Stellungskrieg örtlicher Aufstände zum Bewegungskrieg über und zogen als rebellierende Truppen durchs Land. In diesem Zusammenhang formierte sich unter der Führung von Luís Carlos Prestes, der später eine wichtige Rolle in der 1922 gegründeten kommunistischen Partei spielen sollte, die Coluna Prestes: Ein Trupp von 1500 Männern, der zwischen Oktober 1924 und Februar 1927 Brasilien von Süden nach Nordosten durchzog, um das Volk kennenzulernen und wachzurütteln, sich dann aber auflöste. Der „tenentismo" war damit zwar vorerst gescheitert. Zusammen mit unzufriedenen Politikern sollten die oppositionellen Offiziere dann aber die Revolution von 1930 unter Getúlio Vargas herbeiführen (vgl. H. Camara, Les conversions 53–56 [66–70]; E. G. Jacob, Grundzüge

220f.; A. M. Costa e Silva, Die Herrschaftskrise 32–34; H. Füchtner, Arbeitergewerkschaften 29; H.-J. Prien, Geschichte 566).

37 Vgl. P. J. Leonard, Dom Helder Camara 20; T. C. Bruneau, The political transformation 44; L. A. de Boni, Kirche auf neuen Wegen 22.52–54; E. de Kadt, Catholic Radicals 56f.; H.-J. Prien, Geschichte 563. Nach de Boni, der sich dabei auf Alceu Amoroso Lima stützt, können im Erneuerungsprozess der brasilianischen Kirche vier Etappen unterschieden werden, von denen jede mit dem Namen eines bedeutenden Geistlichen verbunden ist: Die erste mit Dom Vital (1846–1878), der sich in der sogenannten „religiösen Frage" für die Unabhängigkeit der Kirche vom Staat eingesetzt hatte, die zweite mit Pater Júlio Maria (1850–1916), der dem religiösen Indifferentismus entgegentrat, dessen Ursachen er in der Unfähigkeit des Klerus sah, die dritte mit Dom Leme (1882–1942), der die kirchliche Erneuerung in den 1920er-Jahren initiierte sowie mithilfe einer Generation intellektueller Konvertiten förderte, von der die brasilianische Kirche mehr als dreißig Jahre leben sollte, und der der Kirche Brasiliens zu Einfluss in Staat und Gesellschaft verhalf, sowie die vierte mit Dom Helder Camara (vgl. L. A. de Boni, Kirche auf neuen Wegen 48–55).

38 Vgl. P. J. Leonard, Dom Helder Camara 21.

39 Vgl. ebd. 22f.; H. Camara, Les conversions 51 (62f.); L. A. de Boni, Kirche auf neuen Wegen 23.27f.

40 Vgl. ebd. 19.

41 Vgl. E. de Kadt, Catholic Radicals 56.

42 Vgl. H.-J. Prien, Geschichte 558; P. Richard, Mort des Chretientés 116.

43 Vgl. L. A. de Boni, Kirche auf neuen Wegen 30.

44 Vgl. H. Camara, Les conversions 45 (56f.) 47f. (58f.); E. Bailby, L'Express 145.

45 Vgl. ebd.

46 H. Camara, Les conversions 47 (58).

47 Ebd. 46 (56f.).

48 Vgl. ebd. 47 (57).

49 Vgl. ebd. 45 (56); J. de Broucker, Dom Helder Camara 12–18 (12–17).

50 Vgl. H. Camara, Les conversions 100 (127); E. Bailby, L'Express 140. In diesen Nachtstunden schreibt Helder Camara auch Meditationen, von denen einige veröffentlicht worden sind: J. de Broucker, Dom Helder Camara 209–221 (235–245); H. Camara, Mille raisons; ders., Regenbogen; ders. Hoffen; ders., Selig die träumen.

51 Vgl. H. Camara, Les conversions 49f. (60f.); P. J. Leonard, Dom Helder Camara 24.

52 Vgl. ebd.

53 Vgl. ebd. 25f.

54 Vgl. ebd. 26f.
55 Vgl. ebd. 30f.; J. de Broucker, Dom Helder Camara 21 (20f.); H. Camara, Les conversions 65f. (82).
56 Vgl. J. de Broucker, Dom Helder Camara 22 (21); H. Camara, Les conversions 66 (83). 69f. (88f.); P. J. Leonard, Dom Helder Camara 31f.136.
57 Vgl. H. Camara, Les conversions 70 (88); P. J. Leonard, Dom Helder Camara 32f.
58 H. Camara, Les conversions 70 (88).
59 Vgl. ebd. 51 (63). 54 (67); H.-J. Prien, Geschichte 566f., Anm. 141.
60 A. M. Costa e Silva, Die Herrschaftskrise 43.42; vgl. P. Richard, Mort des Chrétientés 119. Nach der Weltwirtschaftskrise von 1929, während der der Kaffeepreis von 22,5 auf 8 Cent gefallen und Brasilien, dessen Ausfuhr zu 60 bis 70 % aus Kaffee bestand, bankrott war, kam es 1930 zu Neuwahlen. Entgegen dem ungeschriebenen Gesetz des „Rotativismo", wonach die Staaten São Paulo und Minas Gerais bisher im Turnus den Präsidenten gestellt hatten, schlug Präsident Washington Luís Pereira de Sousa den wie er aus dem Staate São Paulo stammenden Júlio Prestes als Kandidaten für seine Nachfolge vor, damit dieser die wirtschaftlichen Interessen seines Staates angesichts der herrschenden Krise wahrnehme. Die in der „Aliança Liberal" vereinigte Großoligarchie der Staaten Minas Gerais und Rio Grande do Sul stellte daraufhin Getúlio Vargas aus Rio Grande do Sul als Gegenkandidaten auf. Julio Prestes gewann die Wahlen knapp. Die „Aliança Liberal" anerkannte allerdings das Wahlergebnis wegen angeblicher Fälschungen nicht. Die Ermordung des mit Vargas für das Amt des Vizepräsidenten kandidierenden João Pessôa war der Anlass zu der von der „Aliança Liberal" angeführten und von den Spitzen des Heeres unterstützten Revolution, die am 3. Oktober begann. Am 30. Oktober erreichte Getúlio Vargas mit seinen Truppen Rio de Janeiro. Washington Luís wollte selbst auf die Gefahr eines Bürgerkrieges hin mit den ihm treu gebliebenen Truppen Widerstand leisten. Nachdem es den Generälen in der Hauptstadt nicht gelungen war, ihn zum Rücktritt zu bewegen, bat Getúlio Vargas Kardinal Leme zu vermitteln. Dom Leme nahm an und konnte Washington Luís veranlassen, zurückzutreten und ins Exil zu gehen. Vargas sollte Leme für diesen Dienst sein Leben lang äußerst dankbar bleiben, und seit diesem Ereignis waren die beiden einander freundschaftlich verbunden (vgl. E. G. Jacob, Grundzüge 222f.; A. M. Costa e Silva, Die Herrschaftskrise 40–45; H.-J. Prien, Geschichte 566; H. Füchtner, Arbeitergewerkschaften 28–30; T. C. Bruneau, The political transformation 38–40).
61 Vgl. H. Camara, Les conversions 65 (82); P. J. Leonard, Dom Helder Camara 35.

62 Vgl. H. Camara, Les conversions 51 (63); L. A. de Boni, Kirche auf neuen Wegen 28f.
63 H. Camara, Les conversions 23 (26f.).
64 Vgl. P. J. Leonard, Dom Helder Camara 56. Ursprünglich lehnte der Integralismus beide Systeme ab. Die Verteidigung des Kapitalismus durch die Integralisten stellt eine brasilianische Besonderheit dar (vgl. L. A. de Boni, Kirche auf neuen Wegen 28).
65 Vgl. P. J. Leonard, Dom Helder Camara 71–73.
66 Die Mitglieder trugen, inspiriert von den schwarzen Hemden Mussolinis, grüne Hemden und grüßten mit dem erhobenen rechten Arm. Ihr Motto lautete „Gott, Vaterland, Familie", und sie ersetzten die Parolen „Freiheit, Gleichheit, Brüderlichkeit" der Französischen Revolution durch Mussolinis Ruf nach „Autorität, Ordnung, Gerechtigkeit". Sie traten für einen brasilianischen Nationalismus unter der Leitung eines von der katholischen Lehre durchdrungenen und überzeugten Führers ein. Für sie waren die Hauptfeinde der Nation die Kommunisten, die Juden, die Freimaurer und die Demokraten (vgl. H. Camara, Les conversions 65 [82]; H. Câmara, Helder por Dom Hélder 12; P. J. Leonard, Dom Helder Camara 36f.). L. A. de Boni weist auf die in Brasilien entstandene „Unterscheidung zwischen ‚Integralismo' (die politische Partei) und ‚Integrismo' (die theoretische Bewegung) hin. Die Partei hatte eine Bedeutung in den Dreißigerjahren, trat dann aber langsam ins zweite Glied zurück. Der ‚Integrismo' dagegen wurde zur inoffiziellen Partei der brasilianischen Kirche, zu ihrer Ideologie. Die ‚nicht politische' Ideologie war also wirkungsvoller als die politische Partei." (L. A. de Boni, Kirche auf neuen Wegen 30f.)
67 Vgl. J. de Broucker, Dom Helder Camara 22 (21f.); E. Bailby, L'Express 147; H. Camara, Les conversions 66 (83); P. J. Leonard, Dom Helder Camara 35f.; H.-J. Prien, Geschichte 569.
68 Vgl. P. J. Leonard, Dom Helder Camara 37.
69 Vgl. H. Camara, Les conversions 74 (94); T. C. Bruneau, The political transformation 41; E. Bailby, L'Express 147. Das Programm der Kirche umfasste zehn Punkte, von denen die drei ersten auch die wichtigsten waren, nämlich: Verbot der Ehescheidung, Religionsunterricht an öffentlichen Schulen und Militärseelsorge (vgl. P. J. Leonard, Dom Helder Camara 38). Über die Bedeutung der Initiative Dom Lemes sagt L. A. de Boni: „Mit der LEC versuchte eine mit den Intellektuellen versöhnte Kirche den Weg zum Volk zu finden. Unter der Orientierung von Kardinal Leme verursachte dieser Bund eine wahre Revolution im katholischen Denken: Die Laien wurden von der Hierarchie aufgefordert, politisch tätig zu werden, ohne aber damit eine politische ‚katholische' Partei zu gründen. Dadurch ver-

suchte die Hierarchie, sich von der Parteipolitik fernzuhalten, und weigerte sich, sich irgendeiner Partei anzuschließen." (L. A. de Boni, Kirche auf neuen Wegen 54)
70 Vgl. P. L. Leonhard, Dom Helder Camara 40.
71 Vgl. ebd. 29–41; H. Camara, Les conversions 75 (95); T. C. Bruneau, The political transformation 41f.; H.-J. Prien, Geschichte 567.
72 Vgl. J. de Broucker, Dom Helder Camara 23 (23); H. Camara, Les conversions 75f. (96f.).
73 Vgl. J. de Broucker, Dom Helder Camara 32f. (23f.); H. Camara, Les conversions 76 (97); P. J. Leonard, Dom Helder Camara 43. Everardo Backhauser, der Präsident der Vereinigung der katholischen Erzieher Brasiliens, schrieb in der *Revista Brasileira de Pedagogia* in der Juli-August-Nummer des Jahres 1935 über Helder Camara zu dessen Weggang von Fortaleza, er sei in Ceará ein Idol, in den Straßen umringten ihn die Kinder mit Freude und Liebe, bei den Jugendlichen stehe er im Ruf eines Führers und genieße unter den Lehrern aufgrund seiner Fachkenntnisse hohes Ansehen (vgl. P. J. Leonhard, Dom Helder Camara 44).
74 Vgl. J. de Broucker, Dom Helder Camara 24f. (24f.); H. Camara, Les conversions 88f. (112f.); H. Camara/U. Stockmann, Umsturz 6.
75 Vgl. H. Camara, Les conversions 92f. (117); P. J. Leonard, Dom Helder Camara 86.
76 Vgl. J. de Broucker, Dom Helder Camara 24 (24); H. Camara, Les conversions 67 (84).
77 Vgl. P. J. Leonard, Dom Helder Camara 47f.
78 Vgl. ebd. 49f.; H. Camara, Les conversions 67 (84f.). Auf einer Fotografie aus dem Jahre 1937 ist Helder Camara zusammen mit einer Gruppe von faschistischen Grünhemden abgebildet (vgl. B. Tapia de Renedo, Helder Camara 27).
79 Vgl. P. J. Leonard, Dom Helder Camara 96.
80 Vgl. H.-J. Prien, Geschichte 569; T. C. Bruneau, The political transformation 42; H. Camara, Les conversions 68 (85). Als im Mai 1938 die Integralisten, die sich von Vargas getäuscht sahen, einen Angriff auf den Präsidentenpalast inszenierten, ließ Vargas die meisten Führer der integralistischen Partei verhaften und schickte Plinio Salgado nach Portugal ins Exil.
81 Vgl. E. Bailby, L'Express 148; H. Camara, Les conversions 67 (84); P. J. Leonard, Dom Helder Camara 56.
82 Vgl. L. A. de Boni, Kirche auf neuen Wegen 25.29; T. C. Bruneau, The political transformation 40.
83 Vgl. E. Bailby, L'Express 148; H. Camara, Un regard 121; ders., Les conversions 47 (58).

84 Vgl. P. J. Leonard, Dom Helder Camara 53–55; E. de Kadt, Catholic Radicals 57; T. C. Bruneau, The political transformation 45; G. Gutiérrez, Theologie der Befreiung 54, Anm. 8; H. Camara, Les conversions 59 (73).
85 Vgl. P. J. Leonard, Dom Helder Camara 52f. 56f. 84f.
86 Vgl. H. Camara, Les conversions 97 (122).
87 Vgl. P. J. Leonard, Dom Helder Camara 81.
88 Vgl. ebd. 81; H. Camara, Les conversions 99 (126).
89 Vgl. J. de Broucker, Dom Helder Camara 25 (25); H. Camara/U. Stockmann, Umsturz 6; H. Camara, Les conversions 97 (126). 1949 sollte er dann als Nachfolger von Leonel Franca Mitglied des Obersten Erziehungsrates von Brasilien werden und bis 1964 bleiben (vgl. J. de Broucker, Dom Helder Camara 25 (25); P. J. Leonard, Dom Helder Camara 58.
90 Vgl. H. Camara, Les conversions 107f. (138); P. J. Leonard, Dom Helder Camara 103; E. de Kadt, Catholic Radicals 59; H.-J. Prien, Geschichte 571. Die Katholische Aktion Brasiliens war von Kardinal Leme im Jahre 1935 gegründet worden, nachdem dieser bereits zwei Jahre zuvor die verschiedenen katholischen Organisationen in der „Coligação Católica Brasileira" zusammengefasst hatte. Aber bereits kurz nach ihrer Gründung verlor die ACB mehr oder weniger ihre Daseinsberechtigung, weil die katholische Kirche durch den Einsatz der Wahlliga ihre Forderungen gegenüber dem Staat durchsetzen konnte und Präsident Vargas der Kirche günstig gesinnt war, sodass diese eigentlich um nichts mehr kämpfen musste. Die Artikel in der Zeitschrift *A Ordem* waren denn auch Ende der 1930er-Jahre nicht mehr auf die brasilianische Wirklichkeit bezogen, sondern hätten überall auf der Welt erscheinen können (vgl. T. C. Bruneau, The political transformation 45f.).
91 Vgl. P. J. Leonard, Dom Helder Camara 104.105f.
92 Vgl. H. Camara, Les conversions 108 (139).
93 Vgl. P. J. Leonard, Dom Helder Camara 106f.
94 Vgl. T. C. Bruneau, The political transformation 109.
95 Vgl. ebd. 89; H. Füchtner, Arbeitergewerkschaften 142.
96 Vgl. P. J. Leonard, Dom Helder Camara 139.
97 Vgl. ebd. 140.
98 Vgl. ebd. 141, Anm. 1. Leonard stützt sich bei seiner Aussage auf Dona Cecélia Monteiro, die damals Sekretärin der ACB gewesen war.
99 E. de Kadt ist zwar nicht bekannt, dass Helder Camara der Autor des Hirtenbriefes von Dom Engelke war, er stellt aber fest, es sei interessant, bereits im ersten kirchlichen Dokument in neuerer Zeit über das Leben der brasilianischen Landbevölkerung den Ausdruck „untermenschlich" zu finden, der Mitte und Ende der 1960er-Jahre so stark mit Dom Helder Camara identifiziert werden sollte (vgl. E. de Kadt, Catholic Radicals 72, Anm. 48).

100 Vgl. P. J. Leonard, Dom Helder Camara 141–143; T. C. Bruneau, The political transformation 66.75; E. de Kadt, Catholic Radicals 72f.; M. M. Alves, L' Eglise 163f.
101 Vgl. ebd. 164; T. C. Bruneau, The political transformation 75; P. Richard, Mort des Chrétientés 124f. Im nächsten Jahr veröffentlichten drei Bischöfe aus den Staaten Rio Grande do Norte in Natal nach einer Studienwoche über Probleme auf dem Land ebenfalls ein Schreiben, das allerdings traditioneller gehalten war als jenes von Campanha (vgl. E. de Kadt, Catholic Radicals 73).
102 Vgl. M. M. Alves, L'Eglise 162f.
103 Vgl. E. de Kadt, Catholic Radicals 59; T. C. Bruneau, The political transformation 95; H. Camara, Les conversions 108 (139).
104 Vgl. ebd. 108 (140).
105 Vgl. ebd. 83 (105); M. M. Alves, L'Eglise 165.
106 Vgl. P. J. Leonard, Dom Helder Camara 144; H. Camara, Les conversions 83 (105).
107 Vgl. ebd. 83 (104).
108 Vgl. J. de Broucker, Dom Helder Camara 25 (25f.). Durch die guten Beziehungen, die Helder Camara nicht nur mit Nuntius Chiarlo (1946–1954), sondern auch mit dessen Nachfolger Armando Lombardi (1954–1964) unterhielt, übte er einen nicht geringen Einfluss auf die Ernennung von dreißig Erzbischöfen und 150 Bischöfen während der achtzehn Jahre von 1946 bis 1964 aus (vgl. P. J. Leonard, Dom Helder Camara 111; M. M. Alves, L'Eglise 75).
109 Vgl. H. Camara, Les conversions 122–124 (157–160); J. de Broucker, Dom Helder Camara 25–28 (26–29). M. M. Alves meint, Helder Camara sei zu wenig präzis, wenn er sage, er habe die Idee einer Brasilianischen Bischofskonferenz zuerst mit dem Nuntius besprochen. Aufgrund einer im *Jornal do Brasil* vom 14. Oktober 1972 abgegebenen Erklärung von Cecilia Monteiro sei die Idee eines nationalen Zusammenschlusses bereits 1947 im Gespräch zwischen Helder Camara und dem Advokaten Vieira Coelho, dem Präsidenten der Katholischen Aktion von Minas Gerais, entstanden (vgl. M. M. Alves, L'Eglise 57).
110 Vgl. M. M. Alves, L'Eglise 57. Dom Helder Camara hat verschiedentlich gesagt, er sei im Jahr 1950 sowohl im Zusammenhang mit dem Heiligen Jahr als auch aus Anlass des Weltkongresses für das Laienapostolat in Rom bei Mgr. Montini gewesen (vgl. de Broucker, Dom Helder Camara 26 [26]; H. Câmara, Hélder por Dom Hélder 15; ders., Les conversions 122 [157]). Er ist hier ungenau; denn der Weltkongress für das Laienapostolat war wohl für 1950 vorgesehen gewesen, wurde aber verschoben und fand erst vom 7. bis 14. Okt. 1951 statt (vgl. HK 5 (1950/51) 366ff.; 6

(1951/52) 127–131). Damit wird verständlich, dass die CNBB einige Monate nach seinem zweiten Besuch in Rom errichtet wurde, wie Dom Helder selbst sagt (vgl. J. de Broucker, Dom Helder Camara 28 [29], was bei zwei Besuchen im Jahr 1950 schwer zu erklären wäre.

111 Vgl. P. J. Leonard, Dom Helder Camara 114.
112 Vgl. ebd. 113; H.-J. Prien, Geschichte 889f.
113 Vgl. P. J. Leonard, Dom Helder Camara 114; T. C. Bruneau, The political transformation 108.
114 Vgl. P. J. Leonard, Dom Helder Camara 148f. Zu den Arbeitsverhältnissen in der Landwirtschaft vgl. H. Füchtner, Arbeitergewerkschaften 122–126.
115 Vgl. A. M. Costa e Silva, Die Herrschaftskrise 115.
116 H. Camara, Les conversions 83 (104).
117 Ebd. 140f. (183).
118 Ebd. 141 (183). Zum Gespräch zwischen Kardinal Gerlier und Dom Helder vgl. auch J. de Broucker, Dom Helder Camara 29 (30) und G. Weigner/B. Moosbrugger, Stimme 48.
119 Vgl. zu „Empirismus", „Funktionalismus" und „dialektischer Strukturalismus" L. Boff, Die Anliegen der Befreiungstheologie 85–87.
120 H. Camara, Les conversions 141 (184).
121 Vgl. P. J. Leonard, Dom Helder Camara 183.
122 Vgl. H. Camara, Les conversions 125 (161); H.-J. Prien, Geschichte 890f.; ICI No 7 (1. 9. 1955) 8f. Die lateinamerikanischen Bischöfe waren bereits vom 28. Mai bis 9. Juli 1899 in Rom zu einem ersten und 1939 zu einem zweiten Plenarkonzil zusammengekommen, ohne dass daraus aber eine ständige Organisation entstanden wäre (vgl. H.-J. Prien, Geschichte 885.889).
123 Getúlio Vargas, der am 3. Oktober 1950 wieder zum Präsidenten gewählt worden war, ernannte Coelho de Lisboa zum Sonderbeauftragten der Regierung, um die Mitwirkung des gesamten Staatsapparates bei der Vorbereitung des Eucharistischen Kongresses zu gewährleisten, da dessen internationaler Charakter Brasilien ins Rampenlicht der Weltöffentlichkeit rücken sollte (vgl. H. Camara, Les conversions 84 [105f.]. 138f. [180f.]).
124 Dom Helder war im Laufe des Eucharistischen Kongresses zu einem Idol der Massen geworden, und seine spätere Popularität wurde in jener Zeit begründet (vgl. P. J. Leonard, Dom Helder Camara 117). Zur Reaktion von Kardinal Câmara vgl. J. de Broucker, Dom Helder Camara 29 (30).
125 Der Name „hl. Sebastian" wurde gewählt, weil dieser der Schutzpatron der Stadt Rio de Janeiro ist, und die Bezeichnung „Kreuzzug" weist nach den eigenen Worten von Dom Helder auf die mittelalterliche Mentalität hin, von der das Unternehmen getragen war (vgl. H. Camara, Les conversions 141f. [184]).

126 Vgl. ICI No 14 (15. 12. 1955) 8f.
127 Vgl. P. J. Leonard, Dom Helder Camara 184; H. Camara/U. Stockmann, Umsturz 10f.
128 Vgl. H. Camara, Les conversions 142f. (185f.).
129 Vgl. ebd. 142 (185).
130 Vgl. P. J. Leonard, Dom Helder Camara 185.187. Der *Time*- und *Life*-Korrespondent in Brasilien, Piero Saporiti, sagte damals über Dom Helder: „Heute kennt man ihn nur in Brasilien, doch in einigen Jahren spricht die Welt von ihm. Er ist sehr sanft, aber in seinen Worten liegt Dynamit." (G. Weigner/B. Moosbrugger, Stimme 21)
131 Vgl. ebd. 185f.
132 Vgl. ebd. 186. Zur Bedeutung dieser Versammlung in der Geschichte der Zusammenarbeit von Kirche und Staat s. S. 61–68.
133 Vgl. ICI No 73 (1. 6. 1958) 10f.
134 Vgl. ICI No 95 (1. 5. 1959) 8.
135 Als Carlos Lacerda im Jahr 1962 Gouverneur des Staates Guanabara, in dem die Stadt Rio de Janeiro liegt, wurde, verfolgte er in Bezug auf die Favelas eine andere Politik, indem er die Bewohner der Elendsviertel außerhalb der Stadt ansiedelte, nachdem er sie polizeilich aus ihren Hütten hatte vertreiben und diese anschließend hatte anzünden lassen (vgl. P. J. Leonard, Dom Helder Camara 190f.; H. Camara, Les conversions 143 [186]).
136 Vgl. ICI No 110 (15. 12. 1959) 13f.; J. de Broucker, Dom Helder Camara 153f. (172f.).
137 Vgl. P. J. Leonard, Dom Helder Camara 189f. Im Jahre 1973 z. B. erbrachte er einen Reingewinn von über einer Million Dollar.
138 Vgl. H. Camara, Les conversions 143f. (186); G. Weigner/B. Moosbrugger, Stimme 44; P. J. Leonard, Dom Helder Camara 192.
139 Vgl. H. Camara, Les conversions 143 (186).
140 Vgl. T. C. Bruneau, The political transformation 72; vgl. P. Richard, Mort des Chrétientés 118.
141 Vgl. M. M. Alves, L'Eglise 166; P. J. Leonard, Dom Helder Camara 164. Auf wessen Initiative hin die Versammlung von Campina Grande einberufen wurde, ist strittig. Während P. J. Leonard jener Version folgt, die Kubitschek in seiner Schlussansprache auf dem Treffen der Bischöfe des Nordostens selbst gegeben hatte, dass nämlich die Initiative von Dom Helder ausgegangen sei, sagt M. M. Alves, die Regierung habe selbst die Initiative ergriffen und die Kirche dazu benutzt, die Entwicklungspläne für die herrschende Klasse annehmbarer zu machen. M. M. Alves beruft sich bei seiner Darstellung auf Dom Helder, der ihm diese Version bestätigt habe (vgl. M. M. Alves; L'Eglise 166, Anm. 9).

142 Vgl. T. E. Skidmore, Politics 164.168. „Erst mit dem Programm der Regierung Kubitschek begann eine effektive, vom Staat planmäßig geförderte Entwicklung der Industrie [...]. Das Programm hatte fünf Schwerpunkte: Energie, Transport, Ernährung, ‚wichtige Industriezweige' und Bildung." (H. Füchtner, Arbeitergewerkschaften 72) Zur Bedeutung der Politik Kubitscheks sagt H. Füchtner: „Die industrielle Entwicklung in der Ära Kubitschek markierte die beginnende Ablösung der alten Form internationaler Arbeitsteilung, in der Brasilien Rohstoffe exportierte und Industrieprodukte importierte. Nunmehr wurde die internationale Arbeitsteilung zunehmend internalisiert; die strategisch wichtigen Produktionszweige entwickelten sich um den Preis der Kontrolle durch ausländische Konzerne oder durch den Staat. Den brasilianischen Industriellen blieben die wichtigsten Bereiche der Produktion verschlossen." (ebd. 73) Vgl. auch F. H. Cardoso/ E. Faletto, Abhängigkeit 179f., P. Richard, Mort des Chrétientés 126f.

143 Vgl. T. C. Bruneau, The political transformation 71.90f. Zur Entstehung und Bedeutung der Ligen, die ursprünglich aus Beerdigungsgenossenschaften hervorgegangen waren, die ihren Mitgliedern einen Holzsarg zusicherten, damit sie nicht bloß in Papier gewickelt begraben wurden, vgl. ausführlich E. de Kadt, Catholic Radicals 24–31; H. Füchtner, Arbeitergewerkschaften 130–139; G. Hartmann, Christliche Basisgruppen 40–43 und zum Verhältnis Juliãos zur Kirche vgl. H. Füchtner, Arbeitergewerkschaften 146-154.

Der Jesuit Leopoldo Brentano hatte für die Landarbeiter bereits im Jahr 1932 „Circulos Operários" gegründet, doch erlangten sie keine wirkliche Bedeutung (vgl. T. C. Bruneau, The political transformation 84).

144 Vgl. J. de Broucker, Dom Helder Camara 92f. (105). 96f. (109f.).
145 Vgl. H. Camara, Les conversions 148f. (193f.).
146 Vgl. P. J. Leonard, Dom Helder Camara 165; ICI No 24 (15. 5. 1956) 9.
147 G. Hartmann, Christliche Basisgruppen 38.
148 Zit. in: ebd.
149 Vgl. P. J. Leonard, Dom Helder Camara 167.
150 Vgl. T. C. Bruneau, The political transformation 75.
151 Vgl. M. M. Alves, L'Eglise 167.
152 G. Hartmann, Christliche Basisgruppen 39.
153 Vgl. ebd.; P. J. Leonard, Dom Helder Camara 169.
154 Vgl. T. C. Bruneau, The political transformation 78; M. M. Alves, L'Eglise 167.
155 Vgl. P. J. Leonard, Dom Helder Camara 170.
156 Vgl. ebd. 171.
157 Vgl. ebd. 171f.; M. M. Alves, L'Eglise 168f.
158 Vgl. ICI No 73 (1. 6. 1958) 10.

159 W. E. Paulus, Die wirtschaftliche Entwicklung 135.
160 Vgl. P. J. Leonard, Dom Helder Camara 173.175.
161 Vgl. J. de Broucker, Dom Helder Camara 68 (76). 93 (105); P. J. Leonard, Dom Helder Camara 175f.; S. Wegener, Die katholische Kirche 113–118.
162 Vgl. P. J. Leonard, Dom Helder Camara 176.
163 Vgl. ebd. 177.
164 H. Camara, Les conversions 90 (114).
165 Vgl. F. H. Cardoso/E. Faletto, Abhängigkeit 143, Anm. d. Ü. Dieses entwicklungspolitische Konzept wird „dessarrollismo" genannt.
166 Vgl. W. E. Paulus, Die wirtschaftliche Entwicklung 99–107.
167 H. Camara, Les conversions 85 (106f.).
168 G. Gutiérrez, Theologie der Befreiung 75. Nach der auf W. W. Rostow zurückgehenden Stadientheorie „... besteht der ‚Entwicklungsprozess' in der zwangshaften Wiederholung, ja Imitation der verschiedenen Stadien, die für den sozialen Wandel [der] ‚entwickelten' Länder kennzeichnend waren" (F. H. Cardoso/E. Faletto, Abhängigkeit 18).
169 H. Camara, Les conversions 85 (107); vgl. ders., Un regard 122.
170 H. Camara, Les conversions 84 (106); vgl. ders., Un regard 121.
171 H. Camara, Les conversions 86f. (109).
172 Vgl. E. Bailby, L'Express 153.
173 Vgl. P. J. Leonard, Dom Helder Camara 197; H. Camara, Les conversions 125f. (161f.).
174 Vgl. P. J. Leonard, Dom Helder Camara 196.
175 Vgl. ebd. 197f.
176 Vgl. ebd. 198f.; Leonard stützt sich bei seinem Bericht über die Rede auf das Bulletin der CNBB. H. Camara hat einige Gedanken der Rede in seinem nach der ersten Session des Zweiten Vatikanischen Konzils an die Bischöfe gerichteten Schreiben zusammengefasst (vgl. H. Camara, Pour arriver à temps 70 [69]). Dom Helder wies manchmal aus taktischen Gründen auf die Gefahr des Kommunismus oder protestantischer Infiltration gegenüber Leuten hin, die keinen anderen Argumenten zugänglich waren, um von der Notwendigkeit sozialer Reformen überzeugt zu werden (vgl. P. J. Leonard, Dom Helder Camara 202f.).
177 H. Camara, Les conversions 126 (162f.).
178 Vgl. P. J. Leonard, Dom Helder Camara 201.
179 Vgl. ebd. 303f.
180 Vgl. E. Bailby, L'Express 153.155. Über den genauen Zeitpunkt, zu dem er die Predigt gehalten hat, macht Dom Helder selbst nur ungefähre Angaben. Einmal spricht er von „eines Tages, es war das Fest des heiligen Vinzenz von Paul" (J. de Broucker, Dom Helder Camara 30 [31], ein andermal sagt er, er wisse nicht mehr, in welchem Jahr es gewesen sei, präzi-

siert aber, es sei anlässlich einer Hundertjahrfeier des hl. Vinzenz gewesen (vgl. E. Bailby, L'Express 153.155; H. Câmara, Hélder por Dom Hélder 17). Wenn diese Angaben auch nicht eben präzis sind, lässt sich aus ihnen doch das genaue Datum der Predigt bestimmen; denn am 27. September 1960 jährte sich zum dreihundertsten Mal der Todestag des hl. Vinzenz von Paul.

Einige Autoren wie J. González (vgl. J. González, Dom Helder Camara 68f.) und J.-L. Gonzalez-Balado (vgl. J.-L. Gonzalez-Balado, Helder Camara 41) datieren die Predigt auf den 19. bzw. 15. Juli 1960, wohl deshalb, weil das Fest des hl. Vinzenz von Paul damals am 19. Juli gefeiert wurde (vgl. LThK X 801), wobei der Grund für die Datierung auf den 15. Juli unerfindlich bleibt.

181 Vgl. ebd. 153. Dom Jaime kritisierte in einer Radioansprache Anfang 1958 die Untätigkeit der brasilianischen Politiker angesichts der Erfolge der Kommunisten. Weiter stellte er fest, dass es den Kommunisten gelungen sei, katholische Organisationen zu unterwandern, und meinte, die Kirche verdiene den Schutz Gottes gegen die Kommunisten nicht, weil nichts unternommen worden sei, dieses Übel zu verhindern (vgl. ICI No 65 [1. 2. 1958] 10). In einem Schreiben wandte er sich zudem an Präsident Kubitschek und bat ihn, das Angebot der Sowjetunion, diplomatische Beziehungen mit Brasilien aufzunehmen, abzulehnen (vgl. ICI No 65 [1. 2. 1958] 10), und bekräftigte seine Haltung in einer persönlichen Unterredung mit Kubitschek (vgl. ICI No 69 [1. 6. 1958] 9).

Dom Helders Distanz zu dem in der Kirche Brasiliens weit verbreiteten Antikommunismus zeigt die Tatsache, dass sich die *Revista Catequética* in der Zeit (1949–1952 und 1954–1958), während der er sie redigierte, kaum mit dem inner- und außerhalb Brasiliens stark diskutierten Kommunismus auseinandersetzte (vgl. P. J. Leonard, Dom Helder Camara 87).

182 Vgl. J. de Broucker, Dom Helder Camara 30 (31); E. Baiby, L'Express 155; H. Câmara, Hélder por Dom Hélder 17.

183 Vgl. P. J. Leonard, Dom Helder Camara 204.

184 J. de Broucker, Dom Helder Camara 30 (31).

185 Vgl. P. J. Leonard, Dom Helder Camara 205. Im Dezember 1960 brachte er anlässlich einer regionalen Bischofsversammlung über Landreform in São Paulo den Passus in die Schlusserklärung ein, dass eine gewaltsame Revolution unvermeidlich sei, wenn in Brasilien keine Agrarreform durchgeführt werde. Es sei fatal zu glauben, jede Agrarreform bedeute einen Schritt auf den Kommunismus hin, wie es auch ein Irrtum sei zu meinen, dass die Kirche jede Art von Agrarreform verurteile (vgl. ebd. 151; ICI No 135 [1. 1. 1961] 43).

186 Ch. Antoine, Kirche und Macht 42.

187 Ebd.
188 Vgl. ebd.
189 Ebd. 43.
190 Vgl. G. Hartmann, Christliche Basisgruppen 49.
191 Anlässlich der Diskussion um die Agrarreform im März 1960 gründeten ländliche Großgrundbesitzer und andere konservative Katholiken diese Gesellschaft, kurz „Tradition, Familie und Eigentum" (TFP) genannt, deren Vorsitzender der Geschichtsprofessor Plinio Corrêa de Oliveira war, der die Bischöfe Geraldo de Proença Sigaud und Antônio de Castro Mayer angehörten und die in ihrem Gründungsjahr das Buch *Agrarreform – eine Gewissensfrage* veröffentlichte, worin die These vertreten wird, dass Agrarreform dem Kommunismus die Türen öffne und eine Sache des individuellen Gewissens und nicht sozialer Strukturen sei (vgl. Ch. Antoine, Kirche und Macht 57f.; T. C. Bruneau, The political transformation 226f.; L. A. de Boni, Kirche und Volkskatholizismus 129). Die Position der TFP wird in folgendem Zitat aus dem Buch *Agrarreform – eine Gewissensfrage* deutlich, wenn in Bezug auf die geistigen und materiellen Ungleichheiten von Menschen gesagt wird: „Diese erste von Geburt an bestehende Ungleichheit ist gerecht, weil Gott, der höchste Herr aller Güter, jedem gibt, was er will [...]. Es ist eine Ehre für die Kirche, die erhabene Würde des Armutszustandes in ihrer Lehre zu bestätigen, die Armen zur Hinnahme ihrer Lage zu führen und die Schätze der christlichen Karitas für die Bedürftigen zu öffnen." (zit. in: L. A. de Boni, Kirche auf neuen Wegen 29).
192 Ch. Antoine, Kirche und Macht 74.
193 Die ersten Radioschulen waren in Brasilien in der Diözese Natal im Staat Rio Grande do Norte im Jahre 1958 von Dom Eugênio Sales eingeführt worden, nachdem sie dieser anlässlich eines Besuches bei Dom Salcedo in Sutatenza (Kolumbien) kennengelernt hatte. Dom Eugênio ging allerdings insofern über das kolumbianische Vorbild hinaus, als er die Radioschulen nicht bloß zur Alphabetisierung und zur katechetischen Unterweisung benutzte, sondern zusätzlich Wert auf die politische Bewusstseinsbildung legte (vgl. T. C. Bruneau, The political transformation 80f.).
194 Vgl. H. Camara, Les conversions 90f. (115); E. de Kadt, Catholic Radicals 122f.; M. M. Alves, L'Eglise 132f.; J.-L. Gonzalez-Balado und J. González übertreiben, wenn sie sagen, die Planung für den MEB sei von Dom Helder ausgegangen (vgl. J. González, Dom Helder Camara 64) oder gar, Dom Helder habe den MEB gegründet (vgl. J.-L. Gonzalez-Balado, Helder Camara 39).
195 Vgl. P. J. Leonard, Dom Helder Camara 233. Dom Helder hatte während des Wahlkampfes nicht wie die meisten seiner bischöflichen Kollegen General Texeira Lott unterstützt, sondern sich neutral verhalten, sodass

er mit Jânio Quadros während dessen kurzer Amtszeit – er trat am 25. August 1961 bereits wieder zurück – gut zusammenarbeiten konnte (vgl. P. J. Leonard, Dom Helder Camara 304).
196 Vgl. E. de Kadt, Catholic Radicals 123f.; G. Hartmann, Christliche Basisgruppen 60.
197 Ebd.
198 Ebd. 61.
199 Vgl. ebd.
200 Ebd. 56f. Die Alphabetisierungskampagne enthielt nicht zuletzt politischen Zündstoff, weil durch sie nun auch jene unterprivilegierten Schichten wahlberechtigt wurden, die bis anhin als Analphabeten von der politischen Mitbestimmung gesetzlich ausgeschlossen gewesen waren (vgl. Ch. Antoine, Kirche und Macht 248, Anm. 10).
201 Vgl. E. de Kadt, Catholic Radicals 107.
202 „Der Begriff conscientização bedeutet den Lernvorgang, der nötig ist, um soziale, politische und wirtschaftliche Widersprüche zu begreifen und um Maßnahmen gegen die unterdrückerischen Verhältnisse der Wirklichkeit zu ergreifen" (P. Freire, Pädagogik 25, Anm. 1). Rogerio de Almeida Cunha übersetzt den Begriff mit „Konzientisation", weil „Bewusstseinsbildung" oder „Bewusstmachung" zu passiv erscheine und „Bewusstwerdung" nur schwach wiedergibt, was „conscientização" als Einheit von Bewusstsein und historischer Praxis der Marginalisierten meint (vgl. R. de Almeida Cunha, Pädagogik 63).
203 H. Camara, Les conversions 90f. (115).
204 „Als Populismo wird eine politische Bewegung bezeichnet, die sich in Brasilien – und anderen lateinamerikanischen Ländern – in den Jahrzehnten von 1930 bis 1960 entwickelt hat." (G. Hartmann, Christliche Basisgruppen 31; vgl. zu den verschiedenen Etappen und Aspekten des Populismo ebd. 31–37) Nach R. de Almeida Cunha kann der ursprüngliche Populismus summarisch durch drei Merkmale charakterisiert werden: „Das erste besteht in der besonderen Aufmerksamkeit, die dem Volk (auf Portugiesisch: povo) gewidmet wird. Aber diese Aufmerksamkeit ist ambivalent. Daraus folgt als zweites Merkmal des Populismus, dass das Volk im Allgemeinen zum Instrument im Kampfe von Politikern [...] um Macht wird. Die politische Macht konzentriert sich zunehmend um die politische Figur des ‚Caudillo'. Dies macht das dritte Merkmal des Populismus aus." (R. de Almeida Cunha, Pädagogik 62)
205 Die enge Verbindung zwischen dem MEB und einzelnen Zweigen der Katholischen Aktion zeigt die Tatsache, dass 53 % der oberen Führerschaft des MEB Mitglieder von JUC oder JEC waren (vgl. E. de Kadt, Catholic Radicals 141.284).

206 Vgl. E. de Kadt, Catholic Radicals 60.
207 Vgl. ebd. 61.
208 Vgl. ebd. 62f.; G. Hartmann, Christliche Basisgruppen 52f. Dem „integralen Humanismus" Maritains lag die Überzeugung zugrunde, „dass die christliche Dimension nicht ausschließlich transzendentaler Natur sein kann, sondern im geschichtlichen Prozess konkretisiert werden muss. Aus abstrakten Prinzipien sollte ein Ideal, das in der Geschichte realisierbar sei, entwickelt werden" (ebd. 52).
209 G. Hartmann, Christliche Basisgruppen 53.
210 Vgl. ebd. 53; E. de Kadt, Catholic Radicals 66f.
211 Vgl. G. Hartmann, Christliche Basisgruppen 53.
212 Vgl. T. C. Bruneau, The political transformation 98.
213 Vgl. G. Hartmann, Christliche Basisgruppen 53; P. Richard sieht im Zehnjahreskongress der JUC den endgültigen Bruch mit dem spirituell-apostolisch-christlichsozialen Typ der Katholischen Aktion und den Beginn des radikalen Bruchs mit dem Modell der neuen Christenheit auf institutioneller Ebene in Brasilien und in ganz Lateinamerika (vgl. P. Richard, Mort des Chrétientés 129).
214 Vgl. E. de Kadt, Catholic Radicals 64; L. A. de Boni, Kirche auf neuen Wegen 102.
215 Vgl. E. de Kadt, Catholic Radicals 70.
216 G. Hartmann, Christliche Basisgruppen 54.
217 Vgl. ebd. 54. Diese von den Studenten der JUC vertretene Position kam dem nahe, was der brasilianische Jesuit Claudio Henrique de Lima Vaz „consciencia histórica" (historisches Bewusstsein) genannt hat, worunter er im Unterschied zum „idéal historique" Jacques Maritains keine genau umschriebene Vorstellung verstand, auf die hin die Gesellschaft verändert werden sollte, sondern das dann beginnt, wenn der Mensch seine Welt kritisch betrachtet und sich der Tatsache bewusst wird, dass sich die Geschichte in einer empirischen Zeitspanne entfaltet, die durch menschliche Aktionen in Form geschichtlicher Initiativen gestaltet wird; denn Aktion ist das, was die Erde verändert (vgl. E. de Kadt, Catholic Radicals 87f.). Nach dem Urteil von Ch. Antoine war Henrique de Lima Vaz der eigentliche Begründer des radikalen Wandels, der sich in einem Teil der Kirche Brasiliens vollzogen hatte (vgl. Ch. Antoine, Kirche und Macht 44; zum theoretischen Ansatz und zur Bedeutung von Vaz vgl. auch L. A. de Boni, Kirche auf neuen Wegen 103–107).
218 Vgl. E. de Kadt, Catholic Radicals 70.81; G. Hartmann, Christliche Basisgruppen 54f. „Die AP steckte sich das Ziel, gemeinsam mit dem Volk und auf der Basis seiner Mitarbeit eine neue Gesellschaft zu beginnen und zu gestalten", sprach sich „für einen christlichen Sozialismus aus, setzt[e]

sich aber zugleich unmissverständlich von der kommunistischen Partei ab" (ebd. 55). E. Skidmore zeigt sich schlecht informiert, wenn er sagt, die AP sei von der katholischen Kirche unterstützt worden (vgl. E. Skidmore, Politics 22).

219 H. Camara, Les conversions, 111 (143); vgl. P. Richard, Mort des Chrétientés 131f.

220 Eine wichtige Rolle in dieser Auseinandersetzung spielte die Enzyklika *Mater et Magistra* Johannes' XXIII. vom 15. Mai 1961, die am 15. Juli veröffentlicht wurde, in Brasilien eine außergewöhnliche Resonanz hervorrief, in den Monaten September bis November in São Paulo auf Initiative von Carlos-Josaphat Pinto de Oliveira OP von Tausenden diskutiert wurde, und die für all jene Christen, Priester und Bischöfe, die für ein stärkeres sozialpolitisches Engagement der Kirche vor allem in der Hauptstreitfrage jener Zeit, der Agrarreform, eintraten, eine gewichtige und willkommene Unterstützung und bedeutende Stärkung ihrer Position gegenüber den traditionell orientierten Kreisen zur Folge hatte (vgl. Ch. Antoine, Kirche und Macht 47f.).

221 Vgl. T. C. Bruneau, The political transformation 99.

222 Vgl. P. J. Leonard, Dom Helder Camara 224f.

223 Vgl. ebd. 223f.; T. C. Bruneau, The political transformation 100. Zur Stellung Dom Helders innerhalb der CNBB sagt Riccardo Lombardi, der den brasilianischen Bischöfen 1960 Exerzitien erteilte, er habe noch in keiner nationalen Bischofskonferenz einen Bischof wie Dom Helder getroffen, der einen so großen Einfluss auf seine Mitbrüder ausgeübt habe. Trotz seiner starken Stellung, die er zugunsten der Studenten der ACB einsetzte, gelang es ihm nicht, die JUC und die Bischofskonferenz zusammenzuhalten (vgl. P. J. Leonard, Dom Helder Camara 223).

224 Vgl. L. A. de Boni, Kirche auf neuen Wegen 55; de Boni beruft sich bei dieser Einschätzung der Bedeutung des Pastoralplanes auf das Urteil von E. Dussel. Der Plano de Emergência sollte während des Zweiten Vatikanischen Konzils in den Jahren 1962–1965 eingeführt und 1966 vom Plano de Pastoral de Conjunto abgelöst werden (vgl. ebd. 72).

225 Vgl. ebd. 56; Ch. Antoine, Kirche und Macht 59; P. J. Leonard, Dom Helder Camara 246.

226 L. A. de Boni, Kirche auf neuen Wegen 57.

227 Vgl. Ch. Antoine, Kirche und Macht 59.

228 L. A. de Boni, Kirche auf neuen Wegen 58.

229 Zit. in: ebd. 57.

230 Zit. in: ebd. 62.

231 Zit. in: Ch. Antoine, Kirche und Macht 60.

232 Zit. in: ebd. 61.

233 Vgl. ebd.
234 Vgl. M. M. Alves, L'Eglise 67.
235 Vgl. ebd. 68.
236 L. A. de Boni, Kirche auf neuen Wegen 66.
237 Vgl. M. M. Alves, L'Eglise 68f.
238 Vgl. ebd. 67.
239 H. Camara, Les conversions 112f. (144f.).
240 Deshalb wählte er P. Louis-Joseph Lebret OP zu seinem theologischen Berater (vgl. H. Camara, Les conversions 161 [209]). Dieser übte auf ihn einen großen Einfluss aus, wie er selbst bekennt: „Er verhalf mir, das Drama unseres Jahrhunderts zu verstehen und zu leben. Er hat mich für immer engagiert im friedlichen Kampf für eine alles umfassende Entwicklung, die Entwicklung des ganzen Menschen und aller Menschen. Er nährt in mir einen Traum – damit der universalen Solidarität geholfen werde –; auf der Seite des Sozialismus: die Einsicht zu erreichen, dass zwischen Sozialismus und Materialismus nicht notwendigerweise eine Verbindung besteht, genauso wie Religion und Weltfremdheit nicht notwendigerweise zusammengehören; auf der Seite des Christentums: die Revision unserer Einstellung gegenüber dem Sozialismus zu erreichen, angesichts der Tatsache, dass es heute die verschiedensten Formen von Sozialismen gibt. Er nährt in mir den Traum, auf weltweiter Ebene eine Bewegung der öffentlichen Meinung zu mobilisieren, um den immer tragischer werdenden Abgrund zwischen den Ländern des Überflusses und den armen Ländern zu beseitigen." (G. Weigner/B. Moosbrugger, Stimme 49) Lebret war mit den Problemen Brasiliens vertraut und beeinflusste die Entwicklung der katholischen Kirche Brasiliens nicht wenig, nachdem er 1947 zum ersten Mal und danach mehrmals Brasilien besucht hatte und entsprechend der von Jacques Maritain geforderten Autonomie des Politischen die Eigenständigkeit des Ökonomischen betonte und die Konzeption einer christlichen Wirtschaft ablehnte (vgl. P. J. Leonard, Dom Helder Camara 179).
241 Vgl. H. Camara, Les conversions 149 (195).
242 In der Einleitung zu einer Rede vor Journalisten über das Schema 13 sagte er am 28. Oktober 1964, er habe seine Intervention in der Basilika mit derjenigen draußen vertauscht, weil es erstens sehr schwierig sei, über Probleme von morgen in einer Sprache von gestern zu reden, und zweitens als Zeichen der Wertschätzung des Beitrages, den Presse, Radio und Fernsehen für das Konzil leisten (vgl. P. J. Leonard, Dom Helder Camara 288).
243 J. de Broucker, Dom Helder Camara 200 (225f.).
244 H. Camara, Pour arriver à temps 61 (61).

245 H. Camara, Les conversions 154 (201). Bereits zu Beginn des Konzils hatte Dom Helder zusammen mit und auf Initiative von Bischof Manuel Larraín aus Chile, dem Kollegen im Vizepräsidium des CELAM, mitgeholfen, den Widerstand einiger Kardinäle und Bischöfe gegen das vom Generalsekretariat geplante Vorgehen bei der Wahl der Kommissionsmitglieder zu organisieren, was am 13. Oktober 1962 zu einem vorzeitigen Abbruch der Sitzung führte und bedeutete, dass das Übergewicht der römischen Behörden gebrochen war (vgl. H. Camara, Les conversions 150f. [195–197]; M. v. Galli/B. Moosbrugger, Das Konzil 34).
246 Vgl. ebd. 152f. (199f.).
247 Vgl. ebd. 154f. (201); P. J. Leonard, Dom Helder Camara 253f.; M. v. Galli, Gelebte Zukunft 109.
248 M. v. Galli/B. Moosbrugger, Das Konzil 128.
249 Vgl. G. Weigner/B. Moosbrugger, Stimme 28.
250 Vgl. H. Camara, Ombres et lumières 1611–1613. Auf Intervention von Erzbischof Pericle Felici, dem Generalsekretär des Konzils, musste Dom Helder den Text seiner Ansprache, den er zur Übersetzung abgeliefert hatte, wegen zu kritischer Äußerungen zur jetzigen Fassung abändern (vgl. H. Fesquet, Le Journal du concile 128).
251 Ch. Moeller, Geschichte der Pastoralkonstitution 247. Angesichts der Impulse, die auf dem Konzil von Dom Helder ausgegangen sind, untertreibt H.-J. Prien, wenn er sagt, die lateinamerikanische Kirche sei auf dem Konzil zwar nicht gerade stumm gewesen, aber eine Ausnahme habe nur Bischof Manuel Larraín aus Chile gebildet (vgl. H.-J. Prien, Geschichte 893f.).
252 Vgl. ebd.; H. Câmara, Pour arriver à temps 72 (72).
253 Vgl. Ch. Moeller, Geschichte der Pastoralkonstitution 247.
254 M. v. Galli, Gelebte Zukunft 120.
255 Ch. Moeller, Geschichte der Pastoralkonstitution 247f.
256 Vgl. ebd. 255.262.274.486f.
257 Der ganze Text des Briefes ist abgedruckt in: H. Câmara, Pour arriver à temps 63–100 (61–99); ein Auszug in: H. Camara, Les prêtres nos fils 34f.
258 Vgl. H. Câmara, Pour arriver à temps 63–67 (61–66).
259 Vgl. ebd. 68–74 (66–73).
260 Vgl. ebd. 74–80 (73–79).
261 Vgl. ebd. 80–86 (79–85).
262 Ebd. 80f. (79f.).
263 Ebd. 84 (83).
264 Vgl. ebd. 86–91 (85–90).
265 Ebd. 89 (88).
266 Vgl. ebd. 92–96 (91–95).
267 Ebd. 92 (91).

268 Ebd. 94f. (93f.).
269 Vgl. ebd. 96–100 (95–99).
270 Vgl. P. J. Leonard, Dom Helder Camara 205f.
271 Vgl. ebd. 206; ICI No 189 (1. 4. 1963) 20.
272 Vgl. P. J. Leonard, Dom Helder Camara 207.
273 Vgl. ebd. 307.
274 Vgl. J. de Broucker, Dom Helder Camara 30 (31).
275 Ebd.; vgl. H. Camara, Les conversions 176 (230); ders., Hélder por Dom Hélder 17; E. Bailby, L'Express 156; H. Camara/U. Stockmann, Umsturz 14f.; G. Weigner/B. Moosbrugger, Stimme 47.
276 J. de Broucker, Dom Helder Camara 30f. (32).
277 Vgl. ebd. 31 (32).
278 Vgl. H. Füchtner, Arbeitergewerkschaften 203; E. Skidmore, Politics 223. Zu den Auseinandersetzungen vor dem Amtsantritt Goularts vgl. ebd. 206–215.
279 Vgl. M. M. Alves, L'Eglise 103; J. González, Dom Helder Camara 258; J. de Broucker, Dom Helder Camara 94f. (106f.).
280 Vgl. ICI No 214 (15. 4. 1964) 30.
281 Zit. in: Ch. Antoine, Kirche und Macht 62; vgl. M. M. Alves, L'Eglise 171.
282 Vgl. ebd.
283 Vgl. ebd. 172; Ch. Antoine, Kirche und Macht 62; ICI No 214 (15. 4. 1964) 31.
284 Ch. Antoine, Kirche und Macht 62.
285 Vgl. T. C. Bruneau. The political transformation 118; M. M. Alves, L'Eglise 171.
286 Vgl. P. J. Leonard, Dom Helder Camara 267; lCI No 214 (15. 4. 1964) 31.
287 Vgl. ebd. Nach Ch. Antoine unterscheidet Hermano Alves zwei Gruppen in der brasilianischen Kirche. Auf der einen Seite die „Partei der Ordnung" mit Gouverneur Carlos Lacerda als politischem, Kardinalerzbischof Jaime da Barros Câmara als geistigem und Gustavo Corção als intellektuellem Führer und auf der andern Seite die „Partei der Nächstenliebe" mit Kardinal Motta als geistigem, Alceu Amoroso Lima als intellektuellem und Dom Helder Camara als politischem Führer (vgl. Ch. Antoine, Kirche und Macht 65). Eine Dokumentation der ICI unterscheidet vier geistige Strömungen in der Kirche Brasiliens. Einmal eine ultrareaktionäre Minderheit, für die das Privateigentum unantastbar ist und der unter den Bischöfen die Mitverfasser des Buches *Agrarreform – eine Gewissensfrage*, Dom Sigaud und Dom Mayer zuzurechnen sind. Zum andern eine konservative Mehrheit, die zwar nicht grundsätzlich und nicht unter allen Umständen den Status quo verteidigen will, aber die doch Angst vor Reformen hat, weil diese den Kommunismus begünsti-

gen, und deren kirchlicher Wortführer Kardinal Câmara von Rio ist. Zum Dritten eine Gruppe Gemäßigter mit Kardinal Motta, die zwar eine Reform der Strukturen befürwortet, den Kommunismus fürchtet, gegen die Wiederzulassung der Kommunistischen Partei opponiert und gegen die Wiederaufnahme von diplomatischen Beziehungen zwischen Brasilien und der UdSSR ist. Schließlich ein fortschrittlicher Flügel, dessen Vorkämpfer Dom Helder Camara ist und der nicht zögert, von der Notwendigkeit einer Revolution zu reden, wobei in Brasilien mit Revolution nicht nur eine gewaltsame Veränderung gemeint ist (vgl. ICI No 214 (15. 4. 1964) 29f.). L. A. de Boni hat die von verschiedenen Autoren vorgeschlagenen Einteilungen des brasilianischen Episkopats zusammengestellt. Er selbst spricht von Integralisten (z. B. Dom Geraldo Sigaud und Dom Antônio C. Mayer), denen etwa zwanzig Bischöfe zuzurechnen sind, von Konservativen (z. B. Dom A. V. Scherer), denen etwa 60 % zuzuzählen sind, von Reformern, denen etwa 20 % angehören, und von Revolutionären (z. B. Dom Helder Camara, Dom Antônio Fragoso, Dom Waldyr Calheiros, Dom Cândido Padin), die etwa 10 % umfassen (vgl. L. A. de Boni, Kirche und Volkskatholizismus 125–140). Die HK 27 (1973) 251f. spricht von einer klaren schismatischen Situation in der brasilianischen Kirche: „Streitpunkt ist die Einstellung des Christen zur Gesellschaft, die Frage nach der Funktion der Kirche im Leben eines Volkes, eines Staates." Die Gruppierungen werden anhand des Schemas „reaktionär-konservativ-fortschrittlich-radikal-progressiv" eingeteilt.

H. Guske spricht im Anschluss an M. Kossok von vier Hauptströmungen im lateinamerikanischen Katholizismus: zum einen von den extrem konservativen Traditionalisten der „Gesellschaft zur Verteidigung von Tradition, Familie und Privateigentum"; zum andern von der gemäßigt-reformistischen Position, die sich kirchlich dem Vatikanum II verpflichtet weiß und politisch mit der westeuropäischen Sozialdemokratie verglichen werden kann; zum Dritten von der radikal-reformistischen Strömung, deren Inspirator und geistiger Führer in der Hierarchie Erzbischof Helder Camara ist, die zwar eine antiimperialistische Position vertritt und eine strukturelle Revolution auf gewaltlosem Weg anstrebt, die aber in Bezug auf die Organisation, die ideologische Aufsplitterung und utopische Auffassungen von Revolution und Sozialismus Schwächen aufweist; zum Vierten von der revolutionären Linken, deren Vorbild Camilo Torres ist, die sich zur Revolution der Massen bekennt, im Unterschied zu den Radikalreformern keinerlei Vorbehalte gegenüber dem Sozialismus hegt und die Anwendung revolutionärer Gewalt bejaht (vgl. H. Guske, Helder Camara 17–19). A. Dessau bezeichnet Dom Helder ebenfalls als Vertreter des radikalen Reformismus (vgl. A. Dessau, Die kleinbürgerlichen ideologischen Strömungen 781f.). H. Füchtner hält die katholische Kirche in den Jahren 1963/64 faktisch für gespalten: „Dieses Problem wurde am Tage der Großkundgebung vom 13. März 1964 sichtbar, als sich in Belo Horizonte die Mitglieder der katholischen Laienorganisationen ‚Congregados Marianos' und ‚Ação Católica' auf offener Straße gegenseitig mit Steinen bewarfen" (H. Füchtner, Arbeitergewerkschaften 208). Im Februar war es zu einem Konflikt zwischen kirchlich-progressiven und politisch-konservativen Kräften gekommen, als der rechtsgerichtete Gouverneur von Guanabara und Gegenspieler Goularts, Carlos Lacerda, am 20. Februar 1964 ein vom MEB herausgegebenes Alphabetisierungsbuch mit dem Titel *Viver é Lutar* („Leben heißt kämpfen") polizeilich beschlagnahmen ließ, weil es eine fidelistische, d. h. kommunistische Fibel sei. Dom Távora, der bischöfliche Leiter des MEB, verteidigte das Büchlein, wogegen Kardinal Câmara erklärte, er lehne jede Verantwortung dafür ab (vgl. E. de Kadt, Catholic Radicals 145.156–162; T. C. Bruneau, The political transformation 82f.; G. Hartmann, Christliche Basisgruppen 62; ICI No 214 (15. 4. 1964) 7).

288 Vgl. H. Füchtner, Arbeitergewerkschaften 230f.
289 Ebd. 204f.
290 Ebd. 205.
291 M. M. Alves, Brasilien 29.
292 Vgl. H. Füchtner, Arbeitergewerkschaften 206; E. Skidmore, Politics 287–289.
293 M. M. Alves, Brasilien 33.
294 Vgl. Ch. Antoine, Kirche und Macht 35; T. C. Bruneau, The political transformation 119f.; E. Skidmore, Politics 298.
295 Ch. Antoine, Kirche und Macht 35.
296 Vgl. T. C. Bruneau, The political transformation 120.
297 Vgl. H. Füchtner, Arbeitergewerkschaften 217; E. Skidmore, Politics 296.
298 Vgl. ebd. 218.
299 Vgl. M. M. Alves, Brasilien 34; E. Skidmore, Politics 300.
300 H. Camara, Les conversions 175 (229).
301 Vgl. ebd.; J. de Broucker, Dom Helder Camara 94f. (106–108); H. Câmara, Hélder por Dom Hélder 18; H. Camara/U. Stockmann, Umsturz 15; T. C. Bruneau, The political transformation 120; H. Camara, Les conversions 175 (229); H. Camara, „Die Welt ist in Unordnung" 68; I. Lembke behauptet, Dom Motta und Dom Helder hätten sich demonstrativ mit Goulart fotografieren lassen. Er beruft sich dabei auf T. C. Bruneau, dessen Darstellung der Begegnung zwischen den Vertretern der CNBB und Goulart allerdings eine solche Version nicht zulässt (vgl. I. Lembke, Christentum 108; T. C. Bruneau, The political transformation 120). Wenn über

die Absicht, mit der Dom Motta und Dom Helder den Präsidenten aufgesucht haben – ihn vor unüberlegten Schritten zu warnen –, kaum Zweifel angebracht sind, so scheint deren Zeitpunkt unklar zu sein. T. C. Bruneau datiert den Besuch auf den 19. März, wenn er sagt, er hätte während des Marsches der bürgerlich-konservativen Organisationen in São Paulo stattgefunden, doch dürfte die Version Dom Helders wahrscheinlicher sein, da er den Besuch bei Goulart als Reaktion auf dessen radikale Rede vom 30. März an die Unteroffiziere verstanden hat.

302 Vgl. E. Skidmore, Politics 302.
303 J. de Broucker, Dom Helder Camara (32) 33. Dom Carlos Gouvea Coelho starb im Alter von 57 Jahren bei einer Operation.
304 H. Camara, Les conversions 176 (230).
305 Vgl. Ch. Antoine, Kirche und Macht 36; H. Dressel, Das reiche Land 110; E. Skidmore, Politics 309. Dom Helder ist der einunddreißigste Bischof der Diözese Olinda und Recife, die 1676 gegründet und 1900 zum Erzbistum erhoben wurde und heute siebzig Pfarreien umfasst und 107 Weltpriester, 46 Ordensleute und 64 Laiengruppen zählt, Schulen, Krankenhäuser, eine Zeitung, eine Radiostation sowie eine Hochschule besitzt (vgl. T. C. Bruneau, The political transformation 168).
306 Vgl. G. Hartmann, Christliche Basisgruppen 63; zu den repressiven Maßnahmen nach dem Staatsstreich vgl. auch Ch. Antoine, Kirche und Macht 37f.; M. M. Alves, L'Eglise 174; ders., Brasilien 36; E. Skidmore, Politics 309f.; E. de Kadt, Catholic Radicals 190; HK 27 (1973) 249f.
307 J. de Broucker, Dom Helder Camara 95 (108).
308 Ebd. 32 (34); vgl. H. Câmara, Hélder por Dom Hélder 18.
309 Vgl. E. Dussel, Histoire et théologie 114. Antonio de Montesinos war ein Dominikaner, „der 1511 mit seiner Adventspredigt gegen die Misshandlung der Indianer den Kampf der Missionskirche für die Rechte der Indianer eröffnete" (H.-J- Prien, Geschichte 145; vgl. E. Dussel, Das Brot der Feier 121).
310 Der vollständige Text der Rede ist publiziert in: H. Câmara, Le tiers monde 5–21. Es handelt sich dabei um eine französische Fassung, die auf eine italienische Übersetzung des portugiesischen Originals zurückgeht. Einzelne Passagen der Rede finden sich auch in: ICI No 216 (15. 5. 1964) 7f. Eine deutsche Übersetzung des portugiesischen Originals, allerdings ohne die beiden Schlussabschnitte über die Kollegialität und die Ökumene (H. Câmara, Le tiers monde 18–21), von denen sich lediglich einzelne Sätze auf den Seiten 28f., bzw. 46 finden, ist verstreut abgedruckt in: H. Câmara, Revolution 41–46.162.131.162f.133.163f.28. Wegen der größeren Nähe zum Original wird im Folgenden nach der deutschen Übersetzung zitiert und in Klammern die französische Fassung von *Le tiers monde trahi* angegeben.

311 Vgl. oben S. 234 Anm. 32.
312 Vgl. H. Câmara, Revolution (Le tiers monde) 41 (5f.). Die Rede kann nach Themenkreisen gegliedert werden. Der erste Teil ist dem Selbstverständnis Dom Helders gewidmet (41f. [6f.]), der zweite den sozialen Hauptproblemen des Nordostens und ihren Ursachen sowie der Aufgabe der Kirche (42–44 [7–10]), der dritte der theologischen Begründung des politischen Engagements der Kirche (44–46 [10–12]), der vierte der konkreten Situation des Nordostens (162.131.162f.133.163f. [12–16]) und der fünfte den Anliegen von Kollegialität und Ökumene des Zweiten Vatikanischen Konzils (28 [17–21]).
313 Ebd. 41f. (6).
314 Ebd. 42 (6f.).
315 Ebd. 42 (7).
316 Ebd. 42f. (7).
317 Ebd. 43 (8).
318 Ebd. 44 (9).
319 Vgl. ebd. 44 (9f.).
320 Ebd. 45 (11).
321 Ebd.
322 Vgl. ebd. 46 (12).
323 Ebd. 162f. (14f.).
324 Ebd. 133 (16).
325 Ebd. 163f. (16).
326 Ebd. 164 (16).
327 Ebd. 28 (17).
328 Vgl. H. Câmara, Le tiers monde 18f.
329 H. Câmara, Revolution (Le tiers monde) 28f. (20).
330 Ebd. 46 (21).
331 Vgl. H. Câmara, Le tiers monde 21.
332 Vgl. ICI No 215 (1. 5. 1964) 8; J. de Broucker, Dom Helder Camara 84f. (96); dieser datiert die Veröffentlichung auf den 15. April 1964.
333 Vgl. ICI No 215 (1. 5. 1964) 8.
334 J. de Broucker, Dom Helder Camara 95 (108). Von 1959 bis 1964 war Dom Helder täglich im Radio zu hören und trat regelmäßig im Fernsehen auf (vgl. P. J. Leonard, Dom Helder Camara 123). Als ein General die Erlaubnis zur Veröffentlichung einer Analyse erteilte, in der er Dom Helder als Demagogen und Komödianten bezeichnet hatte, wurde er von Marschall Castelo Branco strafversetzt (vgl. M. M. Alves, L'Eglise 188).
335 Vgl. ICI No 217 (1. 6. 1964) 8; P. J. Leonard, Dom Helder Camara 321.
336 J. de Broucker, Dom Helder Camara 96 (108f.).

337 Vgl. Ch. Antoine, Kirche und Macht 39. Der vollständige Text der Erklärung ist in einer französischen Übersetzung des portugiesischen Originals abgedruckt in: DC 46 (1964) No 1428, 901–906; vgl. ICI 218 (15. 6. 1964) 8.
338 Ch. Antoine, Kirche und Macht 39. Ch. Antoine charakterisiert die Erklärung als „Balanceakt des Episkopats" und zeigt an einigen Textbeispielen auf, wie die Bischöfe die extrem verschiedenen Auffassungen von Kirche und Gesellschaft jener, die vor allem die bestehende Ordnung aufrechterhalten wollten, und jener, denen es vordringlich um die Realisierung sozialer Gerechtigkeit ging, in ihrer Erklärung miteinander verbinden wollten (vgl. ebd. 39–41).
339 Vgl. DC 46 (1964) No 1428, 901f.
340 Vgl. ebd. 902f. Zum Eingeständnis der Bischöfe, dass es in den Reihen der Katholischen Organisationen Kommunisten gegeben habe, sagt L. A. de Boni: „Diese Äußerung wirkte sich später verhängnisvoll auf die Kirche aus. Auf der einen Seite gab sie in der Öffentlichkeit zu, dass es Kommunisten in ihren Reihen gab, und indem sie der Regierung nicht das Recht absprach, Subversive überall zu jagen, öffnete sie der Polizei die Tür, sich in kirchliche Angelegenheiten einzumischen. Auf der anderen Seite fehlten ihr Mut oder Kenntnis, die Namen der ‚Kommunisten' zu nennen, und so überließ sie es der Polizei, die Gesuchten aufzuspüren, was von der DOPS [staatliche Geheimpolizei, U. E.] mit Effizienz durchgeführt wurde." (L. A. de Boni, Kirche auf neuen Wegen 235f.)
341 Vgl. ebd. 904.
342 Vgl. ebd.
343 Vgl. DC 46 (1964) No 1428, 903, Anm. 2.
344 Vgl. ICI No 220 (15. 7. 1964) 10; P. J. Leonard, Dom Helder Camara 461.
345 Vgl. ICI No 220 (15. 7. 1964) 10.
346 J. de Broucker, Dom Helder Camara 85 (96); vgl. ICI No 221–222 (8. 1964) 25.
347 Die Opposition gegen Dom Helder war vom erzkonservativen Dom José D'Angelo Neto organisiert worden (vgl. T. C. Bruneau, The political transformation 124). P. J. Leonard nennt verschiedene Gründe für die Nichtwiederwahl Dom Helders. Einige Bischöfe hätten aus persönlichen Motiven nicht für ihn gestimmt, da sie neidisch auf seine Popularität und auf seine guten Beziehungen zum Nuntius und zu einflussreichen Politikern gewesen seien, bei andern hätten vor allem politische Motive eine Rolle gespielt. Einige hätten ihn wegen seiner Kritik am großen Landbesitz einzelner Diözesen oder seinen kritischen Äußerungen gegenüber der römischen Kurie und dem Reichtum des Vatikans nicht unterstützt. Viele hätten die Ansicht Kardinal Câmaras geteilt, dass Dom Helder das

unschuldige Opfer der Kommunisten sei. Manche seien gegen ihn gewesen, weil sie in ihm den Repräsentanten des Aufbruchs der Kirche sahen, wie er vom Konzil eingeleitet worden war. Die vielleicht schwerstwiegenden Bedenken gegen seine Wiederwahl hätten aber ihren Grund wohl in der Ausrichtung der Katholischen Aktion gehabt, für die er durch seine Tätigkeit als Nationalkaplan in den Jahren 1947 bis 1962 in den Augen vieler verantwortlich gewesen war. Neben diesen verschiedenen Gründen spielte auch eine wahlrechtliche Entscheidung eine große Rolle. Vor der Abreise nach Rom hatten einige Gegner Dom Helders von alten oder kranken Bischöfen, die nicht nach Rom gehen konnten, die Erlaubnis eingeholt, in deren Namen zu wählen, und an der ersten Sitzung der Vollversammlung war beschlossen worden, dass die delegierten Voten abwesender Bischöfe, die ein Fünftel aller Stimmen ausmachten, gültig seien (vgl. P. J. Leonard, Dom Helder Camara 333.338–340).

348 Vgl. T. C. Bruneau, The political transformation 124.
349 Vgl. P. J. Leonard, Dom Helder Camara 337.
350 Vgl. T. C. Bruneau, The political transformation 124.
351 So am 4. Mai 1967 im *Jornal do Brasil* (vgl. Ch. Antoine, Kirche und Macht 97.259, Anm. 13). „Bildete die CNBB bis 1964 einen Sammelpunkt für die Hierarchie, so gab es nach dem Putsch nur noch zwei regionale Zentren von jeweils etwa zwanzig Bischöfen, die sich im Nordosten um Helder Câmara sammelten und im Süden um Kardinalerzbischof Vicente Scherer in Porto Alegre." (H.-J. Prien, Brasilien 154)
352 Im Anschluss an ihre Versammlung vom 10. bis 17. Januar 1965 hatten die Bischöfe des Nordostens eine Erklärung verabschiedet, in der sie u. a. die sozialen Strukturen ihrer Region kritisierten, da diese die menschliche Entfaltung behinderten, ihre Bereitschaft bekundeten, mit jenen zusammenarbeiten zu wollen, die zu mehr als zu bloßer Sozialhilfe entschlossen seien, und sich weigerten, die Arbeit der Kirche auf die bloß spirituelle Dimension zu beschränken (vgl. ICI No 234 (1. 2. 1965) 8).
353 Eine Fotografie des Baumodells des Seminars ist abgebildet in: Schweizerischer Katholischer Missionsrat/Schweizerischer Evangelischer Missionsrat (Hg.), Aufbruch zur Freiheit. Christliche Botschaft in Lateinamerika (Missionsjahrbuch der Schweiz 44 [1977]) 117.
354 Vgl. J. de Broucker, Dom Helder Camara 167 (188).
355 REB 25 (1965) 269–272, wo der größte Teil publiziert ist; der Text der Rede findet sich um einige Sätze gekürzt in einer französischen Version, die auf einer italienischen Übersetzung des portugiesischen Originals beruht, in: H. Câmara, Le tiers monde 22–33; eine um die Einleitung gekürzte französische Übersetzung des portugiesischen Originals ist abgedruckt in: H. Camara, Des prêtres pour le „developpement"; einzelne Ab-

schnitte in einer deutschen Übersetzung des Originals finden sich in: H. Câmara. Revolution 46–49.128–130.134f.; einige Auszüge finden sich zudem in: J. de Broucker, Dom Helder Camara 85f. (97f.).169f. (190f.). Im Folgenden wird mit drei Ausnahmen, die als solche gekennzeichnet sind, nach der deutschen Übersetzung des Originals zitiert und in Klammern auf die Fassung in H. Câmara, Le tiers monde, verwiesen.

356 Die Rede kann nach Themenkreisen gegliedert werden. Der erste handelt von der Entwicklungsproblematik im Nordosten und der Aufgabe der Kirche und des Seminars darin (47f. [22–27]), der zweite stellt den brasilianischen Nordosten in einen weltweiten Zusammenhang und weist auf die besondere Verantwortung der Christen hin (128–130 [27–29]), der dritte handelt vom Entwicklungsgefälle in Brasilien (134f. [29–31]) und im vierten geht es um konkrete Aufgaben des Seminars (J. de Broucker, Dom Helder Camara 169f. [190f.] [31f.]).

357 H. Câmara, Revolution (Le tiers monde) 47 (23).

358 Diese beiden Sätze hat J. de Broucker ausgelassen und sind eine Übersetzung aus H. Camara, Des prêtres pour le „développement" 33.

359 Zit. in: J. de Broucker, Dom Helder Camara 85f. (97); H. Câmara, Le tiers monde 23f. Was in der deutschen Übersetzung mit „die Religion die große Verfremdete und die große Verfremderin" wiedergegeben wird, lautet im französischen Text „la religion est la grande aliénée et la grande aliénatrice" und im portugiesischen Original „religião, a grande alienada e grande alienadora". Mit Verfremdung hat das von Dom Helder Gemeinte also nichts zu tun, wohl aber mit Entfremdung.

360 H. Câmara, Revolution (Le tiers monde) 48 (25f.).

361 Ebd. 48 (26).

362 Ebd. 48f. (26f.).

363 Ebd. 129 (28); der letzte Satz fehlt in Le tiers monde, findet sich aber in H. Câmara, Des prêtres pour le „développement" 34.

364 H. Câmara, Revolution (Le tiers monde) 129 (28f.).

365 Ebd. 135 (30).

366 Zit. in: J. de Broucker, Dom Helder Camara 168f. (190); H. Câmara, Le tiers monde 31f.

367 Ebd. 169f. (191); H. Câmara, Le tiers monde 33.

368 H. Câmara, Revolution (Le tiers monde) 46 (33).

369 Diese Zwei-Phasen-Konzeption Dom Helders wies zwar formal Ähnlichkeiten mit der als „desarrollismo" bekannt gewordenen Wachstumsideologie auf, die „Entwicklung als eine Abfolge von Phasen entlang einem Kontinuum versteh[t], das sich vom einen Extrem der Traditionalität zum anderen Extrem der Modernität erstreckt; die Kriterien der Modernität werden dabei wieder im Vorbild der heutigen kapitalistischen Industrie-

staaten gefunden" (T. T. Evers/P. Wogau, „dependencia" 410), hob sich aber inhaltlich insofern von ihr ab, als Dom Helder nicht in den Dualismen „traditionell–modern" oder „feudalistisch–kapitalistisch" dachte, sondern in der allerdings analytisch weniger präzisen Kategorie „untermenschlich–menschlich", zudem vor den Unmenschlichkeiten von Komfort und Luxus warnte und so die Industriestaaten nicht als nachahmenswerte Vorbilder hinstellte.

370 Vgl. Ch. Antoine, Kirche und Macht 75.
371 Vgl. ICI No 241 (1. 6. 1965) 24.
372 Vgl. ebd.
373 Der Priester Jacinto Maria Ferreira Rosa setzte sich für Gymnasiasten ein, die sich mit dem vom Bürgermeister entlassenen Leiter der Mittelschule von Goia solidarisiert hatten. Eine Kundgebung der Schüler wurde von den Behörden brutal militärisch unterdrückt und Jacinto Rosa verhaftet. Die Interventionen dreier Bischöfe und die Proteste von zwanzig Studentenorganisationen bewirkten sowohl die Wiedereinsetzung des Schulleiters als auch die Freilassung des verhafteten Priesters. Nach einem Gespräch auf höchster Ebene zwischen Marschall Castelo Branco, der einen Konflikt mit der Kirche vermeiden wollte, und Kardinal Rossi von São Paulo galt der Vorfall offiziell als abgeschlossen. Die konservative Presse gab zwar zu, dass es sich beim Vorgehen der Behörden um einen Irrtum gehandelt hatte, wies aber zugleich auf die Pflicht zur Wachsamkeit hin (vgl. Ch. Antoine, Kirche und Macht 69f.).
374 Nachdem die Arbeitslosigkeit in der ersten Hälfte des Jahres 1965 in der Region von São Paulo stark zugenommen hatte, schrieb der Bischof von Santo André, Dom Jorge Marcos, am 20. Mai einen offenen Brief an Castelo Branco, worüber die regierungstreuen Kreise aufgebracht waren. Die Stellungnahme von Bischof Marcos löste eine politische Kontroverse aus, die bis in die Abgeordnetenkammer hineingetragen wurde. Eine gemäßigte Erklärung von Kardinal Rossi beruhigte die Lage (vgl. Ch. Antoine, Kirche und Macht 71f.).
375 Vgl. Ch. Antoine, Kirche und Macht 73.
376 Ebenfalls im Juli 1966 spitzte sich der Konflikt der JUC mit den Bischöfen so zu, dass es schließlich zum endgültigen Bruch kam und sich die JUC als eine von der Hierarchie abhängige Organisation auflöste (vgl. Ch. Antoine, Kirche und Macht 81f.).
377 Vgl. ebd. 253, Anm. 3.
378 Vgl. ebd. 86; T. C. Bruneau, The political transformation 183; ICI No 271 (1. 9. 1966) 7. Das Dokument ist in einer französischen Übersetzung abgedruckt in: ICI No 271 (1. 9. 1966) 30.
379 Vgl. ICI No 271 (1. 9. 1966) 30.

380 Vgl. ebd. 7; Ch. Antoine, Kirche und Macht 256, Anm. 32.
381 Vgl. ICI No 271; (1. 9. 1966) 7f.; Ch. Antoine, Kirche und Macht 88; HK 20 (1966) 455; J. de Broucker, Dom Helder Camara 87 (99).
382 Ch. Antoine, Kirche und Macht 88.
383 Vgl. T. C. Bruneau, The political transformation 184.
384 Vgl. ebd. 185.
385 Vgl. ICI No 272 (15. 9. 1966) 10. Zur Entspannung trug auch ein Gespräch zwischen Nuntius Baggio und Marschall Castelo Branco am 26. August bei, nach dem Mgr. Baggio erklärte, die Katholiken müssten ihre Hirten unterstützen und der momentane Konflikt zwischen der Kirche und dem Staat beruhe auf einer Reihe von Missverständnissen, die er nun zerstreut habe (vgl. ICI No 272 [15. 9. 1966] 10).
386 Vgl. T. C. Bruneau, The political transformation 186.
387 Vgl. M. Hall, Dom Helder Camara 152.
388 Zit. in: J. de Broucker, Dom Helder Camara 88 (100); vgl. Ch. Antoine, Kirche und Macht 257, Anm. 35.
389 Ebd.; vgl. T. C. Bruneau, The political transformation 184; ICI No 272 (15. 9. 1966) 11.
390 Zit. in: Ch. Antoine, Kirche und Macht 89; zum Konflikt zwischen Dom Vital und dem Staat in der „religiösen Frage" vgl. oben S. 232f., Anm. 27.
391 Vgl. Ch. Antoine, Kirche und Macht 89; J. de Broucker, Dom Helder Camara 88 (100).
392 Der ganze Text der Rede ist abgedruckt in: H. Câmara, Pour arriver à temps 101–109 (100–109).
393 Ebd. 105 (104f.).
394 Vgl. ICI No 273 (1. 10. 1966) 9.
395 Der vollständige Text dieser Studie findet sich in: H. Câmara, Le tiers monde 126–150; Teile davon sind publiziert in: H. Câmara, Revolution 30–32.126f. und: H. Câmara, Les péchés 3f.; vgl. ICI No 276 (15. 11. 1966) 5f.
396 H. Câmara, Revolution (Le tiers monde) 31f. (128f.).
397 Vgl. H. Câmara, Le tiers monde 143.
398 Vgl. ebd. 131.141.
399 Vgl. ebd. 137.149.
400 Vgl. ebd. 147f.
401 H. Câmara, Revolution (Le tiers monde) 127 (134f.).
402 I. Lembke, Christentum 129. Diese Konzeption war vor allem in Chile entwickelt worden.
403 Ebd.; I. Lembke sagt dazu: „Das ist ein weiterer Hinweis dafür, dass sich in Mar del Plata die Entwicklungskonzeption der harmonischen Evolution [...] durchsetzte. In diesem Modell können scheinbar noch leicht Ele-

mente integriert werden (wie: Konszientisation und umfassende Abhängigkeit), die später als alternative Konzeption artikuliert werden und die ‚Theologie der Befreiung' bestimmen." (ebd.)

404 Vgl. ICI No 276 (15. 11. 1966) 7; zur Geschichte der Schlusserklärung vgl. ebd. Ein erster Text, in dem u. a. eine theologische Reflexion angesichts der Wirklichkeit, ein tiefgreifender Mentalitätswandel, eine Reform der politischen, ökonomischen und kulturellen Strukturen sowie eine Änderung des Lebensstils der Kirche gefordert wurden, stieß auf Widerstand und wurde durch eine zurückhaltendere Erklärung ersetzt. Zur Konferenz von Mar del Plata vgl. auch H.-J. Prien, Geschichte 894f.; HK 21 (1967) 19–21.

405 Vgl. Ch. Antoine, Kirche und Macht 93; HK 21 (1967) 410. Der neue Präsident Costa e Silva schickte Papst Paul VI. noch am Tage der Bekanntmachung der Enzyklika ein Glückwunschtelegramm und zitierte in seinen Reden öfters aus der päpstlichen Verlautbarung (vgl. ebd. 94); die Brasilianische Bischofskonferenz nahm anlässlich ihrer Versammlung vom 6. bis 10. Mai in Aparecida do Norte u. a. zur Enzyklika Stellung, wobei sie bemüht war, „sich ganz hinter der Neutralität zu verschanzen: ‚Die Kirche bietet der Welt [die neue Enzyklika] nicht aus taktischen Gründen an, sondern weil es ihre Mission ist, die im Evangelium liegenden Möglichkeiten zu entwickeln.'" (Ch. Antoine, Kirche und Macht 96f.)

406 Vgl. H.-J. Prien, Geschichte 895.

407 War Dom Helder bislang eher ein einsamer Rufer in der Wüste gewesen, so begann sich das ab 1967 zu ändern (vgl. O. Noggeler, Das erste Entwicklungsjahrzehnt 33–39). Neben der „Erklärung einiger Bischöfe der Dritten Welt" weist O. Noggeler zur Begründung seiner Behauptung u. a. auf die von dreihundert brasilianischen Priestern herausgegebene Erklärung „Kirche und brasilianische Wirklichkeit" hin, die „mit bisher wohl kaum vernommener Schärfe [...] das Geschäft mit dem Glauben [verurteilt]" (vgl. ebd. 34), dann auf eine Erklärung von 38 Priestern aus 14 lateinamerikanischen Ländern im Oktober 1967, auf eine solche von peruanischen Geistlichen am 9. März 1968, weiter auf ein Schreiben von neunhundert lateinamerikanischen Priestern an die Generalversammlung der lateinamerikanischen Bischöfe in Medellín und schließlich auf ein Dokument von Vertretern von 19 Laienorganisationen.

408 Der vollständige Text wurde publiziert in: TC No 1208 (31. 8. 1967) 13–16; Il regno 18 (1968) Vol. 151 (15. 1. 1968) 19–22. Auszüge finden sich in: ICI No 296 (15. 9. 1967) 7f.; vgl. HK 21 (1967) 511–513 und neuerdings Arntz, Der Katakombenpakt 95–105. TC führte lediglich fünfzehn unterzeichnende Bischöfe an, die ICI hingegen siebzehn.

409 Vgl. TC No 1208 (31. 8. 1967) 13. O. Noggeler vergleicht die „Erklärung einiger Bischöfe der Dritten Welt" mit der Enzyklika *Populorum progres-*

sio und zeigt auf, in welchen Punkten die Bischöfe weitergingen und konkreter wurden als der Papst (vgl. O. Noggeler, Das erste Entwicklungsjahrzehnt 24–32).

410 Vgl. ebd. 14.
411 Vgl. ebd.
412 Vgl. ebd. 15.
413 Vgl. ebd. 15f.
414 Vgl. ebd. 16. O. Noggeler weist auf eine dreifache Bedeutung des von ihm als ungewöhnlich bezeichneten Hirtenwortes hin: „1. Die katholische Kirche zeigt in einigen ihrer Amtsträger weltweit beeindruckenden Mut, sich den ‚Zeichen der Zeit' zu stellen [...]. Das wird für die II. Generalversammlung des lateinamerikanischen Episkopats von Bedeutung sein. 2. Die Grundforderung des Konzils, Kirche im Heute zu sein (aggiornamento), wird zur III. Kirche führen, die sich vor allem als Volk Gottes versteht, für die nicht nur die Bekehrung des Einzelnen wichtig ist, sondern die auch, und mit Nachdruck, die Veränderung der Unrechtsstrukturen fordert. [...] 3. Diese III. Kirche wird sich weder um das Schuldbekenntnis eigenen Versagens noch um die Konsequenzen herumdrücken, die die Scheidung von der jahrhundertealten Ehe mit der politischen Macht mit sich bringen wird. Sie wird, wenigstens in beachtlichem und ständig wachsendem Umfang, Befreiung als Schlüsselwort der Verkündigung verstehen lernen." (O. Noggeler, Das erste Entwicklungsjahrzehnt 32)
415 Vgl. Ch. Antoine, Kirche und Macht 259, Anm. 16; Dom Helder hielt den Vortrag im Rahmen eines Studienzyklus über *Populorum progressio*.
416 Zit. in: ebd. 98.
417 Vgl. ebd. 98f.; ICI No 300 (15. 11. 1967) 23. Am 7. September kam es zu einem Konflikt, als der „Ländliche Erziehungsrundfunk" des Erzbistums São Luís do Maranhão am Vorabend des Unabhängigkeitstages die sozialen Zustände in Brasilien kritisiert hatte und daraufhin die Polizei den Sender für acht Tage stilllegte und Erzbischof João da Mota e Albuquerque und sein Weihbischof dagegen protestierten (vgl. H.-J. Prien, Brasilien 160).
418 Zit. in: J. de Broucker, Dom Helder Camara 90 (102), Senator Joaquím Nabuco (1849–1910) war der führende Mann im „Abolitionsbewegung" genannten Kampf um die Befreiung der Sklaven in Brasilien, die erst 1888 erfolgt war (vgl. H.-J. Prien, Geschichte 424f.; E. G. Jacob, Grundzüge 212).
419 Vgl. Ch. Antoine, Kirche und Macht 259, Anm. 17; J. de Broucker, Dom Helder Camara 90 (102); T. C. Bruneau, The political transformation 188.
420 Vgl. ebd.
421 Vgl. zum Verlauf der Affäre Ch. Antoine, Kirche und Macht 104–109; T. C. Bruneau, The political transformation 189f.195f.217f. In der Nacht

vom 4. auf den 5. November verhaftete eine Patrouille des Jägerbataillons der Garnison von Volta Retonda vier Jugendliche, die in den Straßen Flugblätter mit heftigen Angriffen gegen die Regierung verteilten. Zwei von ihnen wohnten beim Bischof Waldyr Calheiros de Novais, und das Auto, das sie benutzten, gehörte der Diözese. Dom Waldyr billigte die Aktion der Jugendlichen zwar nicht, doch unternahm er alles, um sie aus der Haft frei zu bekommen. Bewaffnete Soldaten nahmen eine Hausdurchsuchung bei Dom Waldyr vor, dieser gab daraufhin ein ausführliches Interview, später wurden fünf Laien und drei Priester vorübergehend verhaftet, und in der Abgeordnetenkammer kam es zu einer Debatte über die religiöse Verfolgung in Brasilien, in deren Verlauf der MOB-Abgeordnete Marcio Moreira Alves eine Liste jener 54 Priester vorlegte, die seit 1964 verhaftet oder ausgewiesen worden waren oder die in Prozesse verwickelt wurden. Am 23. November erschien im *Jornal do Brasil* ein Leitartikel, in dem der oppositionelle Flügel der Kirche heftig angegriffen wurde.

Am 30. November veröffentlichte die Zentralkommission der CNBB das Dokument „Die Mission der katholischen Hierarchie in der gegenwärtigen Welt", in dem sie eindeutig Stellung nahm: „Wir können nicht umhin, unsere Solidarität mit unseren Brüdern, den Bischöfen, Priestern und Laien, zum Ausdruck zu bringen, wenn sie in der Erfüllung einer echten seelsorgerischen Aufgabe Opfer des Unverständnisses und der Ungerechtigkeit sind." (zit. in: Ch. Antoine, Kirche und Macht 106) Die Zentralkommission verteidigte das politische Engagement der Kirche: „Zu behaupten, dass die religiöse Mission der Bischöfe nicht die Grenzen dessen überschreiten darf, was man ‚das geistliche Leben' nennt, heißt praktisch, die marxistische Auffassung der Religion anerkennen. Die ‚Verteidigung der christlichen Zivilisation' proklamieren und gleichzeitig die lehrende Mission der Kirche einschränken, wenn sie die menschlichen Werte schützen will, das heißt ein getarntes Heidentum verteidigen." (zit. in: ebd. 107) Die Zentralkommission verwahrte sich im Weiteren dagegen, dass Aktionen zur Verbesserung der Lage der Ärmsten als subversiv bezeichnet werden. Die Erklärung schloss „mit einer Mahnung, die das echte Gespür mancher Bischöfe für die Situation der Studenten erkennen [ließ] und deren Richtigkeit schon bald auf tragische Weise bestätigt werden sollte: ‚Begehen wir nicht den Wahnsinn, die Jugend durch die Verhärtung der Positionen in die Verzweiflung zu treiben.'" (ebd. 108) Die Affäre wurde im Januar 1968 offiziell für beendet erklärt, nachdem Dom Waldyr dem Präsidenten Costa e Silva einen Besuch abgestattet und der Generalsekretär der CNBB den Oberkommandierenden der 1. Armee aufgesucht hatte.

422 Ch. Antoine, Kirche und Macht 108.
423 I. Lembke, Christentum 110.
424 Vgl. Ch. Antoine, Kirche und Macht 145.
425 Die Bischöfe hatten „bei geschäftlichen Abmachungen mit einem wenig gewissenhaften Geldmann aus Pernambuco namens Avidgor Herszkowicz, der sich auf kirchliche Kreise spezialisiert hatte, erhebliche Geldsummen verloren" (ebd. 133).
426 Vgl. ebd. 134.
427 Vgl. ebd. 269, Anm. 5. Bereits im Dezember 1967 gab es eine heftige Pressekampagne gegen Dom Helder. Am 9. Dezember hatte er einen Votrag über den Dialog der Christen mit atheistischen Marxisten, mit Verzweifelten und Opfern mangelnder Liebe gehalten, in dem er mit Berufung auf Roger Garaudy von drei zeitgenössischen christlichen Denkströmungen sprach, die ein Gespräch zwischen Christen und Atheisten ermöglichen: die Entmythologisierung eines Rudolf Bultmann, das Verhältnis von Religion und Wissenschaft in der Sicht Teilhard de Chardins und das Christentum als Religion der absoluten Zukunft bei Karl Rahner (vgl. H. Câmara, Pour arriver à temps 163–175 [163–176]). Am 12. Dezember hielt er eine Rede zum Thema „Der Sozialismus als politisches Ziel für Brasilien" (vgl. H.-J. Prien, Brasilien 168). Um seine Solidarität mit den Armen auch durch den persönlichen Lebensstil auszudrücken und um ein Zeichen zu setzen für die Kirche der Armen, verließ Dom Helder am 12. März 1968 den erzbischöflichen Palast São José de Manguinhos und wohnte seither in einem kleinen Haus, wo er allen Besuchern selbst die Tür öffnete (vgl. J. de Broucker, Dom Helder Camara 37–41 [40–43]; J.-L. Gonzalez-Balado, Camara 77f.); auch trug Dom Helder kaum je einen Ring und besaß keinen Stab (vgl. J. de Broucker, Dom Helder Camara 61 (68)).
428 Am 28. März veranstalteten die Studenten in Rio de Janeiro eine Kundgebung für ein neues Universitätsrestaurant. Die Kundgebung wurde von der Militärpolizei gewaltsam aufgelöst, und der Student Edson Luís Lima Souto wurde dabei erschossen, was eine tiefe Bewegung im ganzen Land auslöste. Am Schluss des von den Studenten am Abend des 4. April in der Candelaria-Kirche veranstalteten Begräbnisgottesdienstes wurde die Menge in der Kirche gebeten, diese nicht vor den fünfzehn konzelebrierenden Priestern zu verlassen, da Provokationen seitens des Militärs zu befürchten seien. Daraufhin gingen die Konzelebranten in Chorhemd und Stola auf den Ausgang zu und sahen sich dort einem Zug berittener Militärpolizisten mit gezogenen Säbeln gegenüber. Da fassten sich die Priester an den Händen, bildeten eine Doppelreihe, schritten langsam vorwärts und zwangen so die Militärpolizisten, zurückzuweichen. Die ungewöhnliche Prozession bewegte sich auf die Avenida Rio Branco zu. Dann

begannen die Polizisten auf die Menge einzuschlagen und Tränengasbomben zu werfen. In den folgenden Tagen protestierten neben Priestern auch zwei Bischöfe gegen das Vorgehen der Polizei, und der Nuntius unterstützte sie (vgl. ebd. 145–149). Durch die studentischen Ereignisse des Jahres 1968 wurde „ein Teil des Klerus und des Episkopates [...] bemerkenswert schnell veranlasst, sich der politischen Probleme bewusst zu werden. Die in hohem Maße symbolische Tat der mit liturgischen Gewändern bekleideten Priester, die sich zwischen die brutale Polizeigewalt und eine wehrlose Menge stell[t]en, [war] dafür der vollkommene Ausdruck und zugleich der Höhepunkt" (ebd. 159).

429 Vgl. ebd. 160; T. C. Bruneau, The political transformation 196.
430 Es handelte sich um Dom Lucas Moreira, Weihbischof von São Paulo, der den am 3. Mai verhafteten José Solero Filho verteidigte und erklärte, angesichts dieser Verhaftung sei niemand mehr sicher in diesem Land (vgl. T. C. Bruneau, The political transformation 196f.).
431 Dom Edmilson da Cruz, Weihbischof von São Luís do Maranhão, hielt seine Predigt am 8. Mai (vgl. ebd. 197).
432 Vgl. Ch. Antoine, Kirche und Macht 136.269., Anm. 7; T. C. Bruneau, The political transformation 198; HK 22 (1968) 416; ICI No 315 (1. 7. 1968) 8; H.-J. Prien, Brasilien 157.
433 HK 22 (1968) 416.
434 Vgl. ebd. 416f.
435 Vgl. T. C. Bruneau, The political transformation 199.
436 Vgl. Ch. Antoine, Kirche und Macht 136; vgl. HK 22 (1968) 516.
437 Vgl. T. C. Bruneau, The political transformation 199.
438 Vgl. Ch. Antoine, Kirche und Macht 138.
439 Zit. in: ebd.
440 Vgl. ebd. 139f.
441 Vgl. ebd. 265f., Anm. 25; HK 22 (1968) 418. Als Vertreter der Basilianischen Bischofskonferenz nahm Dom Helder vom 25. August bis 6. September 1968 an der Zweiten Generalversammlung des Lateinamerikanischen Episkopats in Medellín (Kolumbien) teil, die einen entscheidenden Wendepunkt in der Geschichte der Kirche Lateinamerikas darstellte, da die Bischöfe in dem von ihnen verabschiedeten Dokument zum ersten Mal feststellten, Lateinamerika befinde sich in einer Situation wirtschaftlicher und politischer Abhängigkeit (vgl. Dok. 2 I 8–10), die ein Zustand der Sünde sei (vgl. Dok. 2 I 1) und die man institutionalisierte Gewalt nennen könne (vgl. Dok. 2 II 16), die eine dynamische Aktion der Bewusstseinsbildung und Organisation des Volks erfordere (vgl. Dok. 2 II 18), angesichts derer die Kirche entsprechend dem Auftrag des Evangeliums die Rechte der Armen und Unterdrückten verteidigen (vgl. Dok. 2

II 22), sich mit den Armen und deren Kampf gegen die unerträgliche Situation solidarisieren (vgl. Dok. 14 III 10) und die ganzheitliche Befreiung des Menschen als Vorwegnahme der vollkommenen Erlösung durch Christus verstehen müsse (vgl. Dok. 4 II 9); zu detaillierten Analysen der Dokumente von Medellín vgl. H.-J. Prien, Geschichte 900–906; I. Lembke, Christentum 138–152; Dom Helder zu Medellín vgl. H. Camara, Les conversions 110 (141f.).

442 Zum Zeichen des Protestes gegen die Ausweisung von Pater Wauthier weigerte sich Kardinal Rossi, von der Regierung den Nationalen Verdienstorden anzunehmen und zum Geburtstag von Präsident Costa e Silva eine Messe zu lesen (vgl. Ch. Antoine, Kirche und Macht 173). Dom Helder sagte dazu: „Für die Regierung war Rossis Haltung ein echter Schock, der Tropfen sozusagen, der den Krug überfließen ließ. [...]. Die vier wesentlichen [Bischöfe, U. E.], die bisher das Vertrauen des Regimes hatten, haben inzwischen in der einen oder anderen Form eindeutig Stellung genommen: Der Bischof von Porto Alegre in Fragen der Agrarreform; der Bischof von Salvador in Mar del Plata und in Medellín; der Kardinal von São Paulo in der Affäre Vauterier [sic!]; und der Kardinal von Rio schließlich lässt seinem jungen dynamischen Weihbischof mehr oder weniger freie Hand. [...] Bis vor nicht allzu langer Zeit [...] war die Regierung der Überzeugung, dass innerhalb der Kirche nur eine kleine Gruppe von Bischöfen, Priestern und Laien sich ernsthaft für eine Veränderung der Strukturen einsetzte. Man erfand das Schema von den beiden Kirchen: einer minoritären Kirche, die revolutionär, subversiv, kommunistisch war, und der anderen, der wahren Kirche, die an den Traditionen und den alten Formen festhielt. Es bedurfte einiger Ereignisse, um dem Regime allmählich verständlich zu machen, dass die Wirklichkeit viel komplexer ist. Die Hoffnung der Regierung, es einzig mit einer lächerlichen Minderheit zu tun zu haben, wurde zum ersten Mal in Mar del Plata erschüttert. [...] Entscheidend jedoch war schließlich Medellín, wo unter den Augen des Heiligen Vaters sozusagen Entschlüsse gefasst wurden, die dem Regime als revolutionär erscheinen mussten. Jetzt schien auch die brasilianische Regierung zu begreifen, dass sie es nicht mit einer ‚legitimen' und einer ‚illegitimen' Kirche zu tun hatte, sondern mit *der* Kirche. Daraus erklärt sich die neue Haltung der Herrschenden: Die Kirche ist Feind des Staates." (H. Camara/M. Peitz, Kirche und Politik in Brasilien 25)

443 Vgl. Ch. Antoine, Kirche und Macht 161–163.

444 Vgl. H. Camara, La violence: Option unique? 7. Zur damals breit geführten Diskussion über Gewalt und Gewaltlosigkeit vgl. HK 22 (1968) 429–434. M. M. Alves unterscheidet in Bezug auf die Einstellung zu Ge-

waltanwendungen drei Gruppen in der Kirche: „Diejenigen, die die revolutionäre Alternative wählten, halfen entweder der Stadtguerilla-Bewegung [...] oder sie schlossen sich der AP an und versuchten, Bauern und Arbeiter zu organisieren [...]. Diejenigen, die eine weniger radikale Haltung bevorzugten, schlossen sich der Gruppe um Dom Helder Camara an, die mit moralischem Druck operierte. [...] Eine der Gruppen fand, dass die Zeiten zu brutal seien für jede Art von Teamwork, da man als Gruppe zu leicht Repressionen ausgesetzt sei, und beschränkte ihre Mitwirkung auf Aufgaben der Bewusstseinsbildung, die sie einzeln und gewöhnlich im Zusammenhang mit einer Lehrtätigkeit durchführten. Die Gruppen, die mit moralischem Druck operierten, spielten eine Tribunenrolle. Sie sprachen für das Volk [...]. Als Stimme der Stimmlosen hatten sie eine äußerst wichtige Funktion in einem Lande, das unter der offiziellen Propaganda erstickt." (M. M. Alves, Brasilien 142f.)

445 Vgl. ICI No 317–318 (8. 1968) 22f.; HK (1968) 415; J. de Broucker, Dom Helder Camara 106f. (119f.); Ch. Antoine, Kirche und Macht 121. Die Anzahl der unterzeichnenden Bischöfe ist ungewiss. Während J. de Broucker und Ch. Antoine von 43 reden, erwähnt ICI 33, die HK 39 und weist auf andere Quellen hin, nach denen es 33 gewesen seien. Der von den Bischöfen unterzeichnete Pakt hatte folgenden Wortlaut: „Wir, Bischöfe von Brasilien, getrieben von der Liebe zu Gott und zum Nächsten; dessen bewusst, dass wir gegenüber den lateinamerikanischen Massen in Schuld und Rückstand sind; bestrebt, mitzuarbeiten an der Befreiung von Millionen Kindern Gottes, die in unserm Land und in unserm Kontinent am Rande des wirtschaftlichen, kulturellen, künstlerischen, politischen, sozialen und religiösen Lebens leben; in der Einsicht, dass allein eine klare, positive, mutige und koordinierte Aktion Dokumenten wie *Gaudium et spes*, *Populorum progressio* und den Beschlüssen von Mar del Plata praktischen Bestand verleihen wird: bekräftigen den Entschluss, im höchsten Maße die Bewegung *Moralischer, befreiender Druck* mit ihrem Anfangsprogramm der Wissens- und Gewissensformung hinsichtlich der grundlegenden Menschenrechte zu fördern, wobei wir den Ton auf die Befreiung von jeder Form der Sklaverei oder der Knechtschaft [...], auf das Recht auf Leben, Freiheit und persönliche Sicherheit [...] und auf Arbeit [...] legen. Wir wünschen Anregungen und Material des Koordinationszentrums zu erhalten, deren Verwertung unserer Sorge anvertraut sein wird. Unsere Unterschrift hier hat vertragliche Geltung." (zit. in: J. de Broucker, Dom Helder Camara 107 (120)

446 Vgl. ebd. 107–109 (120–122).

447 Vgl. ebd. 114–121 (129–136); ICI No 322 (15. 10. 1968) 18; E. Dussel, De Medellín a Puebla 197.

448 Der Text der Rede ist publiziert H. Camara, A pressão moral libertadora 113–118; vgl. J. de Broucker, Dom Helder Camara 121–123 (137–139).
449 Der Präsident der TFP schrieb am 9. Oktober in der *Folha de São Paulo*: „Sich mit dem Begriff der Gewalt zu beschäftigen ist das Unangebrachteste, was es gibt. Meiner Meinung nach hat sich die Bewegung ‚Aktion Gerechtigkeit und Frieden' seit ihren Anfängen diesem traurigen und gefährlichen Spiel hingegeben." (Ch. Antoine, Kirche und Macht 266, Anm. 27) Von da an war Dom Helder auch Repressalien des 1963 gegründeten „Jagdkommandos auf Kommunisten" (CCC) ausgesetzt (vgl. ebd. 277, Anm. 30); allgemein zu CCC vgl. ebd. 225f.
450 J. de Broucker, Dom Helder Camara 114 (128).
451 H. Camara/M. Peitz, Kirche und Politik in Brasilien 25. Dom Helder betont, dass die „Aktion Gerechtigkeit und Friede" keine politische Partei sei und „in keiner Weise einem Menschen, einer Partei, einem Land, einer Kultur, einer Religion" angehören will, sondern „dass sie die Vereinigung von Menschen guten Willens ist, die überzeugt sind, dass nur die Wege der Gerechtigkeit und der Liebe zum wahren Frieden führen, und entschlossen sind, den moralischen, befreienden Druck auszuüben, um Gerechtigkeit zu erlangen und der Menschheit zu helfen, dem Hass und dem Chaos zu entrinnen." (H. Camara, Die Spirale der Gewalt 38f.; genauere Vorstellungen über Zielsetzung und Arbeitsweise der Aktion entwickelt er ebd. 37–61)
452 Vgl. H. Camara, Les conversions 169 (219).
453 Ch. Antoine, Kirche und Macht 183; Dom Helder sagt zum Erlass vom 13. Dezember: „Von der romantischen Revolution ging man zur technokratischen, oder sich zumindest gern wissenschaftlich verstehenden Revolution über. Die technokratische Revolution will die Ideologie der ‚Segurança nacional', der nationalen Sicherheit, auf eine vorgebliche Geopolitik Brasiliens gründen. Alles wird im Hinblick auf die nationale Sicherheit konzipiert. Zunächst muss das Land von den beiden Gefahren der Korruption und Subversion befreit werden. Danach wird man einen Entwicklungsplan in Gang setzen, der ganz auf die Erfordernisse der nationalen Sicherheit abgestimmt ist." (H. Camara, Les conversions 176f. [231])
454 Die Affäre erschütterte das ganze Land. Der Weihbischof von Belo Horizonte, Dom Serafim Fernandes de Arauio, sprach von Verfolgung, wogegen General Alvaro Cardoso die Geistlichkeit beschuldigte, den Guerillakrieg zu predigen (vgl. Ch. Antoine, Kirche und Macht 175f.).
455 Der vollständige Text der Rede findet sich in: H. Camara, Dom Helder: Les subversifs sont ceux qui nous accusent; in der redaktionellen Einführung wird die Rede irrtümlicherweise auf den 15. September datiert, ob-

wohl in derselben Einführung gesagt wird, dass die Rede nach dem Staatsstreich, der Mitte Dezember erfolgt war, gehalten worden sei (vgl. ebd. 4; P. J. Leonard, Dom Helder Camara 444); vgl. H.-J. Prien, Brasilien 175.

456 Vgl. H. Camara, Dom Helder: Les subversifs sont ceux qui nous accusent 4.
457 Vgl. ebd. 4f.
458 Vgl. ebd. 5.
459 Vgl. ebd. 6.
460 Vgl. ebd.
461 Vgl. E. Bailby, L'Express 166. In diesem Interview meinte Dom Helder zum Schluss, er denke, es werde sehr schwierig sein, ihn zum Schweigen zu bringen. Vgl. zum Verbot für Dom Helder, Fernsehsendungen zu machen J. de Broucker, Dom Helder Camara 58 (64f.).
462 Zit. in: Ch. Antoine, Kirche und Macht 186. Die Regierung verbreitete am 18. Dezember unter dem Titel „Die Konterrevolution" ein Dokument, in dem behauptet wurde, „um ihren Zweck zu erreichen, haben Persönlichkeiten des Klerus versucht, die Pläne und die durchgeführten Regierungsvorhaben zu entstellen, ja manchmal zu vereiteln, aber immer in der Absicht, günstige Bedingungen für den Sturz des Regimes zu schaffen, auf den dann die Einsetzung eines sozialistischen Regimes folgen sollte" (zit. in: ebd. 186f.).
463 Ebd. 187. Der „Rockefellerbericht", der 1969 erschien, qualifizierte die katholische Kirche Lateinamerikas ebenfalls als subversive Kraft (vgl. G. P. Süss, Pastoral Popular 181). Dom Helder setzte sich in einem Vortrag im Januar 1970 an der Columbia Universität in den USA kritisch mit dem Bericht auseinander (vgl. H. Camara, Une réflexion pastorale sur un rapport technique: Le rapport Rockefeller).
464 Vgl. ebd. 227.
465 Ebd. 228. Zur Folter in Brasilien vgl. Amnesty International (Hg.), Der Protest der politischen Gefangenen.
466 Vgl. Ch. Antoine, Kirche und Macht 190. Die Bischöfe billigten in ihrer Erklärung einerseits den Ausnahmezustand, da er gestatten könnte, die Grundreformen rascher zu verwirklichen, warnten aber zugleich vor seinen Gefahren. Die Erklärung enthielt ein langes Zitat aus der Enzyklika Pius' XI. *Mit brennender Sorge*, was die Regierung verärgerte, da sie sich dadurch in die Nähe des deutschen Nationalsozialismus gestellt sah.
467 Ebd. 191.
468 Vgl. ebd. 206.
469 Zit. in ebd. 207.
470 Zit. in ebd.
471 Ebd. 208.

472 Vgl. H. Camara/U. Stockmann, Umsturz 24f.
473 Vgl. ebd. 25.
474 Vgl. ebd. 26. Im April wurde nach der Mitteilung, er werde nicht heil nach Hause kommen, auf den Studentenführer Candido Pinto de Melo ein Attentat verübt, sodass er danach querschnittgelähmt war (vgl. ebd. 26; ICI No 338 (15. 6. 1969) 15f.).
475 Vgl. H. Camara/U. Stockmann, Umsturz 26; Ch. Antoine, Kirche und Macht 214.
476 Vgl. die Erklärung der Erzdiözese Recife vom 27. Mai in: ICI No 338 (15. 6. 1969) 15f.; Ch. Antoine, Kirche und Macht 215.
477 Vgl. ICI No 338 (15. 6. 1969) 16; Ch. Antoine, Kirche und Macht 215.
478 Vgl. ebd.
479 Vgl. ebd. 217. Dom Helder behauptet nicht, dass Henrique Neto von der TFP oder dem CCC ermordet worden war, sondern sagt lediglich: „Ich bemerke nur die Aufeinanderfolge der Tatsachen und das absolute Desinteresse der Gerichte." (H. Camara/U. Stockmann, Umsturz 26) „Aus Anlass des ersten Jahrestages der Ermordung Pater Henriques veröffentlicht die Diözese im Jahre 1970 eine Note, in der sie neuerdings eine Untersuchung über die Aktivitäten des ‚Jagdkommandos auf Kommunisten' fordert." (Ch. Antoine, Kirche und Macht 287, Anm. 20) Als der Prozess um die Ermordung Pater Henriques am 26. und 27. Mai 1975 wieder aufgerollt wurde, gab Dom Helder eine Erklärung ab, in der er nochmals auf Mängel im ersten Prozess hinwies und forderte, dass der Prozess wie bei einem politischen Verbrechen direkt von der Bundesjustiz zu führen sei, eine gründliche Untersuchung der CCC verlangte und bekanntgab, dass er vor dem neuen Prozess in einem telefonischen Anruf ermahnt worden sei, vorsichtig auszusagen, falls er nicht noch einen weiteren Mitarbeiter verlieren wolle (vgl. Amnesty International [Hg.], Kirche in Opposition 87–90).
480 Vgl. J. de Broucker, Dom Helder Camara 59 (65f.).
481 Vgl. Ch. Antoine, Kirche und Macht 216.
482 Vgl. ebd. 286, Anm. 11; ICI No 338 (15. 6. 1969) 16; H. Camara/U. Stockmann, Umsturz 27.
483 Vgl. ICI No 338 (15. 6. 1969) 16.
484 Vgl. dazu unten S. 168–172.
485 Vgl. Ch. Antoine, Kirche und Macht 224f.
486 P. Klein, Der lange Weg 42; vgl. L. Boff, Tal der Tränen 56.
487 Zur „Affäre der Dominikaner" und zu den Konsequenzen der Rede Dom Helders vgl. oben S. 176–181.
488 Vgl. ICI No 237 (1. 4. 1965) 2; H. Câmara, L'appel du tiers monde; H. Câmara, Pour arriver à temps (177–183).

489 Vgl. H. Câmara, Le tiers monde 34–47.
490 Zur detaillierten Analyse der Reden vgl. U. Eigenmann, Politische Praxis des Glaubens 211–688.
491 H. Camara, Die Wüste ist fruchtbar 11.
492 Ebd.
493 Vgl. ebd.
494 Vgl. ICI No 341–342 (8. 1969) 15.
495 HK 23 (1969) 405; vgl. DC 51 (1969) No 1546, 794. In der HK wird die Vermutung geäußert, die peruanische Nachrichtenagentur habe ihre Meldung mit einer bestimmten Absicht verbreitet: „Wenn man die tatsächlich verleumderischen Berichte konservativer Kreise an den Vatikan und die Handlungsfreiheit, die besonders ihnen in Brasilien zur Zeit gestattet wird, beachtet, dann hatte vielleicht ‚Notícias Aliadas' mit der ‚Veranlassung' des Dementis wohl nicht schlecht gehandelt. Es betrifft ja im Grunde nicht allein Helder Camara. Seine Position ist sicherlich im Kontext der brasilianischen Bischöfe und des Klerus keine isolierte." (HK 23 [1969] 405)
496 Vgl. ebd. Der Wortlaut der „brüderlichen Einladung" ist nicht veröffentlicht worden.
497 Vgl. ICI No 341–342 (8. 1969) 15.
498 Pressemitteilung des Freckenhorster Kreises 1. Teile dieser Presseerklärung wurden auch publiziert von L. Kaufmann, Zum Beispiel Helder Camara 72. Sowohl die Pressemitteilung als auch L. Kaufmann datieren den Konflikt zwischen dem Vatikan und Dom Helder in die Jahre 1965/66 und berufen sich dabei auf die ICI, ohne allerdings genauere Angaben zu machen. Bei dieser Datierung handelt es sich offensichtlich um einen Irrtum, da die ICI im fraglichen Zeitraum nichts über einen Konflikt zwischen dem Vatikan und Dom Helder berichten, wohl aber einige Jahre später (vgl. ICI No 341–342 [8. 1969] 15).
499 Vgl. E. Bailby, L'Express 166; H. Camara, Un regard 125.
500 Vgl. J. González, Dom Helder Camara 256. Auf die Behauptung: „Man klagt Sie des ‚Hausfriedensbruchs' an. Denn Sie halten zuweilen in dem Gebiet anderer Bischöfe Konferenzen über Themen, mit denen diese nicht einverstanden sind" antwortete Dom Helder: „Ich möchte gerne von denen, die mich solcher Dinge anklagen, auch nur den Namen einer einzigen Diözese wissen, wo ich gewesen sein soll und gesprochen hätte, ohne die vorherige Erlaubnis des Bischofs eingeholt zu haben." (ebd.)
501 DC 54 (1972) No 1611, 595, wo der ganze Brief Kardinal Roys abgedruckt ist. Eine leicht gekürzte Fassung des Briefes findet sich in: ICI No 408 (15. 5. 1972) 28.
502 Vgl. DC 54 (1972) No 1611, 595f.

503 Vgl. L. Kaufmann, Zum Beispiel Helder Câmara 72.
504 Vgl. ICI No 527 (15. 6. 1978) 50; Orientierung 42 (1978) 92.
505 Vgl. ICI No 527 (15. 6. 1978) 50.
506 L. Kaufmann, Zum Beispiel Helder Câmara 72; Pressemitteilung des Freckenhorster Kreises 1.
507 Vgl. Orientierung 42 (1978) 92. So sehr dieser Aspekt zu beachten ist, so sehr dürfen die möglichen Konsequenzen eines Reiseverbotes für Dom Helder persönlich nicht unterschätzt werden, da ihm aufgrund der in Brasilien herrschenden Pressezensur nur die Reisen ins Ausland die Möglichkeit geben, sich an die brasilianische Öffentlichkeit zu wenden.
508 Vgl. DC 60 (1978) No 1741, 441.
509 Vgl. ICI No 525 (15. 4. 1978) 61; DC 60 (1978) No 1741, 441.
510 Vgl. fk information 2.
511 Vgl. lCI No 529 (15. 8. 1978) 39; HK 32 (1978) 372; DC 60 (1978) No 1745, 640.
512 H. Camara, „Die Welt ist in Unordnung" 69.
513 Vgl. Orientierung 42 (1978) 92; in diesem redaktionellen Artikel wird die Gegnerschaft Dom Helders in den Kreisen um die Kardinäle Rossi und Baggio vermutet.
514 Vgl. DC 52 (1970) No 1561, 370.
515 Vgl. J. González, Dom Helder Camara 258.
516 Vgl. ICI No 370 (15. 10. 1970) 17.
517 Vgl. J. González, Dom Helder Camara 199f.; Institut für Brasilienkunde, Informationen 1/70, 10.
518 Vgl. ebd.; DC 52 (1970) No 1561, 370.
519 Vgl. J. González, Dom Helder Camara 198f.; J. de Broucker, Un prix populaire de la paix pour Dom Hélder Camara 30. Als Dom Helder auch 1973 den Friedensnobelpreis nicht erhielt, sondern dieser an den amerikanischen Außenminister Henry Kissinger und an dessen vietnamesischen Kollegen Le Duc Tho ging, wurden in Norwegen der „Volksfriedenspreis" und in Deutschland der „Câmara-Fonds" gestiftet, die ihm am 10. bzw. 11. Februar 1974 überreicht wurden (vgl. oben S. 184f.).
520 Vgl. J. González, Dom Helder Camara 202. Zu diesen verschiedenen Auszeichnungen und Ehrungen, zu denen später noch die „Victor Gollanez Memorial Award" (1975 in London), der Friedenspreis des Dritten Ordens der Franziskaner (1975 in Cincinnati, USA) und der Thomas Merton Preis (1976 in Pittsburg, USA) kamen, wurden Dom Helder im Laufe der Jahre von verschiedenen Universitäten insgesamt 32 theologische, juristische, wirtschafts- und sozialwissenschaftliche Ehrendoktorate verliehen: St. Louis, Löwen, Freiburg/Schweiz, Münster/W, Harvard, Amsterdam, Sorbonne, Notre Dame, Florenz, New Orleans, New York, São Paulo.

521 Vgl. ebd. 197f.
522 Zit. in: ebd. 264.
523 Vgl. H. Camara, Niemandem gelingt sein Leben hundertprozentig.
524 Ebd.
525 Ebd.
526 Ebd.
527 Vgl. H. Camara, Les conversions 181 (236).
528 H. Camara, La conférence de Paris 23; hier ist der ganze Text der Rede abgedruckt (vgl. ebd. 23–26); eine deutsche Übersetzung wichtiger Passagen der Rede findet sich in: H. Camara, Regierung durch Folter.
529 Vgl. H. Camara, La conférence de Paris 23f. Zum Schicksal des Studenten Luis Mateus vgl. auch H. Camara/U. Stockmann, Umsturz 23. Die Schreibweise des Namens ist zwar verschieden, doch steht außer Zweifel, dass es sich um denselben Studenten handelt; denn J. González, Dom Helder Camara 173f., der Luis Madeiras schreibt, berichtet dort über den Vortrag Dom Helders in Paris und in H. Camara/U. Stockmann, Umsturz 23 ist von einem Louis Mederus die Rede, von dem Dom Helder in fast gleichen Formulierungen erzählt wie in seiner Rede in Paris.
530 Dieser Bericht war in einer deutschen Übersetzung bereits Anfang Mai erschienen: T. de Alencar, Die Kirche darf nicht länger schweigen. Der Bericht wurde später abgedruckt in: T. de Alencar, Brasilianische Passion 41–48. Tito de Alencar schrieb diesen Bericht im Militärhospital, in das er verlegt worden war, nachdem er im Gefängnis einen Suizidversuch unternommen hatte, weil er sich fürchtete, unter der Folter jemanden zu verraten, und weil er durch das Opfer seines Lebens die Öffentlichkeit auf die Torturen aufmerksam machen wollte, unter denen nicht nur er, sondern auch andere politische Gefangene zu leiden hatten (vgl. ebd. 46.48).
531 Vgl. H. Camara, La conférence de Paris 24. Die verschiedenen Foltermethoden wurden von Gefangenen selbst beschrieben in: Amnesty International (Hg.), Das Dokument der politischen Gefangenen von São Paulo 11–20; ders. (Hg.), Der Protest der politischen Gefangenen 15–19.
532 Vgl. H. Camara, La conférence de Paris 25f.
533 E. Bailby, L'Express 166.
534 H. Camara, Les conversions 182 (237); vgl. H. Fesquet, L'Eglise catholique au Brésil 1.
535 Dieser Bericht war von Prof. Candido Mendes im Auftrag des Generalsekretärs der Brasilianischen Bischofskonferenz, Mgr. Aloisio Lorscheider, erstellt worden und enthielt Dokumente über dreizehn Fälle von Folterungen allein in Rio de Janeiro, die sowohl von den Opfern wie jeweils auch von zwei Zeugen bestätigt wurden (vgl. M. M. Alves, L'Eglise 178f.).

536 „Es ist offenkundig, dass das Gewissen unserer Bevölkerung allen Dementis zum Trotz durch das Echo auf die Fälle von Folterungen in Brasilien alarmiert ist und dass die Überzeugung von ihrer Realität in der internationalen öffentlichen Meinung weit verbreitet ist [...]. Die Regierung hat die Pflicht, der Angelegenheit auf den Grund zu gehen, [...] den Makel zu tilgen, der jetzt auf unserem Land liegt [...]. In Anbetracht unserer apostolischen Mission würden wir uns einer schweren Unterlassung schuldig machen, wenn wir nicht gegen jede Art von Folter Stellung nähmen, sei es physische oder psychische Tortur, und gleichgültig, ob sie in Brasilien oder irgendwo sonst stattfindet." (zit. in: Neues Forum 17 [1970] 820); vgl. zur ganzen Erklärung H.-J. Prien, Brasilien 181–183.

537 Vgl. ICI No 362 (15. 6. 1970) 7.

538 Vgl. J. González, Dom Helder Camara 185f.

539 Zit. in: M. M. Alves, Brasilien 72; vgl. ICI No 365–366 (8. 1970) 18. Mit dieser Äußerung gab Dom Sigaud die Existenz von politischen Gefangenen zu, ebenso wie die Anwendung der Folter, wobei er keine Hemmungen hatte, diese auch noch auf eine wohl nicht anders als zynisch zu nennende Weise zu rechtfertigen.

540 In dieser Erklärung protestierten die Bischöfe scharf gegen die Misshandlungen von P. José Antonio, beklagten, dass Priester und Laien mit Drohungen und Verfolgungen daran gehindert werden, für die Verbesserung des Schicksals des Volkes zu arbeiten, warfen der Polizei vor, sie stelle sich in zahlreichen Fällen in den Dienst jener, die über wirtschaftliche oder politische Macht verfügen, erinnerten daran, dass ihre Unterstützung allen Priestern und Laien gelte, die die Bauern anleiten, für Gerechtigkeit zu kämpfen, und forderten zum Schluss die Behörden auf, für Gerechtigkeit zu sorgen, bevor das unterdrückte Volk in jenem Hass untergeht, den die wirklichen Agenten der Subversion nicht aufhören zu verbreiten (vgl. ICI No 368 (15. 9. 1970) 11). Neben den Kardinälen Rossi von São Paulo, Câmara von Rio de Janeiro, Sales von Salvador und Scherer von Porto Alegre, die alle mehr oder weniger gemäßigte und z. T. zweifelhafte Stellungnahmen zur Folter abgegeben haben, „gab es nur vier Bischöfe, die auf die eine oder andere Weise gegen die Folterung politischer Gefangener protestiert haben. Der klarste und stärkste Protest kommt von Dom Helder Camara. Er hat sich nicht auf Worte beschränkt, sondern hat sich persönlich für die Freilassung von Gefangenen in Recife eingesetzt. In einem Brief an den Gouverneur des Staates Pernambuco schreibt Dom Helder: ‚Wir verstehen nicht, dass Autoritäten wie der Gouverneur von Pernambuco es zulassen, dass in den Gefängnissen Folterungen als gesetzliche Mittel, als Repressalien gegen den Ungehorsam gegenüber behördlichen Anordnungen oder als Bestrafung von Gefangenen, die Ver-

brechen beschuldigt werden, gebraucht werden [...]. Wir verlangen, dass sofort eine Untersuchungskommission eingesetzt wird, die keine Verbindung mit der Polizei hat.'" (G. Deelen, Kirche der Unterdrücker 23)

541 Vgl. ICI No 363 (1. 7. 1970) 14; J. Offredo, La grande croisade de Dom Helder Camara 11.
542 Zit. in: H. Camara, Niemandem gelingt sein Leben hundertprozentig.
543 Vgl. ICI No 374 (15. 12. 1970) 15; T. C. Bruneau, The political transformation 212.
544 Vgl. H. Camara, Niemandem gelingt sein Leben hundertprozentig 25; ICI No 368 (15. 9. 1970) 11.
545 Vgl. H. Camara, Un document; ICI No 374 (15. 12. 1970) 15. Speziell zur Finanzierung seiner Reisen informierte er: H. Camara, Quem me financia as viagens 16–20.
546 Vgl. B. Tyson, Dom Helder 181f.
547 Anfang Juli 1971 nahm die Polizei im Büro von Dom Helder eine Hausdurchsuchung vor, um nach subversiven Dokumenten zu fahnden. Ein Diözesanpriester wurde während 24 Stunden festgenommen (vgl. ICI No 389–390 (8. 1971) 14).
548 Vgl. J. Vogel, Une interview du P. Comblin; Institut für Brasilienkunde, Information 1/72, 10.
549 Der ganze Text des Briefes findet sich in: H. Camara, Les tortures; vgl. ICI No 409 (1. 6. 1972) 28.
550 Vgl. H. Camara, Les tortures 784.
551 Vgl. ebd. 785.
552 Vgl. ICI No 426 (15. 2. 1973) 23.29f.
553 Vgl. HK 27 (1973) 374.499f.; ICI No 434 (15. 6. 1973) 35f. Das am 6. Mai in Recife und am 18. Mai in Rio veröffentlichte Dokument ist abgedruckt in: H. Krauskopf, Brasilien 51–80, nach dem im Folgenden zitiert wird, und H. Camara et Dix sept évêques et supérieurs religieux brésiliens, J'ai entendu les cris de mon peuple 28–68, wo die Einleitung der Bischöfe, in der diese ihre Stellungnahme rechtfertigen, weggelassen ist; das leicht gekürzte Schlusskapitel des Dokuments findet sich in: LM 12 (1974) Heft 5, 26f. Für P. Richard ist dieses Dokument eine der besten Interpretationen von Medellín (vgl. P. Richard, Mort des Chrétientés 164).
Das Dokument zeigt zunächst anhand offizieller statistischer Angaben die Lebensbedingungen im Nordosten auf: das niedrige Pro-Kopf-Einkommen in dieser Region, die alarmierende Arbeitslosigkeit, die epidemischen Ausmaße des Hungers, die menschenunwürdigen Wohnverhältnisse, das schlecht organisierte Schulwesen sowie die vielen Krankheiten und die hohe Kindersterblichkeit (vgl. ebd. 54–58). In einem nächsten Teil wurde nach den Wurzeln dieser Verhältnisse gefragt und

als Antwort auf die Abhängigkeit des Nordostens und die Mitverantwortung der Kirche hingewiesen (vgl. ebd. 58–60). Dann kam das Dokument auf die Anstrengungen der SUDENE zu sprechen und deren Torpedierung durch die Zentralregierung, was die Entwicklungsunterschiede zwischen dem Nordosten und dem Zentral-Westen vergrößert habe (vgl. ebd. 61–66). Auf die Frage, ob die Unterentwicklung des Nordostens unabwendbar sei, antwortete das Dokument, diese sei die Folge einer ausschließlich an den Interessen des ausländischen Kapitals orientierten Wirtschaftspolitik der Regierung, der selbst grundlegende Menschenrechte geopfert und durch die die Armen immer ärmer und die Reichen immer reicher würden, wobei vor allem die Landbewohner darunter zu leiden hätten (vgl. ebd. 66–75). Im Schlussteil des Dokuments betonten die Bischöfe und Ordensoberen, dass die Kirche angesichts der Verhältnisse im Nordosten nicht indifferent bleiben dürfe, und erklärten: „Die Erlösung stellt sich [...] nicht als außerhalb der Welt stehende Wirklichkeit dar, die nur außerhalb der Geschichte, im jenseitigen Leben erreicht werden kann. Sie beginnt sich hier zu verwirklichen. Das ewige, noch nicht vollendete Leben wird uns durch Gottes Sohn schon jetzt im Hier und Heute des menschlichen Lebens gegeben (vgl. Joh 5,24; 6,40). Diese Erlösungsankunft Gottes [...] offenbart sich nach und nach im langen und schwierigen Befreiungsprozess des Menschen. Zusammen mit der Dimension des Persönlichen und Innerlichen ist eine vollständige Befreiung des Menschen nur möglich, wenn der politische Bereich eingeschlossen ist und der soziale und wirtschaftliche Zusammenhang gewahrt bleibt." (ebd. 76f.) Weiter stellten die Bischöfe und Ordensoberen fest: „Die in Brasilien herrschenden Sozial- und Wirtschaftsstrukturen sind auf Unterdrückung und Ungerechtigkeit aufgebaut, die aus einer Situation des von den großen internationalen Machtzentren abhängigen Kapitalismus hervorgehen. Innerhalb unseres Landes bemühen sich kleine Minderheiten, Komplizen des internationalen Kapitalismus, diesem mit allen nur möglichen Mitteln zu dienen, um eine für sie günstige Situation zu bewahren. So entstand ein unmenschlicher Zustand, der sicherlich nicht christlich ist [...]. Die aus dieser Situation entstandene Ungerechtigkeit hat ihre Grundlage in den kapitalistischen Produktionsverhältnissen, die unausweichlich zu einer Klassengesellschaft führen [...]. Der historische Prozess der Klassengesellschaft und die kapitalistische Herrschaft führen unausweichlich zum Klassenkampf [...]. Die unterdrückte Klasse hat keinen anderen Ausweg, sich zu befreien, wenn nicht den eines langen und schwierigen Marsches, der schon begonnen hat, zugunsten des Gemeineigentums der Produktionsmittel. Dies ist das wichtigste Fundament eines gigantischen, historischen Projekts zur globalen Veränderung der gegenwärtigen in eine neue Gesellschaft, in der es für die Unterdrückten möglich sein wird, die sachlichen Voraussetzungen zu schaffen, ihre mit Füßen getretene Menschlichkeit wiederzuerlangen, die Ketten ihrer Leiden zu sprengen, die Klassengegensätze zu überwinden, die Freiheit zu erobern." (ebd. 78–80) Das Dokument schloss: „‚Richtet euch auf, und erhebt euer Haupt! Es naht eure Befreiung' (Lk 21,28)." (ebd. 80)

554 LM 12 (1974) Heft 5, 28.

555 „Zur Parlamentsrede anlässlich der Hundertfünfzigjahrfeier der gesetzgebenden Gewalt im Mai 1973, auf der der katholische Klerus geehrt werden sollte, der sich an den Unabhängigkeitskämpfen beteiligt hatte, war ursprünglich nicht der Erzbischof selbst, sondern einer seiner konservativeren Monsignores eingeladen worden. Dieser hatte allerdings abgesagt und es der Mehrheit des Klerus überlassen, einen Sprecher zu bestimmen. So fiel die Wahl auf Câmara – zum Entsetzen der Behörden, besonders des Gouverneurs." (H. Prien, Freiheit 24); der Text der Rede findet sich ebd. 24f.; vgl. dazu auch HK 27 (1973) 501, wo die Rede Dom Helders als eine „Art Husarenstreich" bezeichnet wird.

556 H. Câmara, „Wacht über die Freiheit!" 24.

557 Der von Dom Helder vorgetragene Abschnitt aus *Gaudium et spes*, 75 lautete: „Die heute dem Volk und besonders der Jugend so notwendige staatsbürgerliche und politische Erziehung ist eifrig zu pflegen, sodass alle Bürger am Leben der politischen Gemeinschaft aktiv teilnehmen können. Wer dazu geeignet ist oder sich dazu ausbilden kann, soll sich darauf vorbereiten, den schweren, aber zugleich ehrenvollen Beruf des Politikers auszuüben und sich diesem Beruf unter Hintansetzung des eigenen Vorteils und materiellen Gewinns widmen. Sittlich integer und klug zugleich, soll er angehen gegen alles Unrecht und jede Unterdrückung, gegen Willkürherrschaft und Intoleranz eines Einzelnen oder einer politischen Partei. Redlich und gerecht, voll Liebe und politischen Muts soll er sich dem Wohl aller widmen." (K. Rahner, H. Vorgrimler, Kleines Konzilskompendium 534).

558 Ebd. 25.

559 Ebd. 25.

560 Vgl. ebd.

561 Ebd.

562 Ebd. 24. Am 16. Juni 1973 nahmen Organe der Geheimpolizei in der Verwaltung der Erzdiözese und im Sekretariat der Bischofskonferenz des Nordostens II eine Hausdurchsuchung vor und beschlagnahmten das Dokument „Ich hörte die Schreie meines Volkes" und Exemplare der von Dom Helder vor dem Parlament von Pernambuco gehaltenen Rede (vgl.

Amnesty International [Hg.], Kirche in Opposition 65f.). Am 25. Juli wurden zwei Mitarbeiter Dom Helders in der „Operation Hoffnung" als Repressalie gegen dessen Kritik verschleppt oder verhaftet (vgl. ICI No 440 [15. 9. 1973] 23; HK 27 [1973] 501).

Die „Operation Hoffnung" ist ein von Dom Helder kurz nach seiner Ankunft in Recife gegründetes Unternehmen, das verschiedene Basisprojekte unterhält und im Dienste der Konzientisation steht (vgl. J. de Broucker, Dom Helder Camara 150–152 [169–171]; J. González, Dom Helder Camara 141–143; H.-W. Brockmann, Unternehmen Hoffnung). Die gegen seine Mitarbeiter gerichteten Vergeltungsmaßnahmen bereiteten Dom Helder die größten Sorgen. Er sagte dazu in einem Interview im Juni 1972 auf die Frage, ob er politische Verfolgung oder Anschläge gegen seine Person fürchte: „Ich habe keine Angst, aber das Furchtbare ist, dass das, was ich sage, für mich selbst keine schlimmen Folgen hat, aber meine Freunde leiden an diesen Folgen. Ich fürchte nichts für meine Person. Auch wenn ich noch härtere Wahrheiten aussprächeä, würde man mir wahrscheinlich die Freiheit lassen, aber meine Mitarbeiter hätten die Folgen zu tragen." (HK 26 [1972] 391)

563 Vgl. ICI No 449 (1. 2. 1974) 26; H. Camara, Friedensreise 23; ders., Les conversions 183f. (240f.); H.-W. Brockmann, Unternehmen Hoffnung 9f.; B. Tapia de Renedo, Hélder Câmara 116–120; J. de Broucker, Un prix populaire 30.

564 H. Camara, Friedensreise 25.

565 Ebd. 26.

566 Ebd. 28f.

567 Ebd. 30.

568 Ebd. 33.

569 Ebd. 44.

570 Ebd. 47.

571 Ebd. 48f.

572 Ebd. 49.

573 Vgl. P. Klein, Der lange Weg 46.

574 H.-J. Prien, Brasilien 197.

575 Vgl. Institut für Brasilienkunde, Informationen Nov./Dez. 1974, 2f.

576 Vgl. P. Klein, Der lange Weg 46; H.-J. Prien, Brasilien 198f.

577 H.-J. Prien, Brasilien 199. „Als wichtigstes Beispiel hierfür ist der Mord an dem bekannten Journalisten Wladimir Herzog zu nennen, der in Brasilien und in der ganzen Welt große Empörung hervorrief. Herzog hatte am 25. Oktober 1975 die DOI (ein bekanntes Verhör- und Folterzentrum) in São Paulo freiwillig aufgesucht, die ihn tags zuvor zu einem Verhör vorgeladen hatte. Acht Stunden nach Betreten der DOI war Wladimir

Herzog tot. Kardinal Evaristo Arns konzelebrierte mit einem Rabbiner und einem Pfarrer der protestantischen Kirche einen Gedenkgottesdienst für den Juden Herzog, der der offiziellen Version zufolge ‚Selbstmord' begangen hatte." (P. Klein, Der lange Weg 47)

578 Vgl. Institut für Brasilienkunde, Informationen Sept. 1974, 1.
579 Zit. in: Institut für Brasilienkunde, Informationen Nov./Dez. 1974,8.
580 Vgl. H.-J. Prien, Brasilien 201. Der Text des Hirtenbriefes ist abgedruckt in: H. Krauskopf, Brasilien 81–95.
581 Ebd. 81.
582 Vgl. ebd. 82–86. Es wurden die Ermordung von Pater Rudolfo Lunkenbein, die Entführung und Misshandlung von Bischof Hipolito, die Tötung von Pater Burnier in Erinnerung gerufen sowie auf einige weitere Konflikte hingewiesen.
583 Ebd. 85.
584 In dieser Ideologie der Nationalen Sicherheit sahen die Bischöfe die tieferen Ursachen der von ihnen kritisierten Politik. Diese Ideologie ist von der Idee inspiriert, dass der Staat seinen Bürgern und dem Volk insgesamt Freiheit und Menschenrechte gewähre. „Diese Ideologie hat die brasilianische Regierung seit 1964 ihrem Handeln zugrundegelegt. So entstand ein zunehmend zentralisiertes System, das im gleichen Verhältnis immer weniger mit der Mitbestimmung der Bevölkerung rechnen konnte. [...] Der Staat kann weder Freiheit noch Rechte gewähren. Ihr Bestehen geht selbst der Existenz der Nation voraus. [...] Wer Staat und Regierung über die Nation setzt, wertet staatliche Sicherheit unsachgerecht hoch und missachtet zugleich die Sicherheit der einzelnen Personen. Wer so handelt, verdammt das Volk zum Schweigen und stößt es in ein Klima voller Angst. [...] Die Ideologie der Nationalen Sicherheit, die sich über das Bedürfnis der persönlichen Sicherheit erhebt, breitet sich über den ganzen lateinamerikanischen Kontinent so aus, wie es auch in den Ländern unter sowjetischer Herrschaft geschah. Lateinamerikanische Gewaltregime, die auf dieser Ideologie gründen, erklären – im Namen des Kampfes gegen den Kommunismus und um der wirtschaftlichen Entwicklung willen – allen den ‚antisubversiven Krieg', die mit der autoritären Organisation der Gesellschaft nicht übereinstimmen. Das Training für einen solchen ‚antisubversiven Krieg' in Lateinamerika gegen den Kommunismus führt nicht nur zu einer wachsenden Verrohung der Beteiligten, sondern erzeugt auch eine neue Art von Fanatismus und eine Atmosphäre von Gewalttätigkeit und Angst. Gedanken- und Pressefreiheit werden geopfert, die Garantie persönlicher Unversehrtheit ist aufgehoben. So hat diese Lehre die Gewaltregime dazu geführt, dieselben Merkmale und Praktiken zu übernehmen, die in kommunistischen Regimen üblich sind: Missbrauch

staatlicher Macht, willkürliche Verhaftungen, Folter und Aufhebung der Gedankenfreiheit." (ebd. 89f.); vgl. zur Ideologie der Nationalen Sicherheit G. P. Süss, Pastoral popular 179–187; Die Kirche in Lateinamerika.
585 Vgl. ebd. 91–94.
586 H.-J. Prien, Brasilien 207.
587 Vgl. ebd. 207.211. Der Text findet sich in: H. Krauskopf, Brasilien 96–107. H.-J. Prien bemerkt, die Bischöfe hätten sich in Widersprüche verwickelt, indem sie u. a. in Nr. 45 ihres Lehrschreibens behaupteten, ein autoritäres Regime könne dem Gemeinwohl besser dienen, daneben aber die Freiheit der Legislative und der Judikative betonten (vgl. H.-J. Prien, Brasilien 211).
588 H.-J. Prien, Brasilien 211f.
589 Vgl. H. Câmara, Evangelisierung.
590 Vgl. H.-J. Prien, Brasilien 212.
591 Ebd. 212f.
592 Zit. in: ebd. 214.
593 Vgl. ebd. 214.
594 HK 32 (1978) 482f.
595 H. Camara, Les conversions 182 (238).
596 H. Camara, Die Wüste ist fruchtbar 12. Der Untertitel dieses Buches – Wegweisungen für die abrahamitischen Minderheiten – weist auf die von Dom Helder entdeckten Träger einer Veränderung von ungerechten Strukturen hin, für die er es geschrieben hat. In einem ersten Teil spricht Dom Helder zunächst vor dem Hintergrund seiner Erfahrung mit Appellen an die Institutionen (vgl. ebd. 9–12) von seiner Entdeckung der Minderheiten (vgl. ebd. 14f.); er weist dann auf Abraham hin, den die Juden, Christen und Muslime kennen und der als erster von Gott berufen aufgebrochen sei, und nennt die Minderheiten deshalb abrahamitische, ohne allerdings die atheistischen Mitbrüder von diesen Minderheiten ausschließen zu wollen (vgl. ebd. 17–20); weiter ruft er dazu auf, den Egoismus und die Beschränkung auf den Kreis der eigenen Familie oder Nation zu überwinden und im Maßstab der Erde zu leben (vgl. ebd. 23–25); er interpretiert den Schrei der Unterdrückten, den Ruf jener ohne Stimme und ohne Hoffnung, den Protest der Armen und die Stimme der Länder, die Opfer von Ungerechtigkeiten sind, als Stimme Gottes und kritisiert jene, die sich den Luxus leisten, Gott in der Bequemlichkeit müßiger Stunden, in luxuriösen Kirchen oder pompösen Gottesdiensten zu suchen (vgl. ebd. 27–29); dann lädt er ein, aufzubrechen und sich in Bewegung zu setzen und so andern zu helfen, sich ihrerseits in Bewegung zu setzen, um eine gerechtere und menschlichere Welt aufzubauen (vgl. ebd. 31f.); er weist jene, die aufbrechen, darauf hin, dass ihnen Erfahrun-

gen der Wüste nicht erspart bleiben, da sie auf den Widerstand der Großen und Mächtigen stoßen werden (vgl. ebd. 35–37); zum Schluss des ersten Teils weist Dom Helder auf das Geheimnis der Jugend hin, das darin besteht, eine Sache zu haben, der man sich unabhängig vom Alter weihen könne und die heute in der endgültigen Befreiung all derer bestehe, die noch Sklaven sind (vgl. ebd. 40–42). Im zweiten Teil seiner Wegweisungen für abrahamitische Minderheiten kommt Dom Helder auf die Wurzel des Übels des Jahrhunderts zu sprechen, das für ihn nicht im Kommunismus besteht, sondern im Egoismus Einzelner und ganzer Nationen (vgl. ebd. 47–51); dann weist er auf das Phänomen hin, dass überall auf der Welt Menschen in einer Randsituation leben müssen, am Rande des wirtschaftlichen Fortschritts, der schöpferischen Tätigkeit oder der Mitentscheidung (vgl. ebd. 53–56); er plädiert weiter für eine befreiende Erziehung von allen Formen des Egoismus (vgl. ebd. 58–64); danach wendet er sich gegen die Haltung derer, die zur Mäßigung mahnen, eine bloße Karitas-Haltung vertreten und keine grundlegenden Reformen anstreben wollen (vgl. ebd. 66–70); zum Schluss des zweiten Teils ermutigt Dom Helder all jene, die als abrahamitische Minderheiten in den Kirchen oder in anderen Organisationen auf Kritik stoßen, als rebellisch erscheinen, Progressisten oder Kryptokommunisten genannt werden, nicht aufzugeben und sich mit Minderheiten anderer Organisationen zu verbünden (vgl. ebd. 72–75). Im dritten Teil seines Buches fordert Dom Helder die abrahamitischen Minderheiten auf, sich über die Lebensbedingungen in ihrer Umgebung zu informieren und Untersuchungen anzustellen, wobei er Beispiele für die Dritte Welt und die Industrienationen aufzählt (vgl. ebd. 81–88); er wirbt dann um Verständnis für jene Menschen, die in geduldiger Aufopferung in einem anonymen Heroismus ihren Alltag bewältigen und so andern erst ermöglichen, sich um die großen Probleme der Menschheit anzunehmen (vgl. ebd. 90–92); er richtet dann einen Appell an die Künstler, sich der heutigen Probleme der Menschheit bewusst zu werden, damit ihre Werke davon geprägt seien, und einen an die atheistischen Humanisten, bei denen er Liebe zur Wahrheit, zur Gerechtigkeit, zum Frieden und Bereitschaft zum Dienen sowie Mut zu Widerstand unter Leid und Folter gefunden habe und die deshalb bei der Mobilisierung der abrahamitischen Minderheiten eine bedeutende Rolle spielen (vgl. 94–101); einen ganz besonderen Appell richtet Dom Helder an die Jugend und verspricht vor allem jenen, die keinen Sinn mehr im Leben sehen, dass sie in den abrahamitischen Minderheiten einen Platz finden werden (vgl. ebd. 103–106); Dom Helder beschließt seine Wegweisungen für die abrahamitischen Minderheiten mit einem Gebet (vgl. ebd. 108–110).

597 Zur detaillierten Analyse der Reden vgl. U. Eigenmann, Politische Praxis des Glaubens 211–688. Die folgenden Ergänzungen zu den (abrahamitischen) Minderheiten, die hier eingefügt werden, finden sich in: U. Eigenmann, Politische Praxis des Glaubens 678f.

598 Dieser Abschnitt ist dem vierten Teil der Dissertation entnommen: U. Eigenmann, Politische Praxis des Glaubens 689–695.

599 Vgl. P. Richard, Lateinamerikanische Theologie der Befreiung 20.

600 P. Richard formuliert den erkenntnistheoretischen Bruch so: „Die Theologie der Befreiung geht von der erkenntnistheoretischen Annahme aus, dass grundsätzlich das gesellschaftliche Sein das gesellschaftliche Bewusstsein bestimmt: Das gesellschaftliche Sein bestimmt grundsätzlich das gesellschaftliche Bewusstsein, nicht das Bewusstsein das Sein. Die Annahme dieses erkenntnistheoretischen Prinzips kennzeichnet den grundlegenden Bruch der Theologie mit jeder Form des Idealismus, und gerade dieser immer wieder neue Bruch gestattet es der Theologie, sich in die Praxis des Befreiungskampfes hineinzubegeben. Dennoch wird durch die Annahme dieses Prinzips der grundsätzlichen Bestimmung des Bewusstseins durch das Sein nicht die relative Autonomie des gesellschaftlichen Bewusstseins von dem gesellschaftlichen Sein sowie die tatsächliche Fähigkeit des Bewusstseins verneint, das gesellschaftliche Sein zu beeinflussen." (P. Richard, ebd. 31)
Auf die praktisch befreiende Funktion der Reflexion in der Theologie Befreiung weist J. Sobrino hin: „Die befreiende Funktion der Erkenntnis besteht im Grunde nicht darin, zu erklären oder einer bestehenden Wirklichkeit oder einem durch die Situation bedrohten Glauben Sinn zu verleihen, sondern eine Wirklichkeit umzuformen, damit sie endlich Bedeutung hat und auf diese Weise den verlorenen oder bedrohten Sinn des Glaubens wiedergewinnt. [...] Umformen heißt nicht nur eine intelligible Form suchen, um die Wirklichkeit für das Erkennen zu ordnen, sondern dem Elend der Wirklichkeit eine neue Form geben. Das theologische Erkennen erscheint dann untrennbar von seinem praktischen und ethischen Charakter und beschränkt sich nicht aufs Interpretieren (J. Sobrino, Theologisches Erkennen 128f.).

601 Im Zusammenhang mit meinem Dissertationsprojekt über das Leben und die Reden von Dom Helder Camara suchte ich nach der Möglichkeit eines persönlichen Gesprächs mit ihm. Ich bat Dr. Hans Schöpfer, damals Lehrbeauftragter an der Universität Fribourg, anlässlich seiner Reise nach Puebla zur Dritten Versammlung der Lateinamerikanischen Bischöfe (28. Januar bis 13. Februar 1979), mein Anliegen Dom Helder vorzubringen. Dieser erklärte sich zu einem Gespräch bereit. Er nannte die Adresse des französischen Journalisten José de Broucker, an den ich

mich wenden könne, damit dieser einen Termin für ein Gespräch anlässlich seines Vortrags am 16. März 1979 im Collège de France in Paris ausmache. So traf ich Dom Helder am 15. März in einem Haus im Diplomatenviertel von Paris, das der Erzdiözese gehört und in dem Dom Helder während seines Aufenthaltes in Paris wohnte. Kurz nach der vereinbarten Zeit betrat er den hohen und vornehmen Raum, in dem ich auf ihn wartete, kam auf mich zu, zeigte sich über mein Anliegen informiert und sagte ganz schlicht: „Ich stehe Ihnen zur Verfügung." Ich bedankte mich für seine Bereitschaft zu diesem Gespräch und fragte ihn, ob ich es aufzeichnen dürfe, was er bejahte. Das Gespräch wurde auf Französisch geführt und wird möglichst wörtlich wiedergegeben.

602 In der von den beiden Professoren Nelson Piletti und Walter Praxedes verfassten Biografie über Dom Helder werden die Jahre 1909–1935 als „Grüne Jahre" (wegen der grünen Hemden der Faschisten), die Jahre 1936–1964 als „Goldene Jahre" (wegen deren ruhigem Charakter und der mehr oder weniger harmonischen Zusammenarbeit mit dem Staat) und die Jahre nach 1964 als „Rote Jahre" (wegen der Konflikte und den Verfolgungen) bezeichnet (vgl. N. Piletti/W. Praxedes, Dom Hélder Câmara).

603 Zu dieser Frage hat sich Dom Helder Camara ausführlich geäußert in: H. Camara, Saint Thomas d'Aquin – Aristote – Karl Marx.

604 Vgl. L. Kaufmann, Puebla zwischen Befürchtungen und Hoffnungen. Kaufmann SJ, der oben erwähnte Journalist, bestätigt, dass die Journalisten in Puebla im Unterschied zum Konzil und den Bischofsynoden keine Informationen über die Plenarsitzungen erhielten (vgl. ebd. 45). Über die Arbeit der Kommission 6 „Evangelisation und menschliche Entwicklung" schreibt Kaufmann aufgrund von Informationen des Prälaten Leo Schwarz: „Spektakulär aber war an dieser Kommission vor allem das Gegenüber von Erzbischof Helder Pessoa Câmara und López Trujillo: ‚Die beiden hatten sich zusammengerauft und schließlich einen von ihnen gemeinsam erarbeiteten Entwurf zum Abschnitt ‹Befreiung› vorgelegt, der sehr viel Anklang gefunden hat, sowohl in der Kommission wie im Plenum.' (Schwarz). [...] Auch wer das Glück hatte, mit dem eben siebzig Gewordenen ein Gespräch zu führen, konnte herausfühlen, wie sehr Helder Câmara, den man so gern und manchmal leichthin einen ‚Propheten' nennt, in Puebla seine Berufung darin sah, das Verbindende zu betonen und nach allen Seiten Brücken zu schlagen." (ebd. 46)

Literatur

Zeitschriften bzw. Zeitungen werden folgendermaßen abgekürzt:

CJN	Croissance des jeunes nations
DAS	Deutsches Allgemeines Sonntagsblatt
DC	La Documentation Catholique
FAZ	Frankfurter Allgemeine Zeitung
HK	Herder Korrespondenz
ICI	Informations Catholiques Internationales
LM	Lutherische Monatshefte
NF	Neues Forum
NW	Neue Wege
PF	Publik Forum
REB	Revista Eclesiastica Brasileira
TC	Témoignage Chrétien

Werke von Helder Camara

Bücher

Câmara, H., Le tiers monde trahi. Préface de Mgr Pellegrino. Traduit de l'italien par J. Laurent, Paris 1968.
Câmara, H., Revolution für den Frieden, Freiburg i. Br. 1969.
Câmara, H., Révolution dans la paix. Traduit du brésilien par Conrad Detrez, Paris 1970.
Câmara, H., Pour arriver à temps, Paris 1970.
Camara, H., Es ist Zeit, Graz–Wien–Köln ²1971.
Camara, H., Spirale de violence, Paris 1970.
Camara, H., Une journée avec Don Helder Camara, Paris 1970.
Camara, H., Die Spirale der Gewalt, Graz–Wien–Köln ²1971.
Câmara, H., Le désert est fertile. Feuilles de route pour les minorités abrahamiques, Paris 1971.
Camara, H., Die Wüste ist fruchtbar. Wegweisungen für die abrahamitischen Minderheiten, Graz–Wien–Köln 1972.
Camara, H./Stockmann, U., Umsturz durch die Gewaltlosen. Eine Initiative, Düsseldorf 1971.

Câmara, Helder in der Schweiz. Die Ansprachen von Helder Pessôa Câmara in Zürich und Freiburg und ein Interview, Freiburg i. Ue. 1971.

Camara, H., Hunger und Durst nach Gerechtigkeit. Reden und Ansprachen, Graz–Wien–Köln 1973.

Camara, H., Friedensreise 1974 Zürich–Oslo–Frankfurt, Zürich 1974.

Camara, H., Les conversions d'un évêque. Entretiens avec José de Broucker, Paris 1977.

Camara, H., Die Bekehrungen eines Bischofs. Aufgezeichnet von José de Broucker. Aus dem Französischen übersetzt von Renate Smit-Krefting, Wuppertal 1978.

Camara, H., Meditation für dies Jahrhundert. Gebet für die Reichen. Gebet für die Linke. Mit einem Nachwort von Klaus R. Kick, Wuppertal 1979.

Camara, H., La symphonie des deux mondes, o. O. 1980.

Camara, H., Mille raisons pour vivre. Méditations. Présentation de José de Broucker, Paris 1980.

Camara, H., Mach aus mir einen Regenbogen. Mitternächtliche Meditationen, Zürich 1981.

Camara, H., Hoffen wider alle Hoffnung. Vorwort: Mario von Galli, Zürich 1981.

Suenens, L.-J./Câmara, H., Erneuerung im Geist und Dienst am Menschen, Salzburg 1981.

Camara, H., Selig die träumen. 5-Minuten-Radiopredigten, Zürich 1982.

Camara, H., Gebet für die Reichen, Zürich o. J.

Camara, H., Briefe aus dem Konzil. Nachtwachen im Kampf um das Zweite Vatikanum. Aus dem Portugiesischen übersetzt von Conrad Berning und Leandro Luis Bedin Fontana. Herausgegeben von Urs Eigenmann, 2 Bände, Luzern 2016.

Broschüren

Camara, H., Le combat mondial pour la justice et la paix. Message de Dom Helder Camara et réponses aux questions, Lyon 1970.

Camara, H., Levend tussen de armen. Teksten van dom Helder Camara bisschop van Recife in Braizilie, Breda 1975.

Câmara, H., Human Rights, o. O. 1975.

Câmara, H., Fraternal appeal to Britain, London 1975.

Camara, H. et Dix sept évêques et supérieurs religieux bresiliens, J'ai entendu les cris de mon peuple, Paris o. J.

Beiträge in Werken anderer Autoren

Camara, H., La pauvreté dans l'abondance, in: Meert, J./Delcourt, J./ Camara, H. u. a., Dans l'abondance les pauvretés, Bruxelles 1968, 49–60.

Camara, H., Ist Gewalt der einzige Weg? in: Feil, E./Weth, R. (Hg.), Diskussion zur „Theologie der Revolution", München/Mainz 1969, 260–269.

Camara, H., Entwicklungsprojekte und Strukturwandel, in: Gruber, H. (Hg.), Ungerechte Fesseln öffnen. Offizieller Bericht der Konferenz über ökumenische Unterstützung für Entwicklungsprojekte Montreux, Schweiz, 26.–31. Januar 1970, Genf 1970, 68–77.

Camara, H., Préface, in: Biéler, A., Une politique de l'espérance, De la foi aux combats pour un monde nouveau, Genève/Paris 1970, 9–12.

Camara, H., Vortrag anlässlich des Kongresses „Jugend und Entwicklung", gehalten in Salzburg am 20. Mai 1970, in: Gerling, A. U./Scholl, E. (Hg.), Kirche der Armen? Neue Tendenzen in Lateinamerika. Eine Dokumentation, München 1972, 190–196.

Camara, H., Die Kirche vor dem Problem der Gewalt, in: Herbert, K. (Hg.), Christliche Freiheit im Dienst am Menschen, Frankfurt 1972, 209–218.

Camara, H., Notwendiger Strukturwandel, in: Lücker, M. A. (Hg.), Religionen, Frieden, Menschenrechte. Dokumentation der ersten Weltkonferenz der Religionen für den Frieden Kyoto 1970, Wuppertal 1971, 67–72.

Câmara, H., Hélder por Dom Hélder, in: Tapia de Renedo, B., Hélder Câmara: Proclamas a la juventud, Salamanca 1976, 10–31.

Camâra, H., Der Traum von einer gerechten und humanen Welt. Interview mit Dom Helder Camâra, in: Amnesty International, Kirche in Opposition, Köln 1977, 218–223.

Câmara, H., A pressão moral libertadora. A Não-Violência é crer, mais que, na força das armas e do ódio, na força da verdade, da justiça, do amor, in: Fragoso, A./Barbé, D./Câmara, H. u.a., A Força da Não-Violência. A Firmeza-Permanente, São Paulo ²1977, 113–118.

Câmara, H., Von Puebla bis Bremen. Zur Bedeutung der Dritten Lateinamerikanischen Bischofskonferenz für Kirche und Gesellschaft in der Ersten Welt, in: Goldstein, H. (Hg.), Befreiungstheologie als Herausforderung. Anstöße – Anfragen – Anklagen der lateinamerikanischen Theologie der Befreiung an Kirche und Gesellschaft hierzulande, Düsseldorf 1981, 38–49.

Câmara, H., Träumt einer allein, ist es nur ein Traum. Träumen viele gemeinsam, ist es der Anfang von etwas Neuem, in: Câmara, H./Esquivel, A. P./Hypolito, A./Nyerere, J. K., Träumt einer allein ... Vier Texte, Luzern/Basel 1982, 14–20.

Publikationen in Zeitschriften und Zeitungen

Câmara, H., Ombres et lumières au Concile, in: DC 44 (1962) No 1390, 1611–1613.
Camara, H., Les prêtres nos fils, in: ICI No 205 (1. 12. 1963) 34f.
Camara, H., Des prêtres pour le „développement", in: ICI No 241 (1. 6. 1965) 33–35.
Câmara, H., Evangelização e Humanização num Mundo em Desenvolvimento, in: REB 25 (1965) 269–272.
Camara, H., Le témoignage de Dom Helder, in: ICI No 254 (15. 12. 1965) 17–19.
Camara, H., „Une excellentissime réforme", in: ICI No 254 (15. 12. 1965) 19.
Camara, H., Pastorale d'insieme e riforma delle strutture, in: Il regno 11 (1966) N 115 (15. 8. 1966) 176–178.
Camara, H., Une déclaration de Dom Helder Camara, in: ICI No 284 (15. 3. 1967) 9.
Camara, H., Les péchés du monde sous-developpé, in: ICI No 285 (1. 4. 1967) 3f.
Camara, H., Am Beispiel Lateinamerikas, in: NF 14 (1967) 691.
Camara, H., Christen plündern Christen. Zur politischen Ökonomie Lateinamerikas, in: NF 15 (1968) 171–173.
Camara, H., La violence: Option unique? Un évêque brésilien s'interroge, in: ICI No 312 (15. 5. 1968) 4–7.
Camara, H., Révolution, violence, communisme. Dom Helder s'explique, in: ICI No 315 (1. 7. 1968) 4–7.
Camara, H./Peitz, M., Kirche und Politik in Brasilien, in: Publik 1 (1968) Nr. 10 (29. 11. 1968) 25.
Camara, H., Les juristes chrétiens et le sous-développement, in: Convergence Nr. 6 (1968) 14–16.
Camara, H., Les subversifs sont ceux qui nous accusent, in: ICI No 328 (15. 1. 1969) 4–6.
Camara, H., Les juristes chrétiens et le développement, in: DC 51 (1969) No 1536, 273–275.

Camara, H., Today's Seven Deadly Sins, in: The Tablet 223 (1969) No 6726, 402f.

Camara, H., Message de Dom Helder Camara aux jeunes de notre temps, in: DC 51 (1969) No 1545, 732–734.

Câmara, H., Dom Helder in London, in: Herder Korrespondenz 6 (1969) 177–179.

Camara, H., „J'aime ces clefs inutiles ...", in: ICI No 331 (1. 3. 1969) 24–26.

Camara, H., Ma position face au marxisme, au socialisme et à la violence, in: ders., Un document de Dom Helder Camara, in: Cultures et développement 2 (1969–1970) 482–490.

Camara, H., Ändert die Welt! in: NF 17 (1970) 269–271.

Camara, H., Projets de développement et changements de structures, in: DC 52 (1970) No 1558, 218–221.

Camara, H., L'espérance en une communauté mondiale, in: DC 52 (1970) No 1558, 221–224.

Camara, H., Gandhi où est ta victoire? in: DC 52 (1970) No 1558, 224–226.

Camara, H., Une réflexion pastorale sur un rapport technique: le rapport Rockefeller, in: DC 52 (1970) No 1561, 360–364.

Camara, H., Les leçons vitales de la guerre du Vietnam, in: DC 52 (1970) No 1561, 364–366.

Camara, H., Une réponse fraternelle au „Manifeste noir", in: DC 52 (1970) No 1561, 366–369.

Camara, H., „Je souhaite un synode sur les problemes du tiers-monde", in: ICI No 361 (1. 6. 1970) 7.

Camara, H., La conférence de Paris. „Les hommes meurent, nos les idées", in: ICI No 362 (15. 6. 1970) 23–26.

Camara, H., Dom Helder répond, in: ICI No 362 (15. 6. 1970) 27.

Camara, H., La conférence de Louvain. Appel à mes frères, les théologiens, in: ICI No 362 (15. 6. 1970) 28f.

Camara, H., Gegen die Eskalation der Gewalt, in: Publik 3 (1970) Nr. 28 (10. 7. 1970) 25.

Camara, H., Regieren durch Folter, in: NF 17 (1970) 819f.

Câmara, H., „... Wenn man mir die Nägel ausreißt", in: Der Spiegel 24 (1970) Nr. 39 (21. 9. 1970) 188.190f.193.

Camara, H., Vietnam: alla ricerca delle responsabiltà, in: Il regno 15 (1970) N 211 (15. 10. 1970) 425–427.

Camara, H., „Niemandem gelingt sein Leben hundertprozentig." Antwortbrief Dom Helder Camaras an die Deutschen, in: Publik 3 (1970) Nr. 42 (16. 10. 1970) 25.

Câmara, H., Reichtum – auf Elend gegründet. Die Unruhe der unterentwickelten Länder angesichts der industrialisierten Nationen, in: FAZ 24. 10. 1970, 10.

Camara, H., „Hüten Sie sich vor dem Übel des Antikommunismus ..." Die Rolle der Kirche im sozialen Leben Lateinamerikas, in: Publik 3 (1970) Nr. 44 (30. 10. 1970) 25.

Camara, H., „J'ai fait un rêve", in: CJN 104 (octobre 1970) 9–11.

Camara, H., L'éducation et la pression morale libératrices, in: DC 53 (1971) No 1593, 834–836.

Camara, H., Homme veux-tu être libre?, in: Convergence 1971 Nr. 6, 51–53.

Câmara, H., Reichtum, auf Armut gegründet – Befreiung und Erlösung in der heutigen Welt, in: Universitas 26 (1971) 951–956.

Camara, H., Towards peace and justice between the Americas, in: IDOC 11. 12. 1971, 44–51.

Camara, H., Erzbischof: Ich bin Sozialist, in: NF 19 (1972) 33f.

Camara, H., Dom Helder Camara à Utrecht: „Les martyrs ont subi le martyr pour avoir refusé d'obéir à des lois injustes, in: ICI No 407 (1. 5. 1972) 8f.

Câmara, H., Was will Hélder Câmara? Ein Gespräch mit dem brasilianischen Erzbischof während seiner letzten Deutschlandreise, in: HK 26 (1972) 388–391.

Camara, H., The Church facing unjustices of our time, in: The Tablet 226 (1972) No 6890, 627–630.

Câmara, H., Kolonialismus unter neuer Flagge, Die Macht der multinationalen Unternehmen, in: PF 1 (1972) Nr. 11 (14. 7. 1972) 7.

Camare, H., Face à l'injustice actuelle, les mots ne suffisent plus, in: DC 54 (1972) No 1615, 781–783.

Camara, H., Les tortures et les détentions abusives au Brésil. Lettre de Dom Helder Camara à l'Episcopat brésilien, in: DC 54 (1972) No 1615, 784f.

Camara, H., Une conférence de Dom Helder: „Nous tâtonnons dans l'ombre mais l'Esprit de Dieu veille sur l'Eglise", in: ICI No 417 (1. 10. 1972) 21–24.

Câmara, H./Scantamburlo, L., Intervista a Dom Helder Camara. La prima riforma inizia da noi stessi, in: Mondo e Missione 101 (1972) 549–552.

Camara, H., Italie: Dom Helder Camara s'adresse à 10.000 jeunes à Florence: „Nous brandissons l'étendard de la libération!" in: ICI No 421 (1. 12. 1972) 34.

Camara, H., Communauté européenne ou empire européen? in: DC 54 (1972) No 1622, 1116–1119.

Camara, H., Luttons pour renouveler la face de la terre, in: DC 54 (1972) No 1622, 1119–1121.

Câmara, H., Pacto digno, in: SEDOC 5 (1973) 866–872.
Camara, H., Cristianesimo e socialismo si confrontano e si interrogano, in: Mondo e Missione 102 (1973) 300–304.
Camara, H., Wir werden siegen. Den Menschen vermenschlichen, in: PF 3 (1974) Nr. 4 (22. 2. 1974) 13–15.
Camara, H., Aufbruch der abrahamitischen Minderheiten. Von der Aktivität der Basisgemeinden in den kirchlichen Strukturen, in: PF 3 (1974) Nr. 5 (8. 3. 1974) 20f.
Camara. H., Sommes-nous plus près ou plus loin de la paix? Discours de Dom Helder Camara à l'occasion de la remise du „Paix populaire de la Paix", in: DC 56 (1974) No 1652, 381–383.
Camara, H., Les 7 péchés capitaux de notre temps, in: DC 56 (1974) No 1654, 478f.
Câmara, H., „Wacht über die Freiheit!" in: LM 12 (1974) Heft 5, 24f.
Camara, H., The Force of Right, or the Right of Force? in: Christianity and Crisis 34 (1974) 175–177.
Câmara, H., Perchè amo la Chiesa, in: Mondo e Missione 103 (1974) 615–617.
Câmara, H., Ogni uomo e mio fratello, in: Mondo e Missione 103 (1974) 618f.
Câmara, H., Botta e risposta con Helder Camara, in: Mondo e Missione 103 (1974) 620f.
Camara, H., Dom Helder Camara souhaite la création d'écoles supérieures de la paix, in: ICI No 477 (1. 4. 1975) 5–7.
Camara, H., Wir sind weder Geier noch Hyänen. Mit Friedensforschung und Friedensindustrien gegen kollektive Menschheitsvernichtung, in: Publik Forum Sonderdruck 16. 5. 1975, 1–3.
Camara, H., Saint Thomas d'Aquin – Aristote – Karl Marx. Que ferait St Thomas d'Aquin, commentateur d'Aristote, s'il était confronté à Karl Marx, in: Parole et Societé 83 (1975) 161–168.
Camara, H., Pour un véritable dialogue entre pays riches et pays pauvres, in: DC 57 (1975) No 1681, 732–735.
Camara, H., Human rights, in: The Tablet 229 (1975) No 7060, 1046f.
Camara, H., Für aktive Gewaltlosigkeit, in: NF 22 (1975) Heft 262, 26–29.
Camara, H., „Je suis un pasteur d'hommes", in: ICI No 492 (15. 11. 1975) 31.
Camara, H., Nous avons présenté un christianisme trop passif. Message de Mgr Helder Camara aux religieux et religieuses d'Amérique latine, in: DC 57 (1975) No 1686, 979–981.
Câmara, H., Brüderliche Botschaft an die Ordensleute in Lateinamerika, in: Dienender Glaube 52 (1976) Heft 1, 18–24.

Camara, H., Brüderlicher Rat für die Kleinen, die den Riesen gegenübertreten. Perspektiven zur Überwindung der bestehenden gesellschaftlichen Ungleichheiten, in: PF 5 (1976) Nr. 12 (18. 6. 1976) 11f.

Camara, H., Wirklich frei? in: DAS Nr. 25 (20. 6. 1976).

Camara, H., Ist die Freie Welt wirklich frei? Über die einzigartige Verantwortung der Vereinigten Staaten von Amerika, in: PF 5 (1976) Nr. 15 (30. 7. 1976) 3f.

Camara, H., La réponse de l'église d'Amérique latine à la pauvreté et à la misère, in: DC 58 (1976) No 1704, 765–768.

Camara, H., Den strategischen Punkt auspunkten. Helder Camara über „Nationale Sicherheit", in: PF 6 (1977) Nr. 2 (21. 1. 1977) 12.

Camara, H., Gott hört die Schreie seines Volkes. Zehn Jahre Populorum Progressio – Anfrage an die Jugend der Industrienationen, in: PF 6 (1977) Nr. 10 (13. 5. 1977) 3f.

Camara, H., Brüderliches Bündnis mit der armen Welt, in: PF 7 (1978) Nr 1 (13. 1. 1978) 16f.

Camara, H., Un regard sur ma vie, in: DC 60 (1978) No 1735, 121–126.

Camara, H., „Die Welt ist in Unordnung", in: Misereor/Adveniat (Hg.), Brasilien. Kirchliche Dokumente zur sozialen Situation, Aachen 1979, 67–70.

Camara, H., „As-tu conscience, Europe ..." in: CJN 206 (mai 1979) 16–19.

Camara, H., Auf welcher Seite steht Christus? in: Bremer Universitäts-Zeitung Nr. 22 (30. November 1979) 1f.

Camara, H., Predigt Camara den Umsturz? in: Basler Pfarrblatt 8 (1980) Nr. 11, 3.10.

Camara, H., Camara an die Schweizer, in: Basler Pfarrblatt 8 (1980) Nr. 12, 2.

Camara, H., „Die Hauptschuld liegt bei den Multis." Der brasilianische Erzbischof Helder Camara über das Elend in der Dritten Welt und gewaltlosen Widerstand, in: Der Spiegel 35 (1981) Nr 45 (2. 11. 1981) 183.185.187.190.

Vervielfältigte Publikationen

Arquidiocese de Olinda-Recife (Hg.), Pronunciamentos de Dom Helder Camara Setembro de 1979 a Março de 1980, Recife 1980.

Arquidiocese de Olinda e Recife (Hg.), Dom Helder. Discursos Internaçionais de Janeiro a Maio de 1981, Recife 1981.

Arquidiocese de Olinda e Recife (Hg.), Dom Helder. Discursos Internaçionais. Discurso e Homilias 1981 Janeiro, Abril, Julho, Augusto, Outubro, Recife 1981.
Arquidiocese de Olinda e Recife (Hg.), Dom Helder. Discursos Internacionais. Viagens Setembro e Outubro de 1981, Recife 1981.
Câmara, H., Quem me financia as viagens, in: ders., Acusacões. Defesas, Fortaleza 1970.
Camara, H., Christentum, Sozialismus und Marxismus – in Begegnung und als gegenseitige Anfrage, in: Osservatore. Meinungs- und Informationsblatt in der KSG Münster, Münster 1972, 4–9.
Câmara, H., Evangelisierung im beginnenden vierten Jahrhundert des Bestehens der Diözese Olinda. Pastorale Botschaft von Dom Helder Câmara an seine Diözesanen anlässlich des 300. Jahrestages der Errichtung der Diözese Olinda am 16. November 1676.
Camara, H., Friedenssicherung und Chancen der Gewaltlosigkeit inmitten einer steigenden Aufrüstung, in: fk information (Mitteilungen des Freckenhorster Kreises) Nr. 32. (Dezember 1981) 1–5.
Secretariado Regional Nordeste II CNBB (Hg.), Viagens de Dom Helder Camara Maio de 1970: Austria – Belgica – França – Suecia, Agosto de 1970 Estados Unidos da America do Norte (Serviçio de Apostilas – No 31), Recife 1970.
Secretariado Regional Nordeste II CNBB (Hg.), Justiça e Paz. Viagens 1972 Alemanha, Inglaterra (Serviço de Apostilas No 35), Recife 1972.
Secretariado Regional Nordeste II CNBB (Hg.), Dom Helder Câmara. Peregrino da Paz 1974, Junho – Harvard – EUA. Outubro – Italia – Chicago – EUA (Serviço de Apostilas No 38) Recife 1974.
Secretariado Regional Nordeste II CNBB (Hg.), Dom Helder Câmara. Viagens pela Paz Canada 1975 (Serviço Apostilas No 39), Recife 1975.

Werke anderer Autoren

Adveniat (Hg.), Dokumente von Medellín. Sämtliche Beschlüsse der II. Generalversammlung des Lateinamerikanischen Episkopates Medellín 24. 8. – 6. 9. 1968, Essen 1968.
de Alencar, T., Die Kirche darf nicht länger schweigen. Der 24jährige Dominikanerpater Tito de Alencar in Brasilien berichtet über seine Folterung und seinen Selbstmordversuch, in: Publik 3 (1970) Nr 18 (1. 5. 1970) 23.
- Brasilianische Passion. Dokumente des Widerstandes. Herausgegeben von Paul Helfenberger, Basel 1979.

de Almeida Cunha, R., Pädagogik als Theologie. Paulo Freires Konzept der Konzientisation als Ansatz für eine Glaubensreflexion lateinamerikanischer Christen, in: Castillo, F. (Hg.), Theologie aus der Praxis des Volkes. Neuere Studien zum lateinamerikanischen Christentum und zur Theologie der Befreiung, Münster/Mainz 1978, 61–124.

Alves, M. M., Brasilien – Rechtsdiktatur zwischen Armut und Revolution. „A Grain of Mustard Seed", Reinbek bei Hamburg 1972.
- L'Eglise et la politique au Brésil, Paris 1974.

Amnesty International (Hg.), Das Dokument der politischen Gefangenen von São Paulo, Köln 1976.
- Kirche in Opposition, Köln 1977.
- Der Protest der politischen Gefangenen, Köln 1978.

Antoine, Ch., Kirche und Macht in Brasilien, Graz–Wien–Köln 1972.

Arbeitsgruppe Kirche der Erklärung von Bern, Kirche und Entwicklung. Für ein politisches Gespräch, Zürich 1982.

Arntz, N., Der Katakombenpakt. Für eine dienende und arme Kirche, Kevelaer 2015.

Bailby, E., L'Express va plus loin avec Dom Helder Camara, in: L'Express No 988 (15–21 juin 1970) 138–140.141.145.147f.153.155f.158.160.162.164.166.

Boff, L., Die Anliegen der Befreiungstheologie, in: Theologische Berichte VIII, Zürich–Einsiedeln–Köln 1979, 71–103.
- Aus dem Tal der Tränen ins Gelobte Land. Der Weg der Kirche mit den Unterdrückten, Düsseldorf 1982.

Boni, L. A., Kirche auf neuen Wegen. Reformbestrebungen der brasilianischen Kirche – ihre theologischen und gesellschaftlichen Implikationen, Diss. Münster 1974.
- Kirche und Volkskatholizismus in Brasilien, in: Castillo, F. (Hg.), Theologie aus der Praxis des Volkes. Neuere Studien zum lateinamerikanischen Christentum und zur Theologie der Befreiung, München/Mainz 1978, 125–171.

Brockmann, H.-W., Unternehmen Hoffnung. Kirchliche Basisarbeit in Brasilien, Frankfurt a. M. 1976.

de Broucker, J., Dom Helder Camara. La violence d'un pacifique, Paris 1969.
- Dom Helder Camara. Die Leidenschaft des Friedensstifters, Graz–Wien–Köln ²1971.
- Un prix populaire de la paix pour Helder Camara, in: CJN 144 (février 1974) 30.

Bruneau, T. C., The political transformation of the Brazilian Catholic Church, London 1974.

Cardoso, F. H./Faletto, E., Abhängigkeit und Entwicklung in Lateinamerika, Frankfurt a. M. 1976.
Comblin, J., Lateinamerikas Kirchenväter, in: Concilium 45 (2009) 518–528.
Costa e Silva, A. M., Die Herrschaftskrise in Brasilien 1930–1961, Diss. Frankfurt a. M. 1979.

Das Überleben sichern. Gemeinsame Interessen der Industrie- und Entwicklungsländer. Bericht der Nord-Süd-Kommission. Mit einer Einleitung des Vorsitzenden Willy Brandt, Köln 1980.
DC 46 (1964) No 1428, 901–906: Après la révolution brésilienne du 1er avril. Lettre collective de l'Episcopat.
- 51 (1969) No 1546, 794: Les conférences de Dom Helder Camara.
- 52 (1970) No 1561, 370: Dom Helder Camara proposé comme candidat au prix Nobel de la Paix.
- 54 (1972) No 1611, 595f.: Lettre du Cardinal Roy à Dom Helder Camara. Réponse de Mgr Camara.
- 60 (1978) No 1741, 441: Réponse au sujet de Dom Helder Camara.
- 60 (1978) No 1745, 640: Pas d'interdiction de voyager pour Don Helder Camara.
Deelen, G., Kirche der Unterdrücker – Kirche der Unterdrückten? Reaktionen der Hierarchie auf die Folterungen in Brasilien, in: Publik 3 (1970) Nr. 26 (26. 6. 1970) 23.
Dessau, A., Die kleinbürgerlichen ideologischen Strömungen im revolutionären Prozess der Länder Lateinamerikas, in: Asien, Afrika, Lateinamerika 3 (1975) 775–789.
Die Kirchen in Lateinamerika gegenüber dem Staat und der Ideologie der Nationalen Sicherheit. Die Realität und ihre Ursachen, Pro Mundi Vita Bulletin Nr. 71 (März–April 1978).
Dressel, H., Das reiche Land der Armen. Brasilien – heute und morgen, Neuendettelsau 1971.
Dussel, E., Histoire et théologie de la libération. Perspective latinoamericaine, Paris 1974.
- De Medellín a Puebla. Una década de sangre y esperanza (1968–l979), Mexico 1979.
- Die lateinamerikanische Kirche, von Medellín bis Puebla (1968–l979), in: Prien, H.-J. (Hg.), Lateinamerika – Gesellschaft – Kirche – Theo-

logie. Bd. 1 Aufbruch und Auseinandersetzungen, Göttingen 1981, 71–113.
- Das Brot der Feier: Gemeinschaftszeichen der Gerechtigkeit, in: Concilium 18 (1982) 120–129.

Eigenmann, U., Politische Praxis des Glaubens. Dom Hélder Câmaras Weg zum Anwalt der Armen und seine Reden an die Reichen, Freiburg (Schweiz)/Münster 1984.
- Hélder Câmara. Prophetischer Bischof, Freiburg (Schweiz) 1992.
- Der kleine grosse Prophet. Zum Tod von Dom Hélder Câmara, Erzbischof von Olinda und Recife, in: ders., Von der Christenheit zum Reich Gottes. Beiträge zur Unterscheidung von prophetisch-messianischem Christentum und imperial-kolonisierender Christenheit, Luzern 2014, 153–165.
- Prophetische Stimme aus mystischer Christusverbundenheit. Die Kirchenkritik Dom Hélder Câmaras als Funktion seiner Option für die Armen, in: ders., Von der Christenheit zum Reich Gottes. Beiträge zur Unterscheidung von prophetisch-messianischem Christentum und imperial-kolonisierender Christenheit, Luzern 2014, 166–186.
- Dom Hélder Câmara (1909–1999). Erinnerungen an einen Kirchenvater Lateinamerikas und Bischof für das 3. Jahrtausend, in: ders., Von der Christenheit zum Reich Gottes. Beiträge zur Unterscheidung von prophetisch-messianischem Christentum und imperial-kolonisierender Christenheit, Luzern 2014, 187–203.
- Hinführung anlässlich der deutschsprachigen Ausgabe, in: H. Camara, Briefe aus dem Konzil. Nachtwachen im Kampf um das Zweite Vatikanum. Aus dem Portugiesischen übersetzt von Conrad Berning und Leandro Luis Bedin Fontana. Herausgegeben von Urs Eigenmann, Luzern 2016, 11–17.

Evers, T. T./v. Wogan, P., „Dependencia": lateinamerikanische Beiträge zur Theorie der Unterentwicklung, in: Das Argument 15 (1973) 404–454.

Fesquet, H., Le Journal du Concile, Paris 1966.
- L'Eglise catholique au Brésil. I. – Trois évêques redoutables, in: Le Monde 8. 9. 1970, 1.6.; II. – Conservateurs et intégristes, in: Le Monde 9. 9. 1970, 5; III. – L'éxplosion des sectes, in: Le Monde 10. 9. 1970, 4; IV. – Des chrétiens persecutés, in: Le Monde 11. 9. 1970, 7.

Freire, P., Pädagogik der Unterdrückten. Bildung als Praxis der Freiheit. Mit einer Einführung von Ernst Lange, Reinbek bei Hamburg 1973.

Friedli, R., Frieden wagen. Ein Beitrag der Religionen zur Gewaltanalyse und zur Friedensarbeit, Freiburg/Schweiz 1981.

Füchtner, H., Die brasilianischen Arbeitergewerkschaften, ihre Organisation und ihre politische Funktion, Frankfurt a. M. 1972.

Galeano, E., Die offenen Adern Lateinamerikas. Die Geschichte eines Kontinents von der Entdeckung bis zur Gegenwart. Erweiterte Neuauflage, Wuppertal 1973.

v. Galli, M., Gelebte Zukunft: Franz von Assisi. Mit Farbphotos von Dennis Stock, Luzern-Frankfurt a. M. ^{6}1972.

- Moosbrugger, B., Das Konzil und seine Folgen, Luzern–Frankfurt a. M. ^{2}1966.

Geissner, H., Rede in der Öffentlichkeit. Eine Einführung in die Rhetorik, Stuttgart 1969.

- Rhetorische Analytik, in: ders., Rhetorik, München ^{4}1978, 101–104.

González, J., Dom Helder Camara. Bischof und Revolutionär, Limburg 1971.

Gonzalez-Balado, J. L., Helder Camara l'„évêque rouge"? Paris/Montréal 1978.

Goss-Mayr, H., Die Macht der Gewaltlosen. Der Christ und die Revolution am Beispiel Brasiliens, Graz–Wien–Köln 1968.

Guske, H., Helder Camara. Katholiken Lateinamerikas suchen neue Wege, Berlin-Ost 1973.

Gutierréz, G., Theologie der Befreiung. Mit einem Vorwort von Johann Baptist Metz, München/Mainz ^{4}1979.

Hall, M., Dom Helder Camara, Archbishop of Olinda and Recife, Northeast Brazil, in: ders., A Quest for the Liberated Christian. Examined on the basis of a mission, a man and a movement as agents of liberation, Frankfurt a. M. 1978.

- The Impossible Dream. The Spirituality of Dom Helder Camara, Belfast 1979.

Hartmann, G., Christliche Basisgruppen und ihre befreiende Praxis. Erfahrungen im Nordosten Brasiliens, München/Mainz 1980.

HK 5 (1950/51) 366–369: Vor dem ersten Weltkongress des Laienapostolats.

- 6 (1951/52) 127–131: Weltkongress für das Laienapostolat.
- 20 (1966) 454f.: Soziale Auseinandersetzungen im Nordosten Brasiliens.

- 21 (1967) 19–21: Die jüngste CELAM-Konferenz und ihre Ergebnisse.
- 21 (1967) 410–413: Lateinamerikanische Reaktionen auf „Populorum progressio".
- 21 (1967) 511–513: Bischöfe der „Dritten Welt" zu Problemen der Entwicklungsländer.
- 22 (1968) 415–418: Innerkirchliche Spannungen in Brasilien.
- 22 (1968) 429–434: Ist Revolution eine christliche Alternative?
- 22 (1968) 515f.: Aktivitäten politisch-kirchlicher Rechtsgruppen in Lateinamerika.
- 23 (1969) 405–407: Brasiliens Episkopat vor wichtigen Entscheidungen?
- 27 (1973) 249–256: Brasiliens Kirche unter der Herrschaft des Militärs.
- 27 (1973) 374: Kurzinformationen.
- 27 (1973) 499–501: O. G., Brasilianische Bischöfe wenden sich gegen die Regierung.
- 32 (1978) 372: Personen und Ereignisse.
- 32 (1978) 482: Kurzinformationen.

ICI No 7 (1. 9. 1955) 8f.: Première conférence de l'Episcopat d'Amérique latine.
- No 14 (15. 12. 1955) 8f.: L'Action Catholique va supprimer la „zone" de Rio.
- No 24 (15. 5. 1956) 9: Les évêques et le problème rural.
- No 65 (1. 2. 1958) 10: Le cardinal-archevêque de Rio proteste contre l'infiltration des communistes.
- No 69 (1. 4. 1958) 9: Le cardinal Camara prend position contre une reprise des relations diplomatiques avec l'U.R.S.S.
- No 73 (1. 6. 1958) 10f.: Pour éviter le chaos économique.
- No 95 (1. 5. 1959) 8: Trois évêques distribuent des terres aux habitants des taudis.
- No 110 (15. 12. 1959) 13f.: Une „banque de la Providence" dans les faubourgs de Rio.
- No 135 (1. 1. 1961) 43: Importante prise de position en faveur de la réforme agraire.
- No 189 (1. 4. 1963) 20: Brésil.
- No 214 (15. 4. 1964) 7–9: Défendre l'ordre ou lutter contre la faim?
- No 214 (15. 4. 1964) 29–31: Le catholicisme au Brésil.
- No 215 (1. 5. 1964) 7f.: Les catholiques face au nouveau régime.
- No 216 (15. 5. 1964) 7f.: Il ne suffira pas de petites réformes.

- No 217 (1. 6. 1964) 8–10: Les catholiques et le nouveau régime (suite).
- No 218 (15. 6. 1964) 8: Déclaration collective de l'épiscopt sur la nouvelle situation nationale.
- No 220 (15. 7. 1964) 10: Mgr Helder Càmara (sic!): „Nous continuerons à nous battre pour la promotion de millions de Brésiliens."
- No 221–222 (8. 1964) 25: Mgr Helder Câmara reparle de réformes.
- No 234 (1. 2. 1965) 8: Les évêques du Nord-Est pour la promotion des masses.
- No 237 (1. 4. 1965) 2: Don Helder à Paris.
- No 241 (1. 6. 1965) 24: Violente campagne contre don Helder Camara.
- No 271 (1. 9. 1966) 7f.: Tension entre l'Eglise et le régime.
- No 271 (1. 9. 1966) 30: Le manifeste des évêques du Nord-Est brésilien. „Par obligation de conscience nous condamnons l'injustice."
- No 272 (15. 9. 1966) 10f.: Les „malentendus" avec l'Etat dissipés, Dom Helder développe sa campagne.
- No 273 (1. 10. 1966) 9: L'évêque de Santo Andre prend le parti des étudiants contre le régime.
- No 276 (15. 11. 1966) 5–7: La Xe Assemblée du CELAM. Que s'est-il passé à Mar del Plata?
- No 296 (15. 9. 1967) 7f.: Dix-sept évêques du Tiers-Monde encouragent les peuples pauvres à se défendre contre „la guerre subversive de l'argent".
- No 300 (15. 11. 1967) 23: Au Brésil: face à la misère et l'injustice. Dom Helder n'est pas seul.
- No 315 (1. 7. 1968) 8f.: Au Brésil: La multiplication des incidents témoigne d'une réelle tension.
- No 317–318 (8. 1968) 22f.: Au Brésil: Des évêques fondent un „Mouvement de pression morale liberatrice".
- No 322 (15. 10. 1968) 18: Au Brésil: En lançant „Action Justice et Paix", Dom Helder reprend le combat de Gandhi.
- No 338 (15. 6. 1969) 15f.: Au Brésil: Un pas de plus dans l'escalade de la terreur: l'assassinat du P. Pereire Neto.
- No 341–342 (8. 1969) 15: Rome dément que Dom Helder soit „censuré", mais l'archévêque de Recife a dû résilier ses engagements à l'étranger.
- No 362 (15. 6. 1970) 7: Brésil: L'assemblée plénière de l'épiscopat condamne la torture des prisonniers et le terrorisme révoutionnaire.
- No 363 (1. 7. 1970) 14: Brésil: Des sanctions seraient prochainement prises par le gouvernement contre Don Camara.
- No 365–366 (8. 1970) 18: Brésil.

- No 368 (15. 9. 1970) 11: Brésil: Quinze archévêques et évêques du Nord-Est dénoncent la torture et la collusion de la police avec les riches.
- No 370 (15. 10. 1970) 17: Brésil.
- No 374 (15. 12. 1970) 15: Brésil: Dom Helder Camara répond à ses détracteurs qui l'accusent d'être payé par les communistes.
- No 389–390 (8. 1971) 14: Brésil.
- No 408 (15. 5. 1972) 27f.: Brésil: Répression toujours plus dure et renforcement des méthodes d'intimidation à l'égard des évêques.
- No 408 (15. 5. 1972) 28: Le Cardinal Roy à Dom Helder: „le Pape n'a pour vous que des paroles de confiance et d'affection."
- No 409 (1. 6. 1972) 28: Brésil: Trois réactions épiscopales devant les pratiques de la police et de l'adiministration.
- No 426 (15. 2. 1973) 23: Brésil.
- No 426 (15. 2. 1973) 29f.: Brésil: Un collaborateur de Dom Helder Camara est enlevé par des inconnus.
- No 434 (15. 6. 1973) 35f.: Brésil: Des évêques et des supérieurs religieux brossent un sombre tableau de la réalité humaine dans le Nord-Est.
- No 440 (15. 9. 1973) 23: Brésil.
- No 449 (1. 2. 1974) 26: Dom Helder „Prix Nobel du Peuple" le 10 février.
- No 525 (15. 4. 1978) 61f.: Brésil: Le Saint-Siège n'a jamais demandé à Dom Helder de renoncer à voyager.
- No 527 (15. 6. 1978) 50: Brésil. Dom Helder écrit au pape.
- No 529 (15. 8. 1978) 38f.: Brésil. Dom Helder revient à „la une" des journaux.

Il regno 18 (1968) Vol 151 (15. 1. 1968) 19–22: Messaggio di 17 vescovi del terzo mondo. „Al popolo dei poveri".

Imfeld, A., Der Nord-Süd-Bericht gehört zur Ablage. Reaktionen zum Brandt-Bericht aus der Dritten Welt, in: NW 75 (1981) 107–114.

Institut für Brasilienkunde e. V., Informationen 1/70.
- Informationen 1/72.
- Informationen September 1974.
- Informationen Oktober 1974.

Interfact Nr. 30/31, August 1967, 16–18: Konferenz Pacem in terris II v. 28. – 31. 5. 1967 in Genf.

Jacob, E. G., Grundzüge der Geschichte Brasiliens, Darmstadt 1974.

Jäger, H. U., Ein Faschist wird Menschenrechtskämpfer. Dom Helder Camara, in: ders., Politik aus der Stille. Ernesto Cardenal, Dom Helder

Camara, Martin Luther King, Christoph Blumhardt, Niklaus von Flüe, Zürich 1980, 43–75.

de Kadt, E., Catholic Radicals in Brazil, London–New York 1970.

Kaufmann, L., Zum Beispiel Helder Camara, in: Orientierung 42 (1978) 72.

- Puebla zwischen Befürchtungen und Hoffnungen, in: Orientierung 43 (1979) 45–47.

Klein, P., Der lange Weg in die Opposition. Die Entwicklung der katholischen Kirche Brasiliens vom Militärputsch 1964 bis heute, in: Amnesty International (Hg.), Kirche in Opposition, Köln 1977, 27–53.

Krauskopf, H., Brasilien: Zukunft für alle? Die Kirche als Kritiker des brasilianischen Wirtschaftsmodells. Analyse und Dokumente, München/Mai 1980.

Lembke I., Christentum unter den Bedingungen Lateinamerikas. Die katholische Kirche vor den Problemen der Abhängigkeit und Unterentwicklung, Frankfurt a. M./Bern 1975.

Leonard, P. J., Dom Helder Camara: A Study in Polarity, Diss. Saint Louis 1974.

LM 12 (1974) Heft 5, 26f.: Bischöfe des Nordostens: „Die Erlösung beginnt hier."

- 12 (1974) Heft 5, 28: Kompromisslose Minderheit.

Lüning, H., Helder Câmara, in: Schultz, H. J. (Hg.), Politik ohne Gewalt? Beispiele von Gandhi bis Câmara. Mit einem Geleitwort von Gustav W. Heinemann, Frankfurt a. M. 1976, 125–137.

Luz Marques, L. C., Dom Helder Camara – Biografische Informationen, in: H. Camara, Briefe aus dem Konzil. Nachtwachen im Kampf um das Zweite Vatikanum. Aus dem Portugiesischen übersetzt von Conrad Berning und Leandro Luis Bedin Fontana. Herausgegeben von Urs Eigenmann, Luzern 2015, S. 46–50.

Moeller, Ch., Die Geschichte der Pastoralkonstitution, in: LThK, Das Zweite Vatikanische Konzil III, Freiburg–Basel–Wien 1968, 242–278.

Noggeler, O., Das erste Entwicklungsjahrzehnt. Vom II. Vatikanischen Konzil bis Medellín, in: Prien, H.-J. (Hg.), Lateinamerika. Gesellschaft – Kirche – Theologie. Bd. 1 Aufbruch und Auseinandersetzung, Göttingen 1981, 19–70.

Offredo, J., La grande croisade de Dom Helder Camara, in: CJN 101–102 (juillet-août 1970) 8–11.
Orientierung 42 (1978) 92: Wofür steht Helder Câmara?
Orth, G., Vom Abenteuer bürgerlichen Bewusstseins. Die Predigten Helmut Gollwitzers 1938–1976, Frankfurt a. M. 1980.

Paulus, W. E., Die wirtschaftliche Entwicklung und Wirtschaftspolitik Brasiliens in der Phase des Übergangs zur Industriegesellschaft (1930–1965) Diss. Freiburg i. B. 1967.
Piletti, N./Praxedes, W., Dom Hélder Câmara. Tra potere e profezia, Brescia 1999. (Port. Original: dies., Dom Hélder Câmara. Entre o poder e a profecia, São Paulo 1997).
Pinto de Oliveira, C.-J., Dom Helder Camara, prophète de la dignité humaine, in: Dom Helder Camara, Un cri d'espérance, Montreux 1980, 45–52.
Pressemitteilung des Freckenhorster Kreises zum Reiseverbot für Dom Helder Camara vom 19. 3. 1978, in: fk information (Mitteilung des Freckenhorster Kreises) Nr. 18 (Juni 1978) 1f.
Prien, H.-J., „Freiheit vom Absolutismus", Widerstand gegen Repression in Brasilien, in: LM 12 (1974) Heft 5, 23f.
– Die Geschichte des Christentums in Lateinamerika, Göttingen 1978.
– Brasilien, in: ders. (Hg.), Lateinamerika. Gesellschaft – Kirche – Theologie. Bd. 1 Aufbruch und Auseinandersetzung, Göttingen 1981, 149–219.

Rahner, K./Vorgrimler, H., Kleines Konzilskompendium. Alle Konstitutionen, Dekrete und Erklärungen des Zweiten Vatikanums in der bischöflich beauftragten Übersetzung, Freiburg i. B. 1966.
Richard, P., Lateinamerikanische Theologie der Befreiung – ein kritischer Beitrag zur europäischen Theologie, in: epd Dokumentation 18/1976, 19–34.
– Mort des Chrétientés et naissance de l'Eglise. Analyse historique et interprétation théologique de l'Eglise en Amérique Latine. Préface de Vincent Cosmao, Paris 1978.

Scatena, S./Sobrino, J./Susin, L. C., Kirchenväter Lateinamerikas, in: Concilium 45 (2009) 513–517.
Schweizerischer Katholischer Missionsrat/Schweizerischer Evangelischer Missionsrat (Hg.), Aufbruch zur Freiheit. Christliche Botschaft in Lateinamerika (Missionsjahrbuch der Schweiz 1977, 44. Jahrgang), Freiburg/Basel 1977.

Sobrino, J., Theologisches Erkennen in der europäischen und der lateinamerikanischen Theologie, in: Rahner, K./Modehn, Ch./Zwiefelhofer, H. (Hg.), Befreiende Theologie. Der Beitrag Lateinamerikas zur Theologie der Gegenwart, Stuttgart 1977, 123–143.

Skidmore, T. E., Politics in Brazil, 1930–1964. An Experiment in Democracy, New York 1967.

von den Steinen, U., Agitation für das Reich Gottes. Zur religiös-sozialen Predigtpraxis und homiletischen Theorie bei Leonhard Ragaz, München 1977.

Süss, G. P., Pastoral Popular. Zur Ortsveränderung der Theologie, in: Castillo, F. (Hg.), Theologie aus der Praxis des Volkes. Neuere Studien zum lateinamerikanischen Christentum und zur Theologie der Befreiung, München/Mainz 1978, 172–218.

Tapia de Renedo, B., Hélder Câmara: Proclamas a la juventud, Salamanca 1976.
- Hélder Câmara segno di contraddizione, Assisi 1977.

TC No 1208 (31. 8. 1967) 13–16: Quinze évêques plaident pour le Tiersmonde.

Tyson, B., Dom Helder Camara as a symbolic man, in: Catholic World July 1971, 178–182; August 1971, 235–239.

Vogel, J., Une interview du P. Comblin. „Dans un Brésil où règne une psychose de peur, la position de l'Eglise est inconfortable, in: ICI No 406 (15. 4. 1972) 7–10.

Wegener, S., Die katholische Kirche und der gesellschaftliche Wandel im brasilianischen Nordosten, Diss. Freiburg i. B. 1965.

Weigner, G./Moosbrugger, B., Stimme der stummen Welt: Dom Helder Câmara, Zürich 1971.

topos taschenbücher

Norbert Arntz
Der Katakombenpakt
Für eine dienende und arme Kirche

223 Seiten

Band 1037
ISBN 978-3-8367-1037-4

www.topos-taschenbuecher.de